普通高等教育“十三五”规划教材

大学生心理健康教程
——成就梦想

主　编　于　坤　刘浩然
副主编　李景昌　王旭光　王　禹
　　　　陈　化　孙晓光　梁玉莲
主　审　王丽波

中国石化出版社
HTTP://WWW.SINOPEC-PRESS.COM

图书在版编目（CIP）数据

大学生心理健康教程：成就梦想 / 于坤，刘浩然主编；李景昌等编写.
—北京：中国石化出版社，2019.8
ISBN 978-7-5114-5452-2

Ⅰ.①大… Ⅱ.①于… ②刘… ③李…
Ⅲ.大学生－心理健康－健康教育－教材 Ⅳ.① G444

中国版本图书馆 CIP 数据核字（2019）第 149873 号

中国石化出版社出版发行
地址：北京市朝阳区吉市口路 9 号
邮编：100020 电话：（010）59964500
发行部电话：（010）59964526
http：//www.sinopec-press.com
E-mail：press@sinopec.com
北京柏力行彩印有限公司印刷
全国各地新华书店经销
*
787×1092 毫米 16 开本 15.5 印张 308 千字
2019 年 8 月第 1 版 2019 年 8 月第 1 次印刷
定价：38.00 元

前言 PREFACE

随着时代的不断发展和进步，大学生心理健康问题逐渐受到人们的广泛关注。目前，我国大学生的心理健康问题呈现出多样化和复杂化趋势，在价值取向、思想观念、人生态度、行为方式等方面都表现出新的问题。因此，对大学生进行心理健康教育的任务也愈加紧迫。国务院、教育部关于加强和改进大学生心理健康教育的政策是新形势下贯彻落实全国教育工作会议和《国家中长期教育改革和发展规划纲要（2010–2020年）》精神，促进大学生健康成长，培养造就创新人才的重要途径，是全面贯彻党的教育方针，建设人力资源强国的重要举措。因此，加强大学生心理健康教育已成为高等院校人才培养中的一项重要课题。

本书遵循理论联系实际的编写原则，以大学生健康心理素质的培养为主线，以提高大学生的心理素质为目标，以预防和帮助大学生解决心理问题为内容组织依据，力求通俗易懂，通过“心灵引导”“成长案例”“心理阅读”“心理测试”“心理拓展”等栏目，使大学生能够在轻松快乐的学习氛围中感受心灵启迪，促进心理健康成长。

本书在编写过程中借鉴和引用了心理教育相关领域大量国内外专家、学者的优秀研究成果，并从有关网站、期刊、图书中引用了部分经典阅读、心理测试、拓展游戏等，这些优秀成果为本书的顺利编写以及自有体系的构成提供了十分有价值的帮助，在此谨表示最诚挚的感谢和敬意。部分引文因种种原因，难以查明原作者，未能与这些成果的著作权人一一取得联系，无法注明出处，敬请谅解。如涉及版权问题，请著作权人与本书作者联系。

本书共八章，第一章、第八章由于坤编写，第二章、第七章由刘浩然、于坤、王禹编写，第三章、第四章由李景昌、

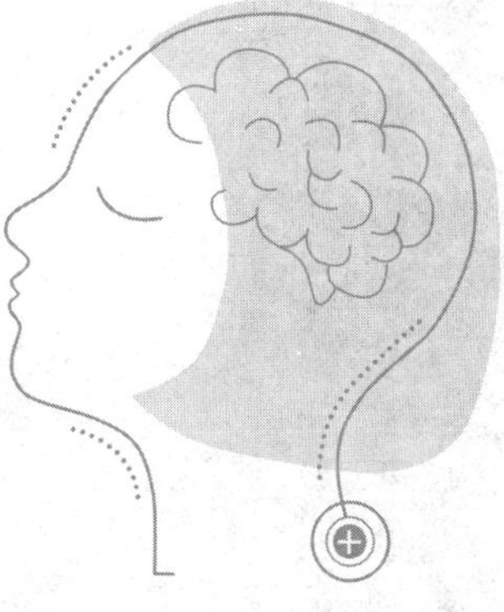

王旭光编写，第五章由王禹、于坤编写，第六章由陈化、孙晓光、梁玉莲编写。

由于时间和水平有限，书中难免存在不足和纰缪，敬请批评指正。

目录

CONTENTS

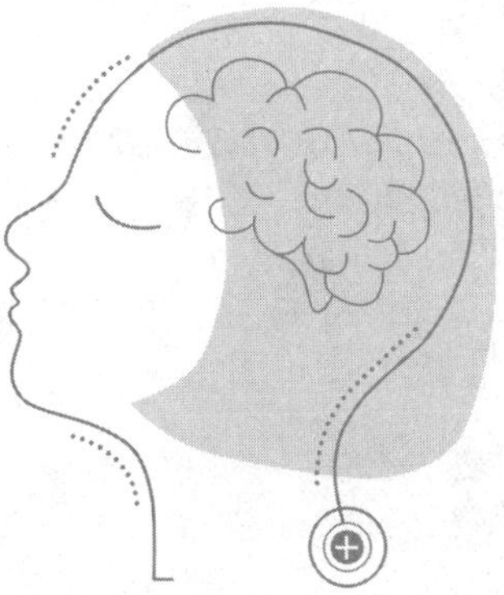

第一章

解密心理学

心灵引导

在寒冷中颤抖过的人尤觉太阳的温暖，经历过各种人生烦恼的人，才懂得生命的珍贵。

——怀特曼

人类心灵深处，有许多沉睡的力量；唤醒这些人们从未梦想过的力量，巧妙运用，便能彻底改变一生。

——澳瑞森·梅伦

播下一个行动，收获一种习惯；播下一种习惯，收获一种性格；播下一种性格，收获一种命运。

——威廉·詹姆士

真正的人生，只有在经过艰苦卓绝的斗争之后才能实现。

——塞涅卡

经验、环境和遗传造就了你的面目，无论是好是坏，你都得耕耘自己的园地；无论是好是坏，你都得弹起生命中的琴弦。

——卡耐基

第一节　心理学概述

心理学（Psychology）一词起源于希腊文，由希腊文“psyche”（灵魂）与“logos”（讲述）两词演变、合成而来。1590年，德国马堡大学教授葛克尔首先将“心理学”一词用于自己的著作中，但心理学成为一门独立的学科则是从1879年冯特在德国莱比锡大学创建第一个科学心理学实验室开始的，从那以后，有关心理学的著作、派别逐渐问世，心理学从此也开启了作为科学而发展的探索之路。心理学不但研究人的心理现象，同时也研究人的行为，并且探讨心理现象与行为之间的规律性关系。

一、心理学的发展历程

1．心理学的萌芽

人类社会的发展始终伴随着科学研究的产生和进步，早期的心理学研究属于哲学范畴，故称为哲学心理学。公元前4世纪，古希腊哲学家亚里士多德撰写了《论灵魂》，探讨心理现象与肉体的关系，这是西方最早系统研究心理现象的著作。而具有五千年文明史的中华民族，为人类留下了灿烂的文化和宝贵的智慧光芒，其中心理学的足迹依稀可见。我国古代对身心关系的研究比亚里士多德还要早，《管子·内业篇》就有“凡人之生也，天出其精、地出其形、合此为人”的论述，这是中国最早记录有关“灵气”的文字。19世纪中叶以前，心理学的研究方法都是思辨式的，研究成果多含有经验描述性质，因而心理学还不能被视为科学，也正因为如此，心理学的科学地位长期未得到确立。

2．心理学成为独立学科

1860年，德国心理学家古斯塔夫·费希纳发表《心理物学纲要》，创立了心理物理学。他把自然科学的研究方法引入心理学，为心理学实验研究方法的发展奠定了基础。1879年，德国心理学家威廉·冯特在德国莱比锡大学创立了世界上第一个心理实验室，标志着心理学从哲学中分化出来成为一门独立的实验学科。由于采用了实验的方法，心理学的科学地位得以逐步确立。独立形态的心理学迄今已有一百多年的历史，正如德国实验心理学家赫尔曼·艾宾浩斯所说，心理学有一个很长的过去，但仅有一个短暂的历史。所以，心理学是一门古老而充满生机的年轻科学。

3．心理学的发展

19世纪末至今，西方主要的心理学派和思潮主要有构造主义学派、机能主义学派、精神分析学派、格式塔学派、行为主义学派等（表1–1）。心理学不同学派的纷争首先表现在对心理学研究对象、研究任务、研究方法的不同主张上。各派在各自框定的基本研究范畴中积累了丰富的研究成果，促进了心理学的发展。

表1–1　心理学主要学派的代表人物和主要理论观点

学派	时间	代表人物	理论观点
构造主义学派	1879~1930年	冯特、铁钦纳	主张心理学应该研究人们的直接经验，即意识，把人的经验分为感觉、意象和激情3种元素，强调心理学的基本任务是研究正常成人的一般心理规律。它不重视心理学的应用，不关心个别差异
机能主义学派	1890~1950年	詹姆斯、杜威、安吉尔、卡尔、吴伟	反对把心理学局限于研究正常人的一般心理规律，主张把心理学的研究范围扩大到动物心理、儿童心理、教育心理、变态心理、差异心理等领域，强调研究人在适应环境过程中心理的作用和功能
精神分析学派	1900年至今	弗洛伊德、荣格、弗洛姆、埃里克森	认为人的心理可以分为意识、潜意识和无意识，重视对异常行为的分析，注重对无意识现象的研究，认为人的一切个体的和社会的行为都根源于心灵深处的某种欲望或动机
格式塔学派	1912年至今	惠特海默、考夫卡、苛勒	反对把意识分解为元素，强调心理作为一个整体、一种心理组织的意义
行为主义学派	1913年至今	华生、桑代克、巴甫洛夫	反对研究意识，主张研究行为，反对内省，主张用实验方法
新行为主义学派	1930年至今	斯金纳、托尔曼、赫尔、班杜拉	注重研究社会因素的影响，把学习心理学的研究和社会心理学研究结合在一起，对学习理论发展做出了独树一帜的贡献
认知心理学学派	20世纪50年代中期	奈塞、皮亚杰	强调研究行为的内部机制，用信息加工的观点来研究感觉、知觉、注意、表象、学习、记忆、思维和语言等
人本主义学派	20世纪50年代	马斯洛、罗杰斯	反对精神分析学派、行为主义学派对心理学研究的窄化和偏颇，主张研究人的价值和潜能的发展

从20世纪中上叶开始，各学派间出现了互相吸收、互相融合的新趋势。在第二次世界大战后，新的心理学思潮相继产生，如认知主义思潮、人本主义思潮、建构主义思潮等。这些思潮不是以学派形式出现，而是作为一种范式、潮流、发展方向影响着心理学的各个研究领域。

二、心理学的主要研究领域

1．心理学的研究类别

每一门科学都有自己的研究领域和研究对象，心理学作为一门研究心理现象及其规律的科学，其研究领域非常广泛，主要从个体心理方向和社会心理方向进行研究。根据研究的方向不同，可以把心理学分为基础心理学和应用心理学两大类：基础心理学意在探讨人和动物的行为和心理变化的原理及规律；而应用心理学旨在研究心理学在现实社会和生活中的实际应用技术（表1–2）。

表1–2　心理学的主要研究领域简介

研究分支	研究类别	研究内容
基础心理学	普通心理学	探讨心理学的基本原理和心理现象的一般规律，通过对正常成人心理活动的研究，来揭示心理现象的一般规律
	社会心理学	研究个体和群体的社会心理现象以及社会对心理发展的制约和影响
	发展心理学	研究个体心理发生和发展规律，按照不同年龄阶段，可分为幼儿心理学、儿童心理学、青年心理学、成年心理学和老年心理学
	生理心理学	是心理学研究的核心，探讨心理活动的生理基础和脑的机制，包括脑与行为、认知、运动、动机、情绪及精神障碍等心理现象，以及行为的神经过程和机制
	比较心理学	又称实验心理学，研究包括人类在内的动物智能及其心理现象发生和发展的过程，其目的在于更好地了解人类本身及其在自然界的地位
应用心理学	教育心理学	研究教育和教学过程中教育者与受教育者心理活动现象及其产生和变化规律，是一门教育科学和心理科学之间的学科
	咨询心理学	研究心理咨询的过程、原则、技巧和方法
	管理心理学	研究管理活动中的心理活动规律
	消费心理学	以大众的消费行为为研究对象，研究消费者购买、使用商品过程中的心理和行为规律
	环境心理学	研究环境与人的心理和行为之间的关系
	法律心理学	研究与法律有关的各种人的心理活动规律

2．心理学的研究任务

心理学的研究任务是揭示心理现象发生和发展的规律，并运用这些规律为人类生活、生产服务。其中，很多研究者认为，普通心理学是心理科学的总学科和入门学科。将普通心理学称为“总学科”“母学科”，主要是因为它研究正常人所具有的一般心理现象和心理规律，为其他心理学分支提供基本概念和基本原理，而其他心理学分支的研究成果又不断丰富着普通心理学。将其称为“入门学科”，则是因为它是心理学初学者的启蒙课程，经过普通心理学的通道可以更顺利地走入各个心理学领域。

3．心理学的研究方法

心理学科学的研究是从可观察的被试所处的环境因素，到人的行为因素和已知的身心因素以及当前现实的心理活动，这里的“行为”包括肢体反应、言语反应、表情等。心理学的研究方法很多，其中，观察法、实验法、调查法、测验法是基本的研究方法。

1）观察法

观察法是对研究者直接进行观察，记录被试的行为来探究两个或多个变量之间存在何种关系的方法，可分为自然观察法和控制观察法。自然观察法是指心理学家在自然情境中对人或动物的行为进行直接观察、记录，然后进行分析、解释，从而获得有关行为变化的规律；控制观察法是指在预先设置的情景中进行观察。观察法只能回答是什么的问题，不能回答为什么的问题。

2）实验法

实验法是在控制的条件下，系统地操纵某种变量的变化，从而研究这种变量的变化对其他变量所产生的影响。由实验者操纵变化的变量即自变量，也称实验变量，由自变量引起的某种特定反应叫因变量。实验法需要在控制的条件下进行，其目的在于排除自变量以外的一切可能影响实验结果的无关变量。

实验法可分为现场实验和实验室实验。现场实验是在学校、工厂、商场等实际生活情境中对实验条件做适当控制所进行的实验；实验室实验通常指在实验室内，借助各种实验仪器设备，在严密控制实验条件下所进行的实验。

3）测验法

测验法是采用标准化的测验工具（如量表）来测查个体发展的特点和水平的一种方法。主要有成就测验、智力测验、人格测验等。测验法在心理研究中的应用非常广泛，凡有关智力、记忆、人格、神经、心理、病理、心理等时，都应通过测验法进行心理测验，这种方法的最大特点是能够对被测试者的心理现象或心理品质进行定量分析，具有很强的科学性，而且随着计算机技术的发展和广泛应用，心理测验领域已出现了明显的计算机化的趋势，如在计算机上施测、自动计分、进行测试结果分析和解释等。

4）调查法

调查法就是以被调查者所了解的有关问题为范围，通过一些问题让被调查者自由表达其态度和意见的一种方法。调查法总体上易于进行，但在调查的过程中往往会因为被调查者记忆不够准确等原因使调查结果的可靠性受到影响。调查的可能方法与途径是多种多样的，在教育心理学的研究中，最常用的调查方法主要有问卷法、访谈法、个案法与教育经验总结法等。

心理阅读

弗洛姆的故事

艾瑞克·弗洛姆是美籍犹太人，著名的人本主义哲学家和精神分析心理学家。他曾做过一个经典的实验：

他带领几个学生来到一个伸手不见五指的黑暗房间，让学生们依次跟在身后，这样，他带着学生很快就走到了房间的另一端。随后，弗洛姆打开了房间里的一盏灯，在这昏黄如烛的灯光下，学生们才依稀看到房间的布置，不禁吓得尖叫起来。原来，这间房子的地面有一个很深很大的水池，池子里蠕动着各种各样的毒蛇，包括一条大蟒蛇和三条眼镜蛇，并且有好几只毒蛇正高高地昂着头，朝他们“滋滋”地吐着信子。就在这蛇池的上方，仅仅搭着一座很窄的木桥，而他们刚才就是从这座木桥上走过来的。

弗洛姆看着他们问道：“现在，你们还愿意再次走过这座桥吗？”大家你看看我，我看看你，都摇摇头。

过了片刻，终于有3个学生犹犹豫豫地站出来说可以去试试。其中一个学生一上去，就异常小心地挪动着双脚，速度比第一次慢了许多；另一个学生也战战兢兢地踩在小木桥上，身子不由自主地颤抖着，才走到一半，就坚持不住了；第三个学生则干脆趴在小桥上慢慢地向前爬行。

过了一会儿，只听“啪”一声，弗洛姆又打开了房间里另外的几盏灯，强烈的灯光一下把整个房间照耀得如同白昼。学生们这才发现在小木桥的下方装着一道安全网，只是因为网线的颜色极暗，所以他们刚才都不曾发现。这时，弗洛姆又问道：“你们当中还有谁愿意现在通过这座小桥吗？”

学生们没有作声，“你们为什么不愿意呢？”弗洛姆问道。“这张安全网的质量可靠吗？”学生心有余悸地反问。

弗洛姆笑了：“这座桥本来不难走，可是桥下的毒蛇对你们造成了心理威慑，于是，你们就失去了平静的心态，乱了方寸，慌了手脚，表现出各种程度的胆怯——由此可以看出，心态对行为的影响是巨大的。”

人们常说，“无知者无畏”，这里所讲的“无知”就是当人们不知道、没有看清困难时，往往会没有任何顾虑地勇往直前；而当人们发现困难后，便会心生胆怯，甚至举步维艰。事实上，真正的困难和问题往往并没有想象的那么可怕，只是人们的主观意识已决定了行为，因此，很多人失败的原因可能并非困难，而是内心的怯懦。

心理测试

测测你的心理年龄有多大?

指导语:

评价心理健康的一个重要指标就是心理和生理的发育是否同步。有些人年纪不大却老气横秋，不受朋友欢迎;有些人早已成年，还玩世不恭，让人难以信赖。想知道你自己的心理年龄和实际年龄是否一致吗?那就请完成下面的题目，看看你的心理年龄到底是几岁。

请从下列题目的选项中，选出最接近你心理状态的一项，然后根据题后的评分规则进行记分。

1．困难的事情对你来说是?

A．挑战　B．需要克服的麻烦　C．不愿意去想

2．上学途中，看到前面有一个说话很啰唆的同学，你会:

A．尽量走慢点，不想和他一路

B．跟他打招呼，并快步超过他

C．快步赶上他，一起谈笑风生地往教室走

3．你会因为心里难受而独自哭泣吗?

A．会　B．难说　C．不会

4．你认为你会成为一个中庸的人吗?

A．绝对不可能　B．暂时回答不了　C．有可能

5．你更喜欢跟什么年龄段的朋友来往?

A．比自己年轻的人　B．和自己年龄相仿的人　C．比自己年长的人

6．平时你周末的时光是怎么度过的?

A．在家补睡眠　B．和朋友出去娱乐　C．自己在家做扫除

7．你会梦想拥有一辆概念汽车吗?

A．梦寐以求

B．仔细想想，觉得不实际

C.从来没有过这样的想法

8．跟朋友约好一起吃饭，临出门前接到朋友电话取消约会，你的反应是:

A．在电话里就数落朋友

B．虽然不舒服，但是尽量语气缓和

C．放下电话后，自言自语地表示不满

9．旅行前或者参加派队的前一天晚上，你的睡眠如何?

A．因为激动而辗转反侧

B．准备好东西后就睡着了

C．睡不着，因为担心忘记了什么重要细节

10．你愿意搬到乡下去居住吗？

A．起码现在不希望

B．偶尔去度假还可以考虑

C．觉得乡下更适合自己居住

11．你觉得以下哪个比喻更符合你对人生的态度？

A．人生就是一场冒险游戏

B．人生就是一场赌博

C．人生就是一场梦

12．学习一种新鲜事物，你会感觉到：

A．很好玩　　B．比较容易　　C．比较困难

13．你认为改变你的生活习惯是非常困难的事情吗？

A．不觉得有多大困难

B．要看具体是什么习惯

C．改变习惯的确很困难

14．你多久才改变一次发型？

A．1个月以内　　B．3个月左右　　C．1年左右

15．你喜欢回忆往昔吗？

A．不喜欢，我更喜欢憧憬未来

B．触景生情的时候，还是要回忆

C．经常沉溺在回忆的旋涡里

16．你和朋友一起玩了一个通宵，第二天上学的时候，你会：

A．和平时一样

B．喝点咖啡提神，找空闲打瞌睡

C．一整天都萎靡不振

17．周围有人说你很固执吗？

A．没有　　B．不清楚　　C．有人这样说过

18．一旦下了决心，马上就去行动，对于后果考虑的不是那么多？

A．是的　　B．有时候是　　C．不是

19．你经常在情绪上波动比较大，很容易愤怒吗？

A．是的，难以控制情绪

B．不一定，要看情况

C．不是，发现自己没有以前那么容易愤怒了

20．对小说和电影等娱乐项目日益失去兴趣，认为那都是肤浅的？

A．不是的　　B．说不清楚　　C．是的

21．你会非常关注自己的身体健康吗?

A．很少关注　　B．只有生病的时候才会注意　　C．随时都很注意

22．对陌生的人或事都怀有旺盛的好奇心?

A．是的　　B．不一定　　C．基本没有

23．你对于时下流行的语言和服饰有了解吗?

A．一直属于潮流尖端的人

B．基本知道某一方面

C．对于时下流行的东西感到不可思议

24．你能保持注意力集中，专注做某件事情多久?

A．可以废寝忘食

B．要看具体是什么事情

C．不知道，或者很难专注做一件事很久

25．如果亲戚外出，让你照看他们5岁的孩子一下午，你会:

A．和他一起看动画片或者一起玩

B．给他吃东西，让他安静下来

C．给他讲故事，哄他睡觉

评分规则:

上述各题选A项得3分，选B项得2分，选C项得1分，将分值相加得出总分。

结果分析:

60~75分：说明你还充满着童心，对这个世界充满着好奇，一切在你看来都是新鲜和有趣的。你对外界的反应很直接，对情绪的控制能力较差。但倘若你的心理年龄严重迟于生理年龄，则可能会很难适应周围的环境变化。

50~61分：你的心理年龄在20~30岁，你已经有了自己的想法，也能控制部分情绪和承担一定的责任。当理想和现实发生冲突时，你会感到很痛苦，你正在不断地摸索解决的办法。

35~51分：这是较成熟的心理年龄，你完全知道怎么处理各种矛盾，你也知道自己的问题出在哪里，你有了丰富的社会经验和与人打交道的能力。对于生活中的大部分问题，你已经有了解决的办法。

25~36分：你的心理年龄较大，而且比较固执。你认为自己已经完全了解整个社会的所有问题，且形成了自己的处世风格。遇到问题，你认为只有你的答案是正确的，在内心深处拒绝接受改变。

（此测试摘自《人生必做的N个测试》，胡晓梅编著，略有改动）

第二节 心理的实质

作为心理学主要研究对象的心理现象，是在人的各种活动中发生和发展的，是每个人都非常熟悉的现象。但是，心理现象究竟是怎样产生的，心理现象的产生是否有专门的器官，心理现象同物质现象的关系如何，也就是心理的实质是什么，这一系列问题是非常复杂的。

根据辩证唯物主义的心理观，心理的实质必须放在身体、心理、现实的关系中才能呈现清楚。心理的实质至少要有三个要点：第一，心理是脑的机能，心理不是超物质的；第二，心理是脑对客观现实的反映，心理不是超现实的；第三，人的心理与动物的心理不同，具有社会性和自觉能动性。

一、心理是脑的机能

关于心理的器官问题，人类的认识经历了由心脏到脑的漫长过程。在古代，除少数行医者外，大多数人，特别是一些思想家，普遍认为心脏是心理的器官，心理是心脏的机能。如中国的孟轲就认为“心之官则思”，汉字中和人的精神活动有关的字、词，多带有“心”字，如“感情”“想象”“思考”“心情”等。中国医学文献《内经》（其主要部分据研究是写于公元前8世纪）便认为心是人体的主要器官，是身体之本，而气是生命技能的基础，在机体内与其他组成部分相混合的气，既有生理的功能，也有心理的功能，它赋予人以言语的能力并推动思维，而思维定位于心。

后来人们渐渐发现，人在入睡以后，心脏仍在跳动，但心理自主活动没有了；而如果头部受到严重损伤，尽管心脏还在正常跳动，心理活动却出现了异常。于是，人们便逐渐认识到，对于心理活动来说，脑比心脏更为重要。

随着医学的不断发展，人们根据大量的生活经验，逐步认识到脑才是心理的器官。法国外科医生布罗卡在1861年通过对人脑的解剖研究发现，一位病人失去说话能力同左侧大脑皮层特定区域的神经细胞受到器质性损伤有关，这说明在大脑皮层的这一特定区域有一个语言中枢（后被称为“布罗卡区”）。后来临床实践又进一步发现大脑皮层颞叶的颞上回受到损伤时，病人能说话、阅读和写字，但却听不懂别人的讲话，即产生了“感觉失语症”；当额叶的额中回受到损伤时，病人能听懂话，自己会说话，也能阅读，但不会书写，产生了“失写症”；当顶叶的角回受到损伤时，病人虽然能听、会说、会写，但看不懂书面语言，产生了“失读症”。这些发现证明，脑的不同部位控制、支配着人的言语活动。研究发现，大脑的两个半球各自管理着身体相对的另一半，即左半球主管身体的右半部分，右半球主管身体的左半部分。人的大脑机能具有不对称性，即心理机能在左、右两个半球上表现出不同的优势，通常左半球的机能是阅读和计算，保障连贯的、分析性的逻辑思维，右半球运用形象信息，保证空间定向、音乐知觉，擅长对情绪、态度的理解。当然，大脑两半球的机能不对称性是相对的，是一个人在成长过程中逐渐形成的。

1874年，俄国解剖学家贝兹利用显微观察的方法在大脑皮层的中央前回第五层发现了大型锥体细胞，并且证明这种大型锥体细胞是支配躯体运动的神经细胞，称为“贝兹细胞”。这说明人的各种运动也是受大脑支配的。

与此同时，许多生理学家、心理学家、医生采用切除法、电刺激法对脑与行为的关系进行研究，也陆续发现了其他一些神经中枢。如1823年，德国生理学家弗罗伦观察到切除大脑后的鸽子失去了适应环境的能力，从而证明了动物的复杂行为与大脑机能有关。1820年，弗里奇和希齐格用微电刺激十字沟前回，发现动物不同部位的肌肉动作由不同的中枢控制，后来又通过进一步的实验研究发现了大脑皮层的“运动中枢”。著名生理学家巴甫洛夫在此基础上进行了长期的实验研究，并创立了高级神经活动学说，即“条件反射”，进一步科学地揭示了心理活动的脑机能。

二、心理是脑对客观现实的反映

心理是脑的机能，人脑是心理产生的物质基础，同时为心理的产生提供了可能性，而要把这种可能性变为现实，则必须通过社会实践活动，因此，人的心理是在社会实践活动中产生的，是人脑对客观现实的主观能动反映。

1．客观现实是心理的源泉

心理就其产生的方式来说，是脑的反射活动。如果没有客观刺激，也就不可能引起大脑皮层的神经活动以及相应的心理活动。对人类来说，客观现实包括自然环境和社会环境。自然环境是指人类赖以生存和实践的自然界，如天地日月、山川河流、飞禽走兽、花草树木；社会环境是指人类所有的社会生活，以及与之相联系的各种社会事物，如生产劳动、人们之间的社会关系、人际关系等，它是人的心理最主要的源泉。只有当客观现实作用于我们的感觉器官时，我们才能产生感知觉、记忆、思维、想象、情感等各种各样的心理现象，我们才由“不知”转化为“知”。

因此，无论简单的心理现象，还是复杂的心理现象，其内容都来自客观现实以及生活中虚构的人物和故事，如孙悟空的神奇变化、嫦娥奔月的神话等。正如列宁所说："我们的感觉，我们的意识，只是外部世界的反映。不言而喻，没有被反映者，就不能有反映，被反映者是不依赖于反映者而存在的。"因此，人的心理是客观现实作用于人脑的产物，是客观现实在人脑中的反映，客观现实是人心理活动的内容和源泉。

2．心理是对客观现实的主观能动反映

心理是对客观现实的主观映象，人脑对客观现实的反映过程，就是在头脑中形成映象的过程。但是这种映象，不像镜子和照相底片那样是简单的、消极的、刻板的反映，而是对客观现实的积极的、主观的、能动的反映。事物的映象和事物本身是相像的、一致的，但不是同质的，事物的映象不等于事物本身，它是以观念形式存在于人脑中的，是经过人脑加工改造过的物象。正如马克思所说："映象是移入人脑并在人的头脑中改造过的物质的东西。"而客观现实以物质形式存在于现实中，是客观的。例如，客观现实中我们看到一棵树，它进入我们的感觉器官，反映在头脑中，就产生了树的映象。现实中的树和它的映象是不同的，一种是客观存在的植物，看得见、摸得着；而映象是心理现象，存在于人脑中，看不见、摸不着。

心理既是客观的，又是主观的。按其反映的内容来说是客观的，因为它反映的是外界事物和现象，是由外界事物决定的；同时又是通过脑的神经系统加工过程实现的，并通过人的言语行为表现出来，所以这种反映又是主观的。个人的知识经验、个体差异和年龄特征及当时所具有的心理状态都会对这种反映有深刻的影响，所以，对同一客观事物的反映在选择性、准确性、全面性和深刻性等方面都会有所不同，这样就造成了人对客观现实反映的主观性，出现所谓的"仁者见仁、智者见智"的现象。例如，坐在教室里上课的学生，面对的是同一位老师，听到的是同样的内容，但是每位同学的反映却是不一样的，有的学生理解并掌握了老师讲的内容，有的学生一知半解，有的学生感到难以理解。不但不同的人对同一事物的反映存在差异，即使是同一个人，在不同的时间、不同的条件下，对同一事物的反映也不尽相同。例如日常生活中，人们对于食物的态度，在饭前和饭后的反映就不尽相同，饥饿时人看到食物会觉得很美味，吃饱之后再看一些食物的感觉就不一样了。由此可见，人的主观状态不同，对待事物的反映也不同。正是由于人对当前事物的每种反映都受认识经验、个性特点等的影响，且需要主观因素的参与，因而保证了人的认识、反映的连续和深入。

3．心理具有社会性和自觉能动性

人类心理与动物心理的区别主要表现在人类心理具有社会性和自觉能动性。

社会属性一般被认为是人类所特有的，人类心理发展不仅取决于生物属性，更主

要的是取决于社会属性。首先，要形成人的心理离不开社会现实，有正常的心理器官而无正常的社会生活，就不能形成正常的人的心理；其次，人类心理是随着人们的社会生活条件、社会关系的变化而不断变化和发展的；再次，无论个体心理多么富有个人特色，总会带有时代、环境、群体心理的烙印，是一种社会化了的个体心理特征表现。

1）社会实践活动是人的心理产生和发展的基本途径

人的心理不是自发产生的，只有作为心理源泉的客观现实和作为反映器官的大脑相互作用，才能产生正常的心理，而这种相互作用是通过人的实践活动实现的。人所有的心理现象都是在各种实践活动中，在人们彼此交往的过程中产生和发展起来的，一个人的心理是个体的生活经历及成长过程的真实写照。从出生那天起，人们就从事着各种各样的活动（如学习语言、接受教育等），并通过各种实践活动去感知周围的事物，并不断改造着客观世界。正是在改造世界的实践活动中，产生了人对事物的认识，当人的认识和知识逐渐丰富起来后，便形成了兴趣、动机、情感、愿望等，并逐步呈现出人类克服困难的意志、行动。同时，由于社会实践活动的多样性和复杂性，也使人们形成了不同的能力和性格。因此，人们在实践活动中，在改造周围世界的同时，也改变着自身，改变着自己对客观事物的反映，丰富和发展着自己的心理世界。

相反，如果人类脱离社会生活实践，则将难以产生正常的心理。1920年发现的印度狼孩，虽然具有人脑，但是只有动物的本性，而没有人的心理，其根本原因就是自幼脱离了人类的社会生活实践，无法进行社会实践活动（如不能学习人类的语言，不能进行人际交往和接受人类的知识经验等）。不仅自幼脱离社会生活会使人无法形成正常的人类心理，即使在成年后长期脱离人类社会也会导致心理出现异常。由此可见，人类的社会实践活动对人心理的产生和发展起着决定性的作用，是人的心理产生和发展的基础。

2）社会实践活动是检验人对客观现实反映的唯一标准

实践是检验真理的唯一标准，社会实践是人们能动的改造和探索现实世界的一切社会性的客观物质活动，是人类认识世界的基础，在不同程度上影响着人类心理的形成和发展。

人们根据对事物的反映进行活动后，往往能证明哪些是正确的，哪些是错误的，进而会不断地纠正自己的认识和行动，使心理反映更正确，更符合客观实际，这就进一步促进了心理的发展，使心理反映达到深刻化和完善化的程度。

综上所述，人的心理是人脑的机能，是客观现实的反映。这种反映既是客观的，同时又是主观能动的，是在社会实践活动中产生和发展的，并且可以通过社会实践活动加以检验。

心理阅读

印度狼孩的故事

1920年10月，一位印度传教士辛格在印度加尔各答的丛林中，发现狼群中的两个“狼孩”，据推测，她们应该都是在半岁左右时被母狼带到洞里的，大的女孩约8岁，小的约1岁半。辛格把她们送进了米梅纳普尔市的一家孤儿院，并给她们起了名字，大女孩叫卡玛拉，小女孩叫阿玛拉。当她们被领进孤儿院时，有着明显的动物习性：不会用双脚站立，只能用四肢走路；害怕日光，白天总是蜷缩在阴暗的角落里，在太阳下，眼睛只能睁开一条窄缝，而且还不断地眨眼；夜间则在院内外四处游荡，凌晨时会像狼似的嚎叫；她们完全不懂语言，也不发出人类的音节；两人经常动物般蜷伏在一起，不愿与他人接近；她们不会用手拿东西，吃东西时狼吞虎咽，喝水也和狼一样用舌头舔；在吃东西时，如果有人或有动物走近，便呜呜作声去吓唬人；在太阳下被晒得热时，她们会张嘴伸出舌头来，像狗一样的喘气；她们不肯洗澡，也不肯穿衣服。

被领进孤儿院后，辛格夫妇非常爱护她们，并耐心地抚养和教育她们。进孤儿院两个月后，辛格发现小的阿玛拉学习进展比大的卡玛拉要快些，当她渴时，开始会说“bhoo（水，孟加拉语）”，并且较早地对其他孩子的活动表现出了兴趣。可遗憾的是，阿玛拉住进孤儿院后不到一年就去世了。卡玛拉用了25个月才说出第一个词“ma”，4年只学会了6个单词，7年后增加到45个，并曾说出用3个词组成的句子。进院16个月后卡玛拉才会用膝盖走路，2年8个月后才会用两脚站立，5年后才会用两脚走路，但快跑时又开始四肢爬行。卡玛拉一直活到17岁，但她直到去世还没真正学会说话，智力只相当于三四岁的孩子。

这一实例有力地说明了社会生活对人心理发展的决定性作用。

心理测试

测测你的心理压力

指导语：

请回答以下30个问题，根据自己的实际情况，选择“A”或者“B”，然后根据题后的评分方法进行记分。

1．应付日常的学习和工作，你会很容易感到疲劳吗？

A．是　B．否

2．你能合理安排工作和娱乐的时间吗？

A．否　B．是

3．你经常会躺在床上很久都睡不着吗？

A．是　B．否

4．你容易为小事而动怒吗？

A．是　B．否

5．你认为你的家人对你够友善吗？

A．否　B．是

6．早上起床，你会感到很疲倦，不想起床上学或工作吗？

A．是　B．否

7．面对自己一直喜欢吃的食物，你有提不起食欲的感觉吗？

A．是　B．否

8．你有广泛的兴趣爱好吗？

A．否　B．是

9．最近几天有让你高兴的事情发生吗？

A．否　B．是

10．你有使用药物或保健品等帮助睡眠的习惯吗？

A．是　B．否

11．如果今天的工作没有做完，你会带回寝室继续做完吗？

A．是　B．否

12．你会经常感冒或者头疼、发烧吗？

A．是　B．否

13．你很难集中精力完成一件事情吗？

A．是　B．否

14．当提前说好的事情遇到变故，你会很容易感到沮丧吗？

A．是　B．否

15．你经常消化不良或便秘吗？

A．是　B．否

16．你有在深夜突然醒过来，再也无法入睡的经历吗？

A．是　B．否

17．最好的放松地点对你来说是自己的家吗？

A．否　B．是

18．情绪不好的时候，你会找家人以外的朋友倾诉吗？

A．否　B．是

19．你是否喜欢埋头于工作而躲避处理复杂的人际关系？

A．是　B．否

20．从事一项运动或游戏的时候，你会想办法取得胜利吗？

A．否　B．是

21．你在同样一件工作上是否比别人花更长的时间？

A．是　　B．否

22．你在休息日里会因为无所事事而感到懊恼吗？

A．是　　B．否

23．长时间的等待会让你很容易生气吗？

A．是　　B．否

24．你认为你的体重正常吗？

A．否　　B．是

25．你在紧张的时候会浑身冒冷汗吗？

A．是　　B．否

26．学习、工作忙碌的时候，你会有身体不适的反应（比如胃痛）吗？

A．是　　B．否

27．你会觉得很多事情不是你能把握的，并为此而感到懊恼吗？

A．是　　B．否

28．你感觉生活中自己积累的问题太多，把自己压得喘不过气来吗？

A．是　　B．否

29．你害怕遇到争吵，并且在争吵中总处于弱势吗？

A．是　　B．否

30．你觉得自己能控制生活中的烦恼吗？

A．是　　B．否

评分规则：

以上各题，选A记1分，选B记0分，请你把分值相加，看看自己属于下面的哪种情况。

结果分析：

1~10分：你对压力有着非常良好的调节能力，你会选择理智的方式面对不同的压力，能适当地转化压力为动力。你的抗压能力很好，这归功于你较强的心理调节能力，你在生活和工作中比较愿意接受挑战。

11~20分：生活中虽然有一些让你感到有压力的事情，但是你能调整心态，应对一些压力，有时候你会觉得压力可能会激发你的动力，但是你绝对不会主动选择巨大的压力，因为你的调节能力和适应能力有限。

2~30分：你对生活中的压力非常敏感，你不喜欢生活在巨大的压力下，一旦压力超过你的承受范围，你会迅速选择逃避，或者在压力下表现出失常的精神状态。

第三节　心理现象

心理现象人皆有之，它是最复杂的现象之一，从古至今一直为人们所关注，一代又一代的科学家对它进行了不懈的探索。心理现象主要包括心理过程、心理状态和个性心理。

一、心理过程

心理过程就是心理活动的过程，也是对客观事物的反映过程，这个过程又包括三个子过程，即认知过程、情感过程和意志过程。

1．认知过程

从认知过程来看，当客观事物直接作用于我们的感觉器官时便会引起各种不同的感觉和知觉；当客观事物的具体形象不在我们的面前时，在我们的头脑中还能浮现出来单一的或复合的表象，即所谓“历历在目”。人们能够回忆过去经历过的事件，能把已有的表象组合起来形成一个新的形象，也能够根据直接的经验，通过分析综合进行思考，判断事物发展的原因。上述这种感觉、知觉、表象、记忆、想象、思维就是心理过程的一个方面，即认知过程。

2．情感过程

在认知过程中，人总是有这样那样的体验或感受，如有些事物使人惊慌、愤怒、精神惶恐不安，有些事物使人赞叹、喜爱、精神舒适，有些事物使人高兴、乐观、精神振奋，有些事物使人忧愁、悲伤、精神沮丧。这些主观感受是人对客观事物评价态度方面的体验。一个人在工作、生活和活动中得到尊重、关怀，就会愉快、兴奋，这种情绪上的满足感增加了个人的社会适应能力和机体活动能力。

3．意志过程

为了实现工作、学习或活动的要求，个人还要提出行动的目的，采取一定的方式、方法，克服种种障碍，完成预定的计划或任务。在这个过程中所表现的决定、执行计划、控制自己自觉地按照一定目的进行活动的过程，就是意志。人们通过意志过程把认识的结果和要求作用于外部世界，从而影响外部世界。

人的认知、情感、意志这三个方面的心理活动，经常处于动态变化之中，都有其发生、发展、终止或升华的过程，认知、情感、意志三种心理过程通过相互联系、彼此制约而构成人的整个心理过程。情感和意志是在认知的基础上产生的，并随着认知过程的深化而不断变化发展；反之，认知活动又总是受到情感和意志因素的极大影响。此外，情感又是意志行动积极的动力因素，而意志行动又丰富着情感。

二、心理状态

心理状态是在心理活动的进程中，或从心理过程到个性心理特点形成的过渡阶段，常常会出现的一种相对持续的状态。这些心理状态，只是在心理活动的进程中，在一定的时限出现的某种相对持续的状态，它们既不像心理过程那样动态、变化，也不同于个性心理特点那样持久、稳定。心理学家认为，心理状态常常是从心理过程的发展到个性心理特点形成的一个过渡环节。

三、个性心理

个性心理是指一个人在心理过程的发展和进程中，经常表现出来的那些比较稳定的心理倾向和心理特征。个性心理是人们在心理过程中对客观事物的特性、联系和关系，主观地通过行动表达自己的愿望、目的，表现出的对现实的反映形式。在这个反映过程中，由于个体的自然素质、家庭及社会条件、教育经历的不同，形成了比较稳定的心理特点。它包括心理倾向性和个性心理特征。

1．心理倾向性

心理倾向性是对现实发生选择性态度的诱因系统。人的各种行为都是以诱因和动机为出发点，通过心理倾向性确定行为或活动的方向，从而对行为起调节和动力作用的。人在科学、艺术和社会活动中总是感受到生活的某种意义，这种意义引起的认知和情感，例如学习成就、社会责任感、道德意识和个人的兴趣与爱憎等，都会成为行为发生的诱因，组成某种心理的倾向性。心理倾向性决定了个人对现实的基本倾向、态度和对行为的调整。

2．个性心理特征

有的人感知细致、敏锐，有的人感知笼统、迟缓；有的人形象记忆速度快而准确，有的人想象丰富、灵活，有的人逻辑思维较强；在情感意志上有的人容易激动，不易克制自己，有的人则比较冷静，善于自我控制；有的人意志坚毅，有的人软弱。这种在反映过程中所形成的比较稳定的特点，在一定时期内是不容易改变的，因为它是一个人特定的成长环境所形成的结果。

个性特征是通过心理过程的形成而塑造的，这些已形成的个性特征反过来又会影响心理过程的进行。在感知过程中，由于个性特征不同，组成了个人特有的感受性系统的发展水平和不同的知觉观察类型，例如分析型、综合型、分析综合型、情绪型。因此，心理过程也总是在人的个性心理特征整合中进行的。因为个性的结构是复杂的、多侧面的、动力性的，因此每个人都有自己的个性特征，表现在心理上就是人与人之间存在的个别差异。个性差异表现在各个方面，有的表现在认知过程的差异上，有的表现在情感和意志的差异上，有的则表现在心理倾向的差异上，这就丰富了人的个性心理特征。

个性倾向性和个性心理特征也是密切关联的，个性倾向性渗透于各种心理特征之中，个性特征也反映出个人的倾向，两者在总体上体现着一个人完整的个性。

心理过程、心理状态和个性心理，三者体现着人的整体心理活动在动态—过渡—稳态三个方面的相互关系。它说明人的个性是在心理过程的基础上逐渐形成和发展的，而个性又总是通过各种心理过程表现出来的；反之，已形成的个性心理又积极地影响着心理过程，使人的心理过程总带有个性的鲜明色彩。

心理阅读

罗森塔尔效应

罗森塔尔效应，亦称皮格马利翁效应、人际期望效应，是一种社会心理效应，指的是教师对学生怀有殷切希望时，可以达到预期效果的现象。该效应由美国心理学家罗森塔尔和L.雅各布森于1968年通过实验发现。

罗森塔尔把一群小白鼠随机分成A、B两组，并且告诉A组的饲养员，这一组的老鼠非常聪明；同时又告诉B组的饲养员，这一组的老鼠智力一般。几个月后，教授对这两组老鼠进行穿越迷宫测试，发现A组的老鼠竟然真的比B组的老鼠表现得更加聪明，它们能够先走出迷宫并找到食物。

于是罗森塔尔教授得到了启发，他想这种效应能不能也发生在人的身上呢？他又来到了一所普通中学，在一个班里随便地走了一趟，然后就在学生名单上圈了几个名字，告诉他们的老师说，这几个学生智商很高，很聪明。过了一段时间，教授又来到这所中学，奇迹又发生了，那几个被他选出的学生现在真的成了班上的佼佼者。

罗森塔尔教授这时才对他们的老师说，其实自己对这几个学生一点也不了解。这让老师们很是意外。为什么会出现这种现象呢？是“期望”这一神奇的魔力在发挥作用。罗森塔尔教授是著名的心理学家，在人们心中有很高的权威，老师们对他的话都深信不疑，因此对他指出的那几个学生产生了积极的期望，像对待聪明孩子那样对待他们；而这几个学生也感受到了这种期望，也认为自己是聪明的，从而提高了自信心，提高了对自己的要求标准，最终他们真的成了优秀的学生。所以，我们要重视自信心的重要性，个人的期望将在很大程度上决定我们的未来。

心理测试

症状自评量表（SCL-90）

指导语

症状自评量表（表1-3），又名90项症状清单（SCL-90），于1975年编制，作者是德若伽提斯。该量表是世界上最著名的心理健康测试量表之一，其目的是从感觉、情感、思维、意识、行为直到生活习惯、人际关系、饮食睡眠等多种角度，评定一个人是否有某种心理症状及其严重程度，也是当前使用十分广泛的精神障碍和心理疾病门诊检查量表。该量表采用十个因子分别反映十个方面的心理症状情况，适用对象为16岁以上的个体。

本量表列出了被测试者可能存在的问题，请仔细阅读每一条，然后根据最近一星期的实际感觉，选择最符合自己的一种情况，在相应方框中画一个“√”。请不要漏掉问题。将选项得分，填在测验答卷（表1-4）相应题号的评分栏中。其中“没有”记1分，“较轻”记2分，“中等”记3分，“较重”记4分，“严重”记5分。

表1-3　症状自评量表

序号	可能存在的问题	选项				
		没有（1）	较轻（2）	中等（3）	较重（4）	严重（5）
1	头痛					
2	神经过敏，感到不踏实					
3	头脑中有不必要的想法或字句盘旋					
4	头晕或晕倒					
5	对异性的兴趣减退					
6	对旁人责备求全					
7	感到别人能控制你的思想					
8	责怪别人制造麻烦					
9	忘性大					
10	担心自己的衣饰及仪表是否端正					

续表

序号	可能存在的问题	选项				
		没有（1）	较轻（2）	中等（3）	较重（4）	严重（5）
11	容易烦恼或激动					
12	胸痛					
13	害怕空旷的场所或街道					
14	感到自己的精力下降，活动减慢					
15	想结束自己的生命					
16	听到旁人听不到的声音					
17	发抖					
18	感到大多数人都不可信任					
19	胃口不好					
20	容易哭泣					
21	同异性相处时感到害羞不自在					
22	感到受骗，中了圈套或有人想抓住自己					
23	无缘无故地突然感到害怕					
24	自己不能控制地大发脾气					
25	怕单独出门					
26	经常责备自己					
27	腰痛					
28	感到难以完成任务					
29	感到孤独					
30	感到苦闷					
31	过分担忧					
32	对事物不感兴趣					
33	感到害怕					
34	情感容易受到伤害					
35	旁人能知道你的私下想法					
36	感到别人不理解、不同情自己					

续表

序号	可能存在的问题	选项				
		没有（1）	较轻（2）	中等（3）	较重（4）	严重（5）
37	感到人们对自己不友好，不喜欢自己					
38	做事必须做得很慢以确保正确					
39	心跳得很厉害					
40	恶心或胃部不舒服					
41	感到比不上他人					
42	肌肉酸痛					
43	感到有人在监视或谈论自己					
44	难以入睡					
45	做事必须反复检查					
46	难以做出决定					
47	怕乘坐电车、公共汽车、地铁或火车					
48	呼吸有困难					
49	一阵阵发热或发冷					
50	因为感到害怕而避开某些东西、场合或活动					
51	脑子变迟钝了					
52	身体发麻或感到刺痛					
53	喉咙有梗塞感					
54	感到前途没有希望					
55	不能集中精神					
56	感到身体的某一部分软弱无力					
57	感到紧张或容易紧张					
58	感到手或脚发重					
59	想到死亡的事					
60	吃得太多					
61	当别人看自己或谈论自己时感到不自在					
62	有一些不属于自己的想法					
63	有想打人或伤害他人的冲动					

续表

序号	可能存在的问题	选项				
		没有（1）	较轻（2）	中等（3）	较重（4）	严重（5）
64	醒得太早					
65	必须反复洗手、点数					
66	睡得不稳、不深					
67	有想摔坏或破坏东西的想法					
68	有一些别人没有的想法					
69	感到对别人神经过敏					
70	在商店或电影院等人多的地方会感到不自在					
71	感到做任何事情都很困难					
72	感到恐惧或惊恐					
73	在公共场合吃东西感到很不舒服					
74	经常与人争论					
75	独自一人时会神经紧张					
76	认为别人对自己的成绩没有做出恰当的评价					
77	即使和别人在一起也感到孤单					
78	感到坐立不安、心神不定					
79	感到自己没有什么价值					
80	感到熟悉的东西变得陌生或不像真的					
81	大叫或摔东西					
82	害怕会在公共场合晕倒					
83	感到别人想占自己的便宜					
84	为一些有关性的想法而苦恼					
85	认为应该因为自己的过错而受到惩罚					
86	感到要很快把事情做完					
87	感到自己的身体有严重问题					
88	从未感到和其他人很亲近					
89	感到自己有罪					
90	感到自己的头脑有问题					

表1-4 测试答卷

F1		F2		F3		F4		F5		F6	
项目	评分	项目	评分	项目	评分	项目	评分	项目	评分	项目	评分
1		3		6		5		2		11	
4		9		21		14		17		24	
12		10		34		15		23		63	
27		28		36		20		33		67	
40		38		37		22		39		74	
42		45		41		26		57		81	
48		46		61		29		72		总分	
49		51		69		30		78			
52		55		73		31		80			
53		65		总分		32		86			
56		总分				54		总分			
58						71					
总分						79					
						总分					

F7		F8		F9		F10		结果处理		
项目	评分	项目	评分	项目	评分	项目	评分	因子	总分/项目数	T分
13		8		7		19		F1	/12	
25		18		16		44		F2	/10	
47		43		35		59		F3	/9	
50		68		62		60		F4	/13	
70		76		77		64		F5	/10	
75		83		84		66		F6	/6	
82		总分		85		89		F7	/7	
总分				87				F8	/6	
				88				F9	/10	
				90				F10	/7	
				总分						

注：T分＝总分 ÷ 项目数。

评分规则:

SCL-90测查结果的解释可以从统计原理出发，对被试的某一因子得分偏离常模团体均数的程度加以评价。SCL-90在国内已有18~29岁的全国性常模（表1-5），该常模展示了各种因子的平均数（X）和标准差（SD）。一般而言，如果某因子分数偏离常模团体平均数达到两个标准差（SD）时，即可认为是异常。

表1-5　正常成年人（18～29岁）SCL-90的因子分常模

项目	± SD	项目	± SD
躯体化	1.37 ± 0.48	敌对性	1.46 ± 0.55
强迫	1.62 ± 0.58	恐惧	1.23 ± 0.41
人际关系	1.65 ± 0.61	偏执	1.43 ± 0.57
抑郁	1.50 ± 0.59	精神病性	1.29 ± 0.42
焦虑	1.39 ± 0.43		

结果分析:

该自评测试共含有F1~F10共10个因子，各因子名称及所包含项目如下:

（1）F1: 躯体化（第1、4、12、27、40、42、48、49、52、53、56、58题，共12项），主要反映身体不适感，包括心血管、胃肠道、呼吸和其他系统的不适。

该分量表的总得分为0~48分。得分在24分以上，表明个体在身体上有较明显的不适感，并常伴有头痛、肌肉酸痛等症状；得分在12分以下，躯体症状表现不明显。总的说来，得分越高，躯体的不适感越强；得分越低，症状体验越不明显。

（2）F2: 强迫（第3、9、10、28、38、45、46、51、55、65题，共10项），反映临床上的强迫症状群，主要指那些明知没有必要，但又无法摆脱的无意义的思想、冲动和行为。

该分量表的总得分为0~40分。得分在20分以上，强迫症状较明显；得分在10分以下，强迫症状不明显。总的说来，得分越高，表明个体越无法摆脱此无意义的行为、思想和冲动；得分越低，表明个体在此种症状上表现越不明显，没有出现强迫行为。

（3）F3: 人际关系（第6、21、34、36、37、41、61、69、73题，共9项），主要反映某些人际的不自在与自卑感，这些感觉特别是在与其他人相比较时会更加突显。在人际交往中的自卑感心神不安、明显的不自在以及人际交流中的不良自我暗示、消极的期待等是这方面症状的典型原因。

该分量表的总得分为0~36分。得分在18分以上，表明个体人际关系较为敏感，人际交往中自卑感较强，并伴有行为症状（如坐立不安、退缩等）；得分在9分以下，表明个体在人际关系上较为正常。总的说来，得分越高，个体在人际交往中表现的问题就越多，自卑、自我中心越突出，并且已表现出消极的期待；得分越低，个体在人际关系上越能应付自如，人际交流自信、胸有成竹，并抱有积极的期待。

（4）F4：抑郁（第5、14、15、20、22、26、29、30、31、32、54、71、79题，共13项），反映与临床上抑郁症状群相联系的广泛的概念，主要以生活兴趣减退、动力缺乏、活力丧失等为特征。还表现出失望、悲观以及与抑郁相联系的认知和躯体方面感受。另外，还包括有关死亡的思想和自杀观念。

该分量表的总得分为0~52分。得分在26分以上，表明个体的抑郁程度较强，生活缺乏足够的兴趣，缺乏运动活力，在极端情况下，可能会有自杀的想法；得分在13分以下，表明个体抑郁程度较弱，生活态度乐观积极、充满活力、心境愉快。总的说来，得分越高，抑郁程度越明显；得分越低，抑郁程度越不明显。

（5）F5：焦虑（第2、17、23、33、39、57、72、78、80、86题，共10项），主要反映在临床上明显与焦虑症状群相联系的精神症状及体验。一般指那些烦躁、坐立不安、神经过敏、紧张以及由此产生的躯体征象，如震颤等。

该分量表的总得分为0~40分。得分在20分以上，表明个体较易焦虑，易表现出烦躁、不安静和神经过敏，极端时可能导致惊恐发作，焦虑表现明显；得分在10分以下，得分越低，表明个体越不易焦虑，越容易表现出安定的状态。

（6）F6：敌对性（第11、24、63、67、74、81题，共6项），主要从思维、情感及行为三个方面来反映被测者的敌对表现。其项目包括厌烦的感觉、摔物、争论乃至不可控制的脾气暴发等方面。

该分量表的总得分为6~30分。得分在18分以上，表明个体易表现出敌对的思想、情感和行为；得分在12分以下，表明个体容易表现出友好的思想、情感和行为。总的说来，得分越高，个体越容易敌对、争论、脾气难以控制；得分越低，个体的脾气越温和，越是待人友好、不喜欢争论、无破坏行为。

（7）F7：恐惧（第13、25、47、50、70、75、82题，共7项），恐惧的对象包括出门旅行、空旷场地、人群或公共场所和交通工具；此外，还包括社交恐怖。

该分量表的总得分为7~35分。得分在21分以上，表明个体恐惧症状较为明显，常表现出社交、广场和人群恐惧；得分在14分以下，表明个体的恐惧症状不明显。总的说来，得分越高，个体越容易对一些场所和物体产生恐惧，并伴有明显的躯体症状；得分越低，个体越不易产生恐惧心理，越能正常进行交往和活动。

（8）F8：偏执（第8、18、43、68、76、83题，共6项），主要反映投射性思维、敌对、猜疑、妄想、被动体验和夸大等。

该分量表的总得分为6~30分。得分在18分以上，表明个体的偏执症状明显，较易产生猜疑和敌对；得分在12分以下，表明个体的偏执症状不明显。总的说来，得分越高，个体越易偏执，表现出投射性的思维和妄想；得分越低，个体思维越不易走极端。

（9）F9：精神病性（第7、16、35、62、77、84、85、87、88、90题，共10项），反映各式各样的急性症状和行为，即限定不严的精神病性过程的症状表现。

该分量表的总得分为10~50分。得分在30分以上，表明个体的精神病性症状较为明显；得分在20分以下，表明个体的精神病性症状不明显。总的说来，得分越高，越易表现出精神病性症状和行为；得分越低，则越少表现出这些症状和行为。

（10）F10：其他项目（睡眠、饮食等）（第19、44、59、60、64、66、89题，共7项），附加项目，作为第10个因子来处理。

心理拓展

寻找自己人生的资源

【游戏目的】明确自己的人生目标，充分了解和挖掘自己所拥有的全部资源，分析自己所拥有的资源是否可以服务自己的人生目标。

【游戏场地】室内。

【游戏道具】音乐，一张A4纸，尺子，笔。

【游戏时间】30分钟。

【游戏程序】

1. 全体闭上眼睛，指导教师播放歌曲《我的未来不是梦》，同学们在聆听音乐的过程中，想一想自己都有哪些目标和梦想，比如在学业上的目标、在能力上的目标、在事业上的目标等。

2. 听完歌曲后，每人拿出一张A4纸，教师指导学生按以下形式画好表格：

我的目标	可服务目标的资源	我所拥有的全部资源
（1）		
（2）		
（3）		
（4）		

3. 按表格先在“我的目标”栏写上自己在大学期间想要实现的目标，然后在“我所拥有的全部资源”里写上你所拥有的全部有利资源（比如你写作能力强、口才好、家庭条件好等），最后分析哪些资源可以服务你的目标，并填在相应表格里。

4．可以按两到三名同学分成小组，相互说说自己拥有的资源和目标，谈谈如何发挥资源来实现目标，小组其他成员可以讨论他的目标是否符合实际，怎么才能更好发挥资源优势以实现目标。

5．注意事项：分享交流时提醒同学们要尊重他人的发言，同时做好一定的保密工作，营造一个安全的心理环境。

第二章

健康与心理健康

心灵引导

身体的健康只是健康的一半，另一半是心理的健康。只有身心健康，才能幸福一生。如果没有健康，智慧就难以表现，文化就无从施展，力量就不能战斗，财富变成废物，知识也无法利用。

——赫拉克利特

健康是人的第一幸福，第二是温存的秉性，第三是正道得来的财产，第四是与朋友分享快乐。

——赫里克

各种心性的基础是身体的健康。关心健康是培养性格的一个重要组成部分。

——赫尔巴特

心理健康是人们与环境相互之间具有最高效率即快乐的适应情况。

——麦灵格

第一节 健康的概念与标准

成长案例

刘同学是某高校的一名女大学生，在毕业前三个月时她的男朋友提出了分手，她因此很伤心，一直闷闷不乐、情绪低落，虽然学校已没有什么课程，其他同学们都在忙着找工作，而她却整日一个人待在宿舍，经常独自哭泣，有时自言自语说一些诸如“活着没意思”的话。同学们将她的情况反映给了辅导员老师，辅导员老师与学校心理咨询老师沟通后，初步判断该同学可能有抑郁的倾向。于是辅导员老师将情况如实告诉了刘同学的父母，希望父母能带她回家，换个生活环境，并找心理医生进行心理疏导，而刘同学的父母却认为她没事：“我们家孩子从小到大身体一直都没问题，前一段时间打电话时还说身体很好呢，不可能得什么抑郁。失恋没什么大不了的，她就是太娇气了，从小到大什么事都太顺利，没经受过挫折和打击，过段时间自然就会好了。不用管她，也不用去看医生。”

案例分析

刘同学的父母认为她情绪低落的原因是“从小太过顺利、太娇气”，并且“过段时间自然就会好了”，他们认为只要孩子身体好就不会患抑郁症。生活中，许多人的认知还停留在认为“只要躯体健康就是健康”的层面。刘同学父母这样的观念不但错过了她最佳的调整时间，更会对她日后参与社会生活产生巨大影响。因此，高校课程构建中，心理健康教育是重要内容。

一、健康的概念

“健康”一词最早出现在我国经典著作《周易》和《尚书·洪范》里。《尚书·洪范》中写道：“身其康强，子孙其逢吉。”这里的“健康”有“刚健”“无病”“安乐”之意。

《现代汉语词典》（第6版）中对“健康”的解释为：①（人体）发育良好，机理正常，有健全的心理和社会适应能力；②（事物）情况正常，没有缺陷。

人类对于健康的认识，一直受到各历史阶段的生产力和生产关系、科学水平和哲学思想发展的影响，随着历史的不断发展，健康模式也在不断发展充实，其内涵日趋丰富和完善。

1．古代的健康观念

古代受生产力发展及科学技术水平的制约，人们认为健康是由鬼神主宰的，属于唯心主义的健康观。那时，人们认为健康出现问题是妖魔鬼怪在作祟，人类无力抗争，特别是几次大规模的传染病流行更是加剧了人们的这种认识。这种关于健康的思想既忽视了人的自然性因素，同时也没有看到社会性因素的影响和制约。

2．机械的健康观念

工业革命后，人类逐步进入工业化时代，受“人是机器”的机械唯物论的影响，人们认为保护健康就像维护机器一样，认为肉体处于正常工作状态（无病）就是健康。这种健康概念忽视了人的社会性和生物的复杂性。

3．生物健康观念

19世纪末，自然科学疾病观初现雏形，这种观念认为疾病是由单一的病原微生物引起的，健康就是保持病原（微生物）、人体（生理病理）和环境（自然环境）三者之间的生态平衡，医护人员仅关心如何改善病人的躯体机能。这种健康理念只涵盖了自然因素，忽视了疾病的多元病因。

4．现代的健康观念

20世纪初，随着医学的进一步发展、心理学的日趋成熟和社会生态学观点的提出，人们认识到了疾病病因的复杂性，特别是认识到了社会环境对健康的影响，从而使健康的概念延伸到社会因素和个人心理因素，逐步形成了综合性协调发展的健康概念，即新的健康模式：生物—心理—社会健康模式。该模式把人看作复杂的且具有生物、心理和社会属性的人，强调社会、心理因素在健康与疾病之间的重要关系，强调人际关系、社会环境、个体因素和认知状况对健康的影响。医务工作者不仅仅治疗躯体疾病，还要帮助个体改善社会适应能力及心理调适的能力，对人的心理、行为方式等给予了全面关注。

1948年，世界卫生组织（WHO）成立时，《世界卫生组织宪章》中把健康定义为：健康是一种生理、心理和社会适应都臻于完满的状态，而不仅仅是没有疾病和衰弱的状态。这个定义将人类几千年来对疾病、自身和生存环境的认识高度地概括起来，具有划时代的意义。

5．21世纪健康新概念

时隔多年，在20世纪末的1989年，世界卫生组织又一次深化了健康的定义，提出了21世纪健康新概念："健康不仅是没有疾病，而且包括躯体健康、心理健康、社会适应良好和道德健康。"21世纪人类的健康是生理的、心理的、社会适应与道德健康的完美整合：

（1）躯体健康是指身体结构和功能正常，具有生活的自理能力，能够顺利完成日常工作，没有疾病及衰弱状态，具有良好的健康行为和习惯。

（2）心理健康是指个体能够正确认识自己，及时调整自己的心态，使心理处于良好状态以适应外界的变化。

（3）较强的适应能力是心理健康的重要特征，心理健康的人，应能与社会保持良好的接触，对于社会现状有清晰、正确的认识；既有远大的理想和抱负，又不会沉湎于不切实际的幻想与奢望，注重现实与理想的统一；对于现实生活中所遇到的各种困难和挑战，不怨天尤人，用切实有效的办法去解决；当发觉自己的理想、愿望与社会现实背道而驰时，能够迅速地进行自我调节，以求与社会现实一致，而不是逃避现实，更不妄自尊大和一意孤行。

（4）道德健康是指能够按照社会规范的细则和要求来支配自己的行为，能为人类的幸福做贡献，表现为思想高尚，有理想，有道德，守纪律。

在以上这些概念中，以生理健康为物质基础，心理健康与良好的社会适应为精神基础，道德健康则是精神层面最高级的内心体验，是一个人世界观、价值观、人生观的基础要素，是哲学思想的重要表现形式。

二、健康的标准

1989年，世界卫生组织提出了10条健康标准：

（1）充沛的精力，能从容不迫地担负日常生活和繁重的工作而不感到过分紧张和疲劳；

（2）处世乐观，态度积极，乐于承担责任，不挑剔；

（3）善于休息，睡眠良好；

（4）应变能力强，能适应外界环境中的各种变化；

（5）能够抵御一般感冒和传染病；

（6）体重适当，体型匀称，站立时头、肩、臀位置协调；

（7）眼睛明亮，反应敏捷，眼睑不发炎；

（8）牙齿清洁，无龋齿，不疼痛，牙龈颜色正常，无出血现象；

（9）头发有光泽，无头屑；

（10）肌肉丰满，皮肤有弹性。

心理阅读

健康、成功与财富！

一位妇女发现有三位蓄着花白胡子的老者坐在她家门口，她不认识他们，便对他们说："我不知道你们是什么人，但各位也许饿了，请进来吃些东西吧。"三位老者问道："男主人在家吗？"她回答："不在，他出去了。"老者们回答："那我们不能进去。"傍晚时分，妻子在丈夫到家后向他讲述了所发生的事。丈夫说："快去告诉他们我在家，请他们进来。"

妻子出去请三位老者进屋。但他们却说："我们中只能有一个进屋。"其中一位老者指着身旁的两位解释："这位名叫财富，那位叫成功，而我的名字是健康。"接着，他又说，"你再回去和你丈夫商量一下，看你们愿意让我们当中的哪一位进去。"妻子回去将此话告诉了丈夫。丈夫说："我们让财富进来吧，这样我们就可以黄金满屋了！"妻子却不同意："我觉得我们还是请成功进来更妙！"他们的女儿在一旁听着，之后她说："请健康进来不好吗？这样我们一家人身体健康，就可以幸福地享受生活、享受人生了！"丈夫对妻子说："听女儿的吧，去请健康进屋做客。"妻子出去说："请健康进来做客。"健康起身向屋里走去，另外两人也站起身来，紧随其后。妻子吃惊地问财富和成功："我只邀请了健康，为什么您二位也随同而来？"两位长者说道："健康走到什么地方，我们就会陪伴他到什么地方，因为我们根本离不开他。如果你没请他进来，不论我们两个是谁进来，都很快会失去活力和生命。所以，我们到哪里都会和他在一起！"

从上面的小故事中，我们可以感悟到健康的重要，如果把健康比作"1"，其他所拥有的事业、家庭、荣誉、地位、金钱都是"0"。如果有了健康"1"，后面的"0"越多，这个人就越富有，人生就越有意义；但倘若代表健康的"1"不存在了，那么后面的"0"再多也是一无所有。

心理测试

社会适应能力诊断量表

指导语：社会适应能力是一个人适应社会生活和社会环境的能力。社会适应能力的高低，从某种意义上说，表明一个人的成熟程度。具有良好的社会适应能力对于大学生走上社会，谋求生存和发展具有重要意义。本测试量表采用北京师范大学心理学院教授、博士生导师郑日昌教授编制的《社会适应能力诊断量表》，用来帮助大学新生进行心理适应能力的自我判别。此测验由20个题目组成，每个题目有A、B、C三个可供选择的答案。请选择与自己情况相同的答案，并参照题后的记分方法计算分数。

1．我最怕转学或转班级，每到一个新环境，我总要经过很长一段时间才能适应。

A．是　　B．无法肯定　　C．不是

2．到一个新地方后，我很容易同别人接近。

A．是　　B．无法肯定　　C．不是

3．与陌生人见面，我总是无话可说，以至感到尴尬。

A．是　　B．无法肯定　　C．不是

4．我最喜欢学习新知识或新学科，这能给我一种新鲜感并能调动我的积极性。

A．是　　B．无法肯定　　C．不是

5．到一个新地方后，我总是睡不好，即使在家里，我只要换一张床，有时也会失眠。

A．是　　B．无法肯定　　C．不是

6．不管生活条件有多大的变化，我都能很快习惯。

A．是　　B．无法肯定　　C．不是

7．越是人多的地方，我越感到紧张。

A．是　　B．无法肯定　　C．不是

8．我考试的成绩多半不会比平时练习的时候差。

A．是　　B．无法肯定　　C．不是

9．全班的同学都看着我时，我会感到心都快跳出来了。

A．是　　B．无法肯定　　C．不是

10．即使对某个人有看法，我仍能同他（她）交往。

A．是　　B．无法肯定　　C．不是

11．我做事总有些不自在。

A．是　　B．无法肯定　　C．不是

12．我很少固执己见，常常乐于接受别人的意见。

A．是　　B．无法肯定　　C．不是

13．同别人讨论时我常常感到语塞，事后才想起该怎样反驳对方，可惜已经太迟了。

A．是　　B．无法肯定　　C．不是

14．我对生活条件要求不高，即使条件很艰苦，我也能是过得很愉快。

A．是　　B．无法肯定　　C．不是

15．有时自己明明把课文背得滚瓜烂熟，可在课堂上背的时候，还是会出错。

A．是　　B．无法肯定　　C．不是

16．在决定胜负成败的关键时刻，我虽然很紧张，但总能很快使自己镇定下来。

A．是　　B．无法肯定　　C．不是

17．我不喜欢的东西，不管怎么学也学不会。

A．是　　B．无法肯定　　C．不是

18．在嘈杂混乱的环境里，我仍能集中精力学习，并且效率会更高。

A．是　　B．无法肯定　　C．不是

19. 我不喜欢陌生人来家里做客，每逢这种情况，我就有意回避。

A. 是　　B. 无法肯定　　C. 不是

20. 我很喜欢参加社交活动，我感到这是交朋友的好机会。

A. 是　　B. 无法肯定　　C. 不是

评分方法：

凡是奇数号的题，选“是”得-2分，选“无法肯定”得0分，选“不是”得2分；凡是偶数号的题，选“是”得2分，选“无法肯定”得0分，选“不是”得-2分，最后将分值相加。

结果分析：

35~40分：社会适应能力很强，能很快地适应新的学习、生活环境，与人交往轻松、大方，给人的印象极好，无论进入什么样的环境，都能应付自如，左右逢源。

29~34分：社会适应能力良好，能较好地适应周围的环境，与人关系融洽，处事能力较强。

17~28分：社会适应能力一般，当进入一个新环境，经过一段时间的努力，基本上能适应

6~16分：社会适应能力较差，依赖于较好的学习、生活环境，一旦遇到困难则易怨天尤人，甚至消沉。

5分以下：社会适应能力很差，在各种新环境中，即使经过一段相当长时间的努力，也不一定能够适应，常常因为与周围事物格格不入而十分苦恼。在与他人的交往中，总是显得拘谨、羞怯、手足无措。

如果你在这个实验中得分较高，说明你的心理适应能力较强。但是，如果你的得分较低，也不必忧心忡忡，过于担心。事实上，一个人的适应能力是随着年龄的增长、知识经验的丰富而不断增强的。只要你充满信心、刻苦学习、虚心求教、加强锻炼，你的适应能力一定会逐渐提升！

第二节　心理健康的概念与标准

成长案例

晓雪是某大学一名一年级的女生，她在第一学期时表现活泼开朗，与同学关系融洽，经常在一起开玩笑。但第二学期开学后，她就很少与同学们一起聊天了，变得非常沉闷，同学们开玩笑时她会发火，走在校园里一遇见人就非常紧张，经常一个人呆坐在寝室里不出门。老师找她谈心时，她反复述说有一些问题她一直没有搞清楚，就是她在来校途中的火车上为什么会被人录像，到学校后也经常感觉到被人偷窥，还有人偷看了她锁在家里的日记。

案例分析

经核实，晓雪所反映的问题根本不存在，综合她在两个学期中所表现出的差异性，疑似该生心理状态出现异常，认为应该寻求心理医生的帮助和精神科医生的诊断。

那么晓雪是否存在心理健康问题呢？

一、心理健康的定义

研究心理健康教育及其发展，必然要对心理健康进行界定，这既是我们构建心理健康教育理论的基本范畴，也是探讨大学生心理健康教育及其发展的起点，目的是促进大学生致力于个性的和谐与发展，发挥其自身的聪明才智，积极主动地进行自我心理品质的构建，为培养健康的心理，提供精神动力，奠定思想内涵。

1946年召开的第三届国际心理卫生大会上，将心理健康定义为：在身体、智能以及情感上与他人的心理健康不相矛盾的范围内，将个人心境发展成最佳的状态。

1948年世界卫生组织重新将心理健康定义为：人们在学习、生活和工作中的一种安宁平静的稳定状态。

而我国有关著作中通常采用《简明不列颠百科全书》中关于心理健康的定义：个体心理在自身及环境条件许可范围内所能达到的最佳功能状态。

以上这些心理健康的定义至少应包括两层含义：一是无心理疾病；二是具有一种积极发展的心理状态。而“无心理疾病”是心理健康的最基本条件，具有“积极发展的心理状态”则是从积极的、预防的角度对人们提出的更高的要求，目的是要保持和促进心理健康，消除一切不健康的心理倾向，使心理处于最佳的发展状态，避免因心理疾病造成人们健康的巨大损失。

二、心理健康的特点

我们知道，心理健康是相对于生理健康而言的，是指个体在与周围环境交互作用的过程中，能保持一种内部与外部相融的平衡、协调状态，并具有积极、乐观的心理态势。其特点如下。

1．心理健康是健康的重要层面

心理健康是决定一个人躯体健康的重要因素。事实证明：当心理出现问题时，往往躯体也将出现各种各样的反映，所以心理健康决定着躯体健康，而躯体健康又影响着一个人的心理，二者之间，心理因素有更大的决定作用。所以就健康而言，心理健康是健康的更重要的层面。

2．心理健康是一种动态的、富有弹性伸缩的相对状态

心理健康与不健康并非泾渭分明的两极对立，而是一种处于发展变化过程中的连续状态，具有一定的交互性。从良好的心理健康状态到严重的心理疾病之间有一个广阔的过渡带，二者之间是渐进的、连续的，在一般情况下，二者没有绝对的界限，只是程度的差异。

3．心理健康的两个指向：内部自洽，外部相融

洽，即和睦、相互协调一致。内部自洽，指向个体自我本身，表明个体对自己的身心状况以及自己和周围关系的认识达到一种认同、和谐与悦纳的状态，也是认识自己和对待自己的协调统一，其主要表现为恰当的自我认知、积极的自我体验、合理的自我控制、不断地自我发展等。根据艾里克森“心理社会发展阶段理论”，在青年期这一发展阶段，心理发展关键在于自我同一性的建立。

融，即调和、融合。外部相融，指向个体与外部环境的关系，即个体在与外部环境交互作用的过程中，能自由地选择其所从事的活动、追求自己的目标、顺应环境、调控环境或改变环境，其实质是个体对外部环境的积极适应和改变，并达到一种相对协调、融合的状态。在这一适应过程中，静止是相对的，运动是永恒的，个体与外部环境之间总是处于一种不协调—调和—相对协调—新的不协调—调和—更高水平的相对协调的动态过程中。在这一过程中，主要包括两个方面：一是心理适应，即个体心

理环境与实际环境相融合的状态；二是行为适应，即个体能够依据环境的变化，适时适当调整自己的行为方式、行为反应，以顺应环境变化，甚至改变环境以符合个人的行为要求，促进自身发展。心理适应是行为适应的基础和前提，行为适应是心理适应的表现和促进。适应的最终目的不是随遇而安，而是待机而动，积极寻求发展机会，是主体在环境变化中的一种追求、选择与开拓。

4．心理健康的重要特征是平衡协调与积极乐观

平衡协调主要是着眼于个体与自身及外部世界的关系状态，积极乐观则主要侧重于个体生活态度。仔细研读国内外心理学家关于心理健康标准的界定发现，虽仁者见仁，智者见智，但都从一个或多个侧面呈现了心理健康的内涵要素，而这些内涵中无不渗透着平衡协调与积极乐观的特征取向。弗洛伊德提出心理活动的第一原则为快乐原则，第二原则为现实原则。其中，快乐原则表明人都具有追求快乐、避免痛苦的本性。快乐原则是衡量心理健康的首要准则，从一定意义上讲，快乐原则反映了个体积极、乐观的内心体验和生活态度。现实原则强调个人与社会的整合，每个人都生活在社会中，一个心理健康的人必须适应社会，与社会处于和谐状态。

5．心理健康不等于不“存在”心理问题

《简明不列颠百科全书》（1986年5月版）对心理健康作了如下界定：心理健康是指个体心理在本身及环境条件许可范围内所能达到的最佳功能状态。这里的最佳功能状态不是指绝对的十全十美的状态，即心理健康并非绝无心理冲突或心理矛盾，也不是指对任何事物都能愉快接受，而是指他们对待问题和处理矛盾的过程更多地表现出一种主动、积极、乐观的适应倾向。此外，心理健康标准只是一个相对衡量尺度，应该辩证地、全面地理解和应用。判断一个人的心理健康与否，要充分考虑其稳定性，不能简单地根据一时一事下结论。也就是说，一个人偶尔出现一些偏离正常的心理活动或行为表现，有可能是在应激状态下的应激表现，也可能是特定年龄阶段的成长表现，而并非意味着一定是心理不健康，应视具体情况而定。

6．心理健康不仅是一种现代观念，更是一种现代能力

随着现代社会的发展，人们对生活质量的追求不断提高，心理健康不仅作为一种现代观念，而且作为一种现代能力日渐深入人们的生活。对许多人来说，心理健康不仅意味着没有心理疾病，而是作为一种现代观念渗透在生活态度和生活观念中。同时，心理健康作为一种心理机能状态，就其表现来看是个体与内外环境的良好适应状态，就隐性机制而言，则是个体心理功能不断发挥与调节的适应过程。其中，适应存在消极适应和积极适应，而心理健康意义上的适应，就是个体在与环境的互动中，能够通

过自身调节系统做出积极而能动的反应，从而使主体与环境之间不断达到新的平衡的过程。这种过程既是一种现代能力的彰显，同时又是时代变化对人们能力发展的诉求。

7．心理健康必须克服亚健康状态

亚健康状态是近几年来国内外医学界提出的一个全新概念，又称为“第三种状态”或“灰色状态”，指的是处于健康与非健康之间的一种状态。虽然对处于亚健康状态的人群尚缺少统计数据，但从预防医学、临床医学，尤其是心理医学和精神医学的临床实际工作中发现，处于亚健康状态的人数量相当多，尤其在当今时代，经济高速发展，人们对生活水平的需求日益品质化，个体追求自我实现的要求愈加强烈，生活节奏快速强化，这些都导致更多人出现了第三种状态。

1997年，恩格尔教授提出了生物的心理社会医学模式，使医学界的观念和理论结构发生了巨大的创新与变化。世界卫生组织把这种由于心理问题而引发的没有疾病的虚弱状态称为亚健康状态。其主要表现为疲劳、对任何事物都没有兴趣、工作效率不高、注意力分散、情绪烦躁焦虑、缺乏生活目标与动力，常常感到生活无聊、提不起精神、人际关系不好、经常发生矛盾与冲突等。

据一项全国抽样调查显示，几乎每位大学生都曾被亚健康状态困扰过。因此，对大学生进行心理健康教育具有普遍意义。根据我国学者张玲对选修“心理健康教育”课程的大学生进行的两次调查，得出困扰当代大学生的亚健康状态具体表现为：无聊无为、胆怯退缩、自卑逃避、封闭压抑、麻木迟钝（不会内疚、不懂感恩）、幼稚依赖、优柔寡断、虚荣矫饰、偏激固执、任性刁蛮、存在委屈感与牢骚、悔恨、存在犯罪感与自责、具有仇恨与敌意、具有自我失败主义等。这是一种对心理影响巨大的非健康状态，虽然不是明显的病态心理，但却会严重影响大学生们的心理健康，直接导致其生活质量下降，且会摧残人的精神力量，束缚人的创造力，甚至使人失去对生活的兴趣，导致心理疾病的发生。

三、心理健康的标准

对于心理健康的标准，不同的心理学家有不同的观点和理论，这是由于人不仅仅是一个生物体，而且更是一个具有复杂思维的神经系统。生活在一定的社会环境中的人们由于教育环境、遗传因素和自我认知等方面的不同，产生了复杂纷繁的心理体验过程。因此，国内外许多学者从各个方面来探讨衡量心理健康水平。关于心理健康的标准，不同的学者有不同的观点，以下是多位国内外心理学学者提出的心理健康的标准。

1．1946年国际心理卫生大会提出的心理健康标准

（1）身体、智力、情绪十分协调。

（2）适应环境，人际关系中彼此能谦让。

（3）在工作和职业中，能充分发挥自己的能力，过有效率的生活。

（4）有幸福感。

2．国外心理学家提出的心理健康标准

（1）著名心理学家奥尔波特提出的心理健康标准是：

①力争自我的成长。

②能客观地看待自己。

③人生观的统一。

④有与他人建立亲密关系的能力。

⑤人生所需的能力、知识和技能的获得。

⑥具有同情心，对生命充满爱。

（2）美国心理学家马斯洛与米特尔曼在合著的一本《变态心理学》中提出了很著名的心理健康十条标准：

①充分的安全感。

②充分了解自己，并对自己的能力作适当的评价。

③生活的目标能切合实际。

④与现实环境能保持接触。

⑤能保持人格的完整与和谐。

⑥具有从经验中学习的能力。

⑦能保持良好的人际关系。

⑧适度的情绪表达及控制。

⑨在不违背团体要求的情况下，能做有限度的个性发挥。

⑩在不违背社会规范的前提下，能适当地满足个人的基本要求。

（3）美国学者阿特金森、杰何达及我国学者钟友彬等提出的心理健康包括六条标准：

①对现实的有效知觉。

②自知、自尊与自我接纳。

③自我调控能力。

④与人建立亲密关系的能力。

⑤人格结构的稳定与协调。

⑥生活热情与工作高效率。

（4）哈威哥斯特（1952年）综合许多西方心理学家的意见，认为个体具有以下九个有价值的心理特质即为心理健康：

①幸福感，这是最有价值的特质。

②和谐，包括内在和谐及与环境的和谐。

③自尊感。

④个人的成长，即潜能的发挥。

⑤个人的成熟。

⑥人格的统整。

⑦与环境保持良好接触。

⑧在环境中保持有效适应。

⑨在环境中保持相对独立。

（5）斯科特提出的十类心理健康标准：

①一般的适应能力：灵活性，把握环境的能力，适应和对付变化多端的世界的能力，阐明目的并完成目的的能力，成功的行为，顺利改变行为的能力。

②自我满足的能力：生殖欲正常，适度满足个人需要，感到日常生活充满乐趣，行为自然，具有放松片刻的感觉。

③社交中各种角色的扮演：完成个人社会角色，行为与角色一致，社会关系适应，行为受社会的赞同，具有与他人相处的能力，参与社会活动，能够利用切合实际的帮助，懂得托付他人，能承担社会责任，具有稳定的职业，具备工作和爱的能力。

④智慧能力：知觉的准确性，心理功能的有效性，认知的适当、机智、合理性，接触现实，解决问题的能力、智力，对人类经验的广泛了解和深刻理解。

⑤对他人的积极态度：利他主义，关心他人，信任、喜欢他人，待人热情，与人亲密的能力，懂得情感移入。

⑥创造性：对社会的贡献、主动精神。

⑦自主性：情感的独立性、同一性，自力更生，一定的超然。

⑧完全成熟：自我实现，个人成长，人生哲学的形成，在相反力量之间得以平衡，成熟且不自相矛盾的动机，自我利用，具有把握冲动、能量和冲突的综合能力，保持一致性，完整的复杂层次，成熟。

⑨对自己有利的态度：控制感，任务完成的满足，自我接受，自我认可，自尊，面对困难时充满解决问题的信心，积极的自我形象，拥有自由和自决感，摆脱了自卑感、幸福感。

⑩情绪与动机的控制：对挫折具有耐受性，拥有把握焦虑的能力，具有一定的道德、勇气、自制力，对紧张的抵抗能力及道义、良心、自我力量，诚实、率直。

（6）1988年，沃林斯在其所著的《健康社会学》一书中提出了“立体健康观”，构建了健康的八种状态（表2–1）。

表2-1　健康模型中的八种健康状态构成

健康状态	类别	心理尺度	医学尺度	社会尺度
1	正常健康	健康	健康	健康
2	悲观者	患病	健康	健康
3	社会疾病	健康	健康	患病
4	忧郁症患者	患病	健康	健康
5	身体疾病	健康	患病	健康
6	自我牺牲	患病	患病	患病
7	自恋者	健康	患病	患病
8	严重疾病	患病	患病	患病

3．国内心理学家提出的心理健康标准

（1）我国知名心理学家郭念锋先生提出了心理健康的十条标准：

①周期节律性。

人的心理活动在形式和效率上都有着自己内在的节律性，比如白天思维清晰，注意力高，适于工作；晚上能进入睡眠，以便养精蓄锐，更好地开展第二天的工作。如果一个人每到晚上就睡不着觉，那表明他的心理活动的固有节律处在紊乱状态。

②意识水平。

意识水平的高低，往往以注意力水平为客观指标。如果一个人不能专注于某种工作，不能专注于思考问题，思想经常开小差或者因注意力分散而出现工作上的差错，就有可能存在心理健康方面的问题。

③暗示性。

易受到暗示性的人，往往容易被周围环境引起情绪的波动和思维的动摇，有时表现为意志力薄弱。他们的情绪和思维很容易随环境变化，导致精神活动不太稳定。

④心理活动强度。

心理活动强度是指对于精神刺激的抵抗能力。一种强烈的精神打击出现在面前，抵抗力低的人往往容易遗留下后患，可能因为一次精神刺激而导致反应性精神病或癔症，而抵抗力强的人虽有反应但不致病。

⑤心理活动耐受力。

心理活动耐受力是指人的心理对于现实生活中长期、反复地出现的精神刺激的抵抗能力。这种慢性刺激虽不如一次性的强大剧烈，但却久久不消失，几乎每日每时都

要缠绕着人的心灵。

⑥心理康复能力。

由于人们各自的认知能力不同，人们各自的经验不同，从一次打击中恢复过来所需要的时间也会有所不同，恢复的程度也有差别。这种从创伤刺激中恢复到往常水平的能力，称为心理康复能力。

⑦心理自控力。

情绪的强度、情感的表达、思维的方向和过程都是在人的自觉控制下实现的。当一个人身心十分健康时，他的心理活动会十分自如，情感的表达恰如其分，既不拘谨也不放肆。

⑧自信心。

一个人是否有恰当的自信心是精神健康的一种标准。自信心实质上是一种自我认知和思维的综合能力，这种能力可以在生活实践中逐步提高。

⑨社会交往。

一个人与社会中其他人的交往，也往往标志着一个人的精神健康水平。当一个人严重地、毫无理由地与亲友断绝来往，或者变得十分冷漠时，这就构成了精神病症状，称为接触不良。如果过分地进行社会交往，也可能处于一种躁狂状态。

⑩环境适应能力。

环境就是人的生存环境，包括工作环境、生活环境、工作性质、人际关系等。人不仅能适应环境，而且可以通过实践和认识去改造环境。

（2）我国学者王登峰等根据研究结果提出了有关心理健康的八条标准：

①了解自我，悦纳自我。

一个心理健康的人能体验到自己的存在价值，既能了解自己，又能接受自己，具有自知之明，即对自己的能力、性格、情绪和优缺点能作出恰当、客观的评价，对自己不会提出苛刻的非分期望与要求；对自己的生活目标和理想也能定得切合实际，因而对自己总是满意的；同时，努力发展自身的潜能，对于自己无法补救的缺陷能安然处之。一个心理不健康的人则缺乏自知之明，并且总是对自己不满意，由于所定的目标和理想不切实际，主观愿望和客观现实的距离相差太远而总是自责、自卑；总是要求自己十全十美，却又总是无法做到完美，于是就总和自己过不去，使自己的心理状态永远无法保持平衡，无法摆脱所面临的心理危机。

②接受他人，善与人处。

心理健康的人乐于与人交往，不仅能接受自我，而且能接受他人、悦纳他人，能认可别人存在的重要作用。心理健康的人能为他人所理解，为他人和集体所接受，能与他人相互沟通和交往，其人际关系协调和谐，既能在与挚友间相聚之时共欢乐，也能在独处沉思之时而无孤独之感。心理健康的人在与人相处时，积极的态度总是多于消极的态度，因而在社会生活中具有较强适应能力和较充足的安全感。一个心理不健康的人总是自别于集体，与周围的人和环境格格不入。

③热爱生活，乐于工作和学习。

心理健康的人珍惜和热爱生活，积极投身于生活，并在生活中尽情享受人生的乐趣。他们在工作中尽可能地发挥自己的个性和聪明才智，并从工作的成果中获得满足和激励，把工作看成是乐趣而非负担。他能把工作中积累的各种有用信息、知识和技能贮存起来，便于随时提取使用，以解决可能遇到的新问题；也能够克服各种困难，使自己的行为更有效率，工作更有成效。

④适应现实生活。

心理健康的人能够面对现实、接受现实，并能够主动地适应现实，进一步地改造现实，而不是逃避现实；他们能对周围事物和环境作出客观的认识和评价，并能与现实环境保持良好的接触，既有高于现实的理想，又不会沉湎于不切实际的幻想与奢望；他们对自己的能力有充分的信心，对在生活、学习、工作中遇到的各种困难和挑战都能妥善处理。心理不健康的人往往以幻想代替现实，不敢面对现实，没有足够的勇气去接受现实的挑战，总是抱怨自己“生不逢时”，或者责备社会环境对自己不公，因而无法适应现实环境。

⑤能协调与控制情绪，心境良好。

心理健康的人的愉快、乐观开朗等积极情绪状态总是占据优势的，虽然他们也会有悲伤、忧愁、愤怒等消极的情绪体验，但一般不会长久。他们能适当地表达和控制自己的情绪，会做到喜不狂、忧不绝，谦逊不卑且自尊自重，在社会交往中既不狂妄也不畏惧。对于无法得到的东西不过于贪求，争取在社会规范允许的范围内满足自己的需求，对于自己能得到的一切感到满意。

⑥人格和谐完整。

心理健康的人，其人格结构包括气质、能力、性格和理想、信念、动机、兴趣、人生观等各方面能平衡发展。人格作为人的整体精神面貌能够完整、协调、和谐地表现出来；思考问题的方式是适中和合理的，待人接物常常采取恰当、灵活的态度，对外界刺激不会有偏颇的情绪和行为反应；能够与社会步调合拍，也能和集体融为一体。

⑦智力正常。

智力是人的观察力、记忆力、想象力、思考力、操作能力等的总和，智力正常是人正常生活最基本的心理条件，是心理健康的重要标准。

⑧心理行为符合年龄特征。

处在不同年龄阶段的人有不同的心理行为表现，从而形成不同年龄独特的心理行为模式。心理健康的人应具有与同年龄段大多数人相符合的心理行为特征。如果一个人的心理行为经常严重偏离自己的年龄特征，一般就是心理不健康的表现。

（3）我国著名学者樊富珉教授提出了大学生心理健康的七条标准：

①能保持对学习较浓厚的兴趣和求知欲望。

②能保持正确的自我意识，接纳自我。

③能协调与控制情绪，保持良好的心境。

④能保持和谐的人际关系，乐于交往。

⑤能保持完整统一的人格品质。

⑥能保持良好的环境适应能力。

⑦心理行为符合年龄特征。

（4）严和锓（1980）提出了六条心理健康标准：

①有积极向上、面对现实和环境的能力。

②能避免由于过度紧张或焦虑而产生病态症状。

③与人相处时，能保持发展、融洽、互助的能力。

④能将其精力转化为创造性和建设性活动的能力。

⑤有能力进行工作。

⑥能正常进行恋爱。

（5）王效道（1990）提出，正常心理应具备下列八条标准：

①智力水平在正常范围以内，并能正确反映事物。

②心理行为特点与生理年龄基本相符。

③情绪稳定，积极与情境适应。

④心理与行为协调一致。

⑤社会适应，主要是人际关系的心理适应协调。

⑥行为反应适度，不过敏，不迟钝，与刺激情景相应。

⑦不背离社会规范，在一定程度上能实现个人动机，并结合生理要求得到满足。

⑧自我要求与自我实际基本相符。

他还认为，心理水平可从适应能力、耐受力、控制力、意识水平、社会交往能力、康复力、道德愉快甚至道德痛苦七个方面加以衡量。

（6）王希永等认为，心理健康的标准可以概括为：

①智力正常，思维方式正确，能唯物辩证地看待社会，看待自己，看待一切事物。

②具有高尚的情感体验，能控制自己的情绪。

③正确对待困难和挫折，不苛求环境，不推卸责任，有战胜困难的信心、勇气、毅力，有创新意识和开拓精神，顺利时不骄傲自满。

④需要是合理的，动机是可行的，有理想、有追求、有社会责任感，精神生活充实。

⑤具有自觉的社会公德，具有社会所赞许的道德品质，能恰当地处理好人际关系。

⑥经常处于内心平衡的满足状态，出现心理不平衡时，自己可以及时、成功地进行调整。

（7）李百珍提出了关于心理健康的七条标准：
①心理健康者了解自我、接纳自我，能体验自我存在的价值。
②心理健康者正视现实、接纳他人。
③心理健康者能协调、控制情绪，心境良好。
④心理健康者有积极向上的、现实的人生目标。
⑤心理健康者对社会有责任心。
⑥心理健康者心地善良，对他人有爱心。
⑦心理健康者有独立、自主的意识。
（8）黄珉珉认为，心理健康的标准有：
①能进行正常的学习、生活和工作。
②能与他人和睦相处，保持良好的人际关系。
③具有健全的人格。
④具有良好的情绪体验。
⑤具有正常的行为。
⑥具有正常的心理意向。
⑦具有良好的适应能力，尤其是对紧急事件的适应能力。
⑧具有一定的安全感，有信心和自立性。
（9）郑日昌认为心理健康的标准包括：
①正视现实。
②了解自己。
③善与人处。
④情绪乐观。
⑤自尊自制。
⑥乐于工作。

心理阅读

荣格“逃学”记

初夏的一天，一位少年走在上学的路上。突然，另一位少年上前推了他一下，他摔倒了，脑袋碰在了路边的石头上。瞬间，他的脑海中闪过了一个念头：“现在我可以不必去上学了。”

在地上躺了很长时间后，他站起来回了家。少年伤得并不严重，但是从那以后的一段时间内，他常常昏厥。在连续多次昏厥后，他被允许回家休息6个月，医生找不出他的病因，这使得他的父母几乎陷入绝望，而他自己却很高兴能从学校里“逃”出来。一次，他偶然听到父亲与一位朋友的谈话：“孩子的病要是治不好的话，就太可怜了，我已经花光了所有的钱，而他以后都不能学习了，这可怎么办？”这个12岁的少年被父亲的话震惊了，他认为自己必须要重新学习了。他拿起书，想开始学习，但强烈的昏厥再次发作了，他坚持着，过了几分钟，他的情绪开始稳定下来，在克服了3次昏厥发作的侵袭后，他感觉到自己终于完全战胜了昏厥症，他的努力成功了。几星期后，少年返回学校，他对学习更加自觉了，并且他的昏厥症后来再也没有发作过。

这一事件的主人公就是荣格，20世纪伟大的心理学家。后来他曾说过，正是这一段经历，第一次教他体会到了什么是心理问题。

心理测试

大学生亚健康状态测试

指导语：

请用“是”或“否”回答下面每项问题，每回答一个“是”记1分，回答“否”不记分。

1．早晨懒得起床。（　　）

2．公共汽车来了，一点也不想着跑着赶上去。（　　）

3．爬楼梯时常常绊倒。（　　）

4．不愿意和老师、同学见面。（　　）

5．老是写错字或敲错字。（　　）

6．说话的声音有气无力。（　　）

7．经常发呆。（　　）

8．没事就喜欢喝茶或是饮料。（　　）

9．不想吃油腻的东西。（　　）

10．很想在饭菜上撒点辛辣的调料。（　　）

11．经常觉得手发硬。（　　）

12．常常有睁不开眼睛的感觉。（　　）

13．经常不合时宜地打哈欠。（　　）

14．经常想不起东西放在哪里。（　　）

15．喜欢吸烟或想要吸烟。（　　）

16．经常失眠。（　　）

17．常常把该做的事情留到最后再做。（　　）

18．想不出有什么东西是自己非常喜爱的。（　　）

19．常常觉得累。（　　）

结果分析：

你的得分是（　　）分，如果得分超过8分，则说明已经处于亚健康状态。

第三节　大学生心理健康

成长案例

小C，男，21岁，大专二年级的学生。因为考试成绩不理想，最近两周他特别难过，做什么事都提不起精神，情绪很低落，不想见任何人，寝室里同学的说笑声也令他烦躁不已，想每天快乐地生活、高效率地投入学习，可是却做不到。面对小C的状态，心理咨询老师给予了及时的帮助，经过几周的咨询交流，他又充满热情地投入到了学习和生活当中。

案例分析

当客观事物或情景不符合个体的需要和愿望时，人们就会产生消极、否定的情绪和情感困扰，但消极的情绪是可以通过恰当的途径克服和解除的，尤其是心理处于一种不平衡状态时，更可以通过适当的调节恢复健康、积极的状态。

步入大学后，很多学生远离父母，开始独自生活。他们从一个被呵护、被照顾的环境中突然转换到独立、自主生活、学习的新环境，很容易产生各种各样的心理矛盾和心理冲突，加之大学生生活阅历浅，社会经验不足，独立生活能力不强，对自己缺乏正确而全面的认识，因而可能会出现一系列问题。如果这些问题认识不清、解决不好，不仅影响学业，还可能会影响到他们走向社会以后的成长和发展。因此，对大学生开展心理健康教育是大学阶段至关重要的内容。

一、我国部分地区大学生心理健康状况调查数据

我国普通高校大学生的年龄大多为18~25岁，属于青年初期，从大学生整体心理发展来看，这是一个身心机能不断趋于成熟的阶段，也是一个身心发展的重要时期。他们正处在迅速走向成熟，但又远远达不到真正成熟的阶段，表现为情绪、情感起伏波动大，自我意识增强，但发展又不均衡，意识水平明显提高，但不稳定；易于接受新鲜事物，但缺乏辨别能力；性意识觉悟快，但对该问题的认识严重欠缺，等等。

在2002年召开的青少年心理健康问题座谈会上，卫计委发布了一项统计结果：我国大学生中16%～25.4%的人有心理障碍，以焦虑不安、神经衰弱、强迫症状等为主。

因心理问题不能正常学习和生活而休学或退学的学生人数逐年上升，其中，因为精神疾病休学的人数占因病休学总人数的37.9%，因精神疾病退学的人数已经占到因病退学总人数的64.4%。

华东交通大学对本校2003级新生所做的大学生人格健康调查表（UPI）测试显示，2003级学生心理健康状况并不乐观，没有心理问题的学生只占总人数的44.5%，低于全国平均水平（48.1%），与历年相比呈下降趋势。在测试中，UPI“四个关键项目”选择分布尤其值得关注。其中，肯定“自己的过去和家庭是不幸的”学生占总受测人数的10.7%；肯定自己“常常失眠”的学生占总受测人数的8.2%；明确表示“想轻生”的学生占2.5%；“对任何事情都没有兴趣”的学生占6%。

2010年以来的调查显示：20.3%受访大学生遇到过心理问题。据悉，抑郁症、焦虑症、强迫症、网瘾综合征，已成为大学生常见的心理疾病。一所著名重点大学已有40余人被确诊为抑郁症，约占到学校心理咨询中心访问学生总量的两成。高智商、求胜心强的大学生，已然成为抑郁症高发人群。而据教育部相关调查可知，因各种心理障碍或心理疾病而休学、退学的大学生占休学、退学总人数的50%左右。

2014年，沈阳某高校对2384名大学生的心理调查显示：41.84%的学生有心理问题，50.52%的学生有偏执倾向，有轻生想法的学生占总数的1.5%。近些年，学习压力、适应环境的压力、找工作的压力等导致大学生出现心理问题的现象逐年恶化，应当引起家庭和学校的高度重视。

广东警官学院学生心理健康教育与咨询中心每年在学生入校后1个月左右，对当年的全部新生进行心理普测。采用大学生人格健康调查表（UPI）、90项症状清单（SCL-90）、艾森克人格问卷（EPQ）三个国内高校通用的量表。对2015级新入学学生的心理测试结果显示：UPI测试结果表明可能有心理问题的学生占总人数的22.22%；有15.17%的学生曾觉得自己有心理方面的问题；26人曾有轻生念头，占参加测试人数的1.84%。SCL-90测量结果发现，九个因子中因子平均值大于等于4的有32人，占总人数的2.26%。

调查通过对家庭、生源地、是否为独生子女、性别、专业的具体分析，显示家庭气氛冷淡和常发生争吵的学生的平均心理健康水平远低于家庭气氛和谐的学生；单亡家庭、离异家庭的学生的平均心理健康水平远低于普通家庭的学生；来自大城市、小城镇的学生的平均心理健康水平低于来自农村的学生，中等城市和农村的学生的心理健康水平无显著差异；来自大城市、中等城市、小城镇、农村的学生的平均心理健康水平高于偏远农村。

调查还显示，独生子女的抑郁、焦虑、敌对倾向整体上比非独生子女显著；男生和女生相比较，女生心理不适症状较男生更加明显，表现在躯体化、强迫、人际关系、抑郁、焦虑、恐怖、精神病性倾向上，但在敌对、偏执等倾向上，男生和女生没有显著差别。

2017年5月17日，大洋网讯曾在报道中指出：22%的入学新生可能存在心理问题，1.8%的新生有过轻生念头，农村学生的平均心理健康水平优于大城市、小城镇的学生，独生子女的抑郁、焦虑、敌对倾向往往比非独生子显著。

二、大学生心理健康的标准

大学生的普遍年龄一般为18~25岁，这是一个身心机能不断成熟的阶段，也是一个身心发展的重要时期。在这个发展时期，个体的生理发育已经基本成熟并趋于稳定，但也不难看到，我国独特的独生子女政策造就了一个特殊的群体，这个群体的年龄具有青年前期和中期的许多特点，但作为一个特殊群体，其重要特点是“自我中心主义”。因此，在探讨我国大学生心理健康内容的同时，一方面应注重国内外心理学理论的观点；另一方面要与现实紧密结合。而我国大学生与社会上的青年又存在许多不同之处，因此，关于大学生心理健康的标准应随着时代变迁、文化背景的变化而发展变化。

根据我国大学生的实际情况，我们通过对相关心理学理论的研究，以及大学生心理咨询工作的经验，确定了评判大学生的心理健康水平的如下标准：

（1）具有一般人的智力水平。

智力是指人的观察力、注意力、记忆力、想象力、思维力、创造力及实践活动能力的总和，包括在经验中学习或理解的能力，获得和保持知识的能力，迅速而成功地对新情境做出反应的能力，运用推理有效解决问题的能力，等等。这是大学生学习、生活与工作的基本心理条件，也是适应周围环境变化所必需的心理保证，因此，衡量大学生的智力是否正常，关键在于其是否正常、充分地发挥了自我效能，即是否具有强烈的求知欲，乐于学习，能够积极参与学习活动。

（2）积极稳定的情绪特征。

其标志是情绪稳定和心情愉快，包括的内容有：愉快情绪多于负性情绪，乐观开朗，富有朝气，对生活充满希望；情绪较稳定，善于控制与调节自己的情绪，既能克制又能合理宣泄自己的情绪，情绪的表达既符合社会的要求又符合自身的需要，在不同的时间和场合有恰如其分的情绪表达，情绪反应与环境相适应，反应的强度与引起这种反应的情境相符合。

（3）意志健全。

意志是人在完成一种有目的的活动时进行选择、决定与执行的心理过程。意志健全者在行动的自觉性、果断性、顽强性和自制力等方面都表现出较高的水平。意志健全的大学生在各种活动中都有自觉的目的性，能适时地做出决定并运用切实有效的方式解决所遇到的问题。在困难和挫折面前，能采取合理的反应方式，能在行动中控制情绪并言而有信，而不是行动盲目、畏惧困难、顽固执拗。

（4）人格完整。

人格是个体比较稳定的心理特征的总和。人格完整就是指有健全、统一的人格，个人的所想、所说、所做都是协调一致的。人格完整包括人格结构的各要素完整统一，具有正确的自我意识，不产生自我同一性混乱，以积极进取的人生观作为人格的核心，并以此为中心把自己的需要、目标和行动统一起来。

（5）能够在一定程度上进行较为正确的自我评价。

正确的自我评价是大学生心理健康的重要条件。大学生在进行自我观察、自我认定、自我判断和自我评价时，能做到自知，恰如其分地认识自己，摆正自己的位置，既不以自己在某些方面高于别人而自傲，也不以某些方面低于别人而自卑；面对挫折与困境，能够自我悦纳，喜欢自己、接受自己，自尊、自强、自制、自爱适度、正视现实、积极进取。

（6）能够进行正常的人际交往。

良好而深厚的人际关系，是事业成功与生活幸福的前提。其表现为：乐于与人交往，既有广泛而深厚的人际关系，又有知心朋友；在交往中保持独立而完整的人格，有自知之明，不卑不亢；能客观评价别人和自己，善于取人之长、补己之短，宽以待人、乐于助人，积极的交往态度多于消极态度，交往动机端正。

（7）具有一定的社会适应能力。

个体应与客观环境保持良好秩序，既要进行客观观察以取得正确认识，以有效的办法应对环境中的各种困难，不退缩；又要根据环境的特点和自我意识的情况努力进行协调，或改变环境适应个体需要，或改造自我以适应环境。

（8）行为特征与年龄相符。

大学生是处于特定年龄阶段的特殊群体，大学生应具有与年龄、与角色相适应的心理行为特征。

三、正确理解大学生心理健康标准

目前，我国大学生心理健康教育工作正处在一个重要的发展时期，从深层次的发展上看，正面临着如何把西方的心理学理论观点，结合我国大学生的特点，构建为适应我国高校教育教学的心理教育模式，真正把心理健康理念渗透到每个学生的头脑中。因此，应多方面理解大学生心理健康的标准。

1．标准的相对性

事实上，大学生心理健康与不健康并无明显界限，而是一个连续化的过程。如果将正常比作白色，将不正常比作黑色，那么在白色与黑色之间存在着一个巨大的缓冲区域——灰色区，世间大多数人都散落在这一区域内。这说明，对多数大学生而言，在人生的发展过程中面临心理问题是正常的，不必大惊小怪，但应积极加以矫正。与此同时，个体灰色区域也是存在的，大学生应提高自我保健意识，及时进行自我调整。人的健康状态是一个发展的过程，当一个人产生了某种心理问题时，并不意味着这是永远无法消除的，在心理上形成冲突非常正常，而且是可以通过寻求帮助来克服的。

2．整体协调性

正确把握心理健康的标准，应以心理活动为本考察其内外关系的整体协调性。从心理过程看，健康的人的心理活动是一个完整统一的协调体，这种整体协调保证了个体在反映客观世界过程中的高度准确性和有效性。

3．发展性

一个人的成长过程中不可避免地会遇到各种问题与挫折，而面对这些挫折和解决这些问题是成长与发展的必由之路。人们一方面在遇到问题，另一方面又要解决问题，这就是个体不断历练与经历成长的发展路径。大学生的生活经历越多，往往成长得越快。

事实上，心理健康的标准是一种理想尺度，它一方面为大学生提供了衡量心理是否健康的标准，同时也为大学生指出了提高心理健康水平的努力方向。每位大学生如果能够坚持努力，便一定可以追求自身心理发展的更高层次，从而不断发挥自身的潜能。

心理阅读

疤痕实验

路易斯·拉皮德斯在他的著作《写给年轻人》中讲了这样一个耐人寻味的故事：

在一次心理科学实验活动中，心理学家召集了10位志愿者，请他们参加一个名为“疤痕实验”的心理研究活动。10位志愿者被分别安排在10个没有任何镜子的房间里，并被详细告知了此次研究和实验的方法及目的：通过以假乱真的化妆，他们将变成一个个面部有疤痕的丑陋的人，然后在指定的地方观察和感受不同陌生人对面部有丑陋疤痕的人会产生怎样的反应。

心理学家们运用从一位著名化妆师那里学到的化妆技巧，在每一位志愿者的左脸颊上都精心涂抹上了令人生厌的疤痕。然后用随身携带的小镜子使每位志愿者看到了自己脸上新增的疤痕，当志愿者们记下了自己可怖的“尊容”后，心理学家收走了镜子。之后，心理学家告诉每一位志愿者，为了让疤痕更逼真、更持久，他们需要在疤痕上涂抹一些粉末。事实上，心理学家并没有在疤痕上涂任何粉末，而是用湿棉纱将刚刚做好的假疤痕和血迹彻底清理干净了。然而，每位被蒙在鼓里的志愿者都坚信，自己的脸上有一大块让人望而生厌的伤疤。

志愿者们被分别带到了各大医院的候诊室，装扮成急切等待医生治疗面部疤痕的患者。候诊室里人来人往，全是素昧平生的陌生人，志愿者们在这里可以充分观察和感受人们的种种反应。实验结束后，志愿者们各自向心理学家陈述了在不同医院候诊时的感受。他们的感受出奇地一致。志愿者A说："候诊室里那个胖女人最讨厌，一进门就对我露出鄙夷的目光。她都没看看她自己，那么胖，那么丑！"志愿者B说："现在的人真是缺乏同情心。本来有一个中年男子和我坐在同一个沙发上的，不一会儿，他就赶紧拍屁股走开了。我脸上不就是有一块疤吗？至于像躲避瘟神一样躲着我吗？这样的人，可恶得很！"志愿者C说："我见到的陌生人中，有两个年轻女人给我的印象特别深，她们穿着非常讲究，像个有知识、有修养的白领，可是我却发现，她们俩一直在窃窃地嘲笑我！如果是两个小伙子，我一定会挥拳将他们痛揍一顿！"志愿者们滔滔不绝、义愤填膺地诉说了诸多令自己愤慨的感受。他们普遍认为，众多的陌生人对面目可憎的自己都非常厌恶、粗鲁、缺乏善意，而且眼睛总是很无礼地、直勾勾地盯着自己的伤疤。这一实验结果，使得即便早有心理准备的心理学家也感到十分吃惊：人们关于自身错误的、片面的认识，竟然能够如此深刻地影响和改变着他们对外界和他人的感知。

如我们所知，他们的脸是干干净净的，没有任何疤痕，他们之所以有这样的感受，是因为他们将"疤痕"牢牢地装在了自己的心里，正是由于心中的"疤痕"在频频作怪，才使得他们自身的言行、对陌生人的感受与以往大为迥异。事实上，在我们每个人的心中，纵然没有心理学家为我们设置的"疤痕"，也或多或少会有一些这样或那样的"疤痕"，可怕的是，这些心中"疤痕"的影响都会通过自己对外界和他人的言行，毫无遮掩地展现出来。比如，如果我们认为自己不够可爱甚至令人讨厌，认为自己卑微无用，认定自己有种种缺陷……那么我们在与他人交往时，一定会在不知不觉间用我们的言行反复进行佐证，直至每个人都认定我们确实是那样一个人。这个心理实验真切地告诉我们，消极的、不正确的思想和心态危害有多大，同时也从反面印证了健康的、积极的思想和心态对人生何其重要。

心理测试

情景测试（一）：你知道自己的弱点在哪里吗？

假设有一笔私房钱，你不想让别人发现，会藏在自己房间中的哪个地方？

A．藏在电视机附近　　B．藏在床底下或附近

C．藏在书中或书柜里　　D．藏在镜子后面

结果分析：

选择A：你很希望受到大家的欢迎，也有着强烈的表现欲，因为如此，你会过于在意别人的想法。

选择B：你是不是常常怀疑自己在工作或日常生活中的决定呢？是否有着良好的生涯规划却迟迟无法实行？不自信，是你的症结。

选择C：你是不是经常犹豫迟疑，心中想了千百遍，却无法下定决心行动起来？你需要增加行动力，相信你一定会有更好的表现！

选择D：你是不是觉得自己的外表并不起眼，甚至想过要去整容，使自己变得更美呢？其实每个人都有其独特的气质，即便长的普普通通，也可浑身散发迷人魅力。

情景测试（二）：花朵代表的心理状态

每个人都有自己偏爱的花朵和颜色，而这也代表了不同的心理状态。假设你是一只快乐、勤劳的小蜜蜂，正在花丛中采蜜，你会选择哪种颜色的花当作第一个落脚点呢？

A．白色的樱花　　B．粉红的蔷薇　　C．火红的玫瑰
D．金色的郁金香　　E．青色的兰花　　F．忧郁的蓝玫瑰
G．淡紫的薰衣草

结果分析：

选择A：白色系花代表着纯真和恬静。一般选择此类花的人，对生活要求也很低，希望一切简单化，保持着纯真、自然。

选择B：粉红色系花是钟情梦幻色彩的浪漫小女生的最爱，这类人通常对他人的关心超过了自己，细心体贴、温和善良、待人和气是她们最吸引人的地方。

选择C：大红花系代表着张扬、奔放的个性，选择此色花的人多是性情中人，做事情注重自己的真实感受，也不善掩饰自己的真情实感。

选择D：喜欢金黄色花系的人独立自主，感情强烈。这类人比起常人更注重追求自己的理想，换个角度讲，是个不折不扣的理想主义者。

选择E：选择青色系的人通常处于矛盾状态，他们会纠结于成熟与不成熟之间，偏向感性。选择此色系花朵的人青涩、朴实，同时具有一定的潜力。

选择F：蓝色是忧郁的代名词，所以选择蓝色系的人通常缺少打破常规的勇气，但面对现状，他们比较积极、上进。

选择G：紫色代表高贵，选择紫色花朵的人无疑是自我满足或自我陶醉的人，往往比选择其他色彩的人更自我，也更高傲。

（此测试摘自《500个心理测试和心理游戏》，张卉妍、白虹编著，略有改动）

心理拓展

写给未来的一封信

【游戏目的】设立目标，培养积极的人生规划意识。

【游戏场地】室内。

【游戏时间】20~30分钟。

【游戏道具】信纸若干张，笔，信封。

【游戏程序】

1. 教师引导语：每个人都有梦想，我们一生都在为梦想而奋力拼搏。请想象一下，未来的自己会是什么样子呢？你会是什么学历？你的工作如何？你的身体、生活、家庭会是怎么样的？

2. 接下来请每位同学准备好信纸，写一封信给未来的自己，可以是短期的，比如给一个月、一学期、一年后的自己；也可以是长期的，比如三年、五年、十年后的自己。说说自己的梦想和目标，以及准备怎样实现梦想。

3. 信写好后，装进信封中封好，可以自己保管，也可以交给老师和他人保管，在日期到时再阅读这封信，看看自己的目标实现了多少。

第三章

塑造健康的人格

心灵引导

品格可以为青春增添光彩，为皱纹和白发增添威严。

——爱默生

人格所具备的一切特质是人的幸福与快乐最根本和最直接的影响因素，其他因素都是间接的、媒介性的，所以它们的影响力也可以消除，但人格因素的影响却是不可消除的。

——叔本华

开朗的性格不仅可以使自己经常保持心情愉快，而且可以感染你周围的人们，使他们也觉得人生充满和谐与光明。

——罗曼·罗兰

你的教鞭下有瓦特，你的冷眼中有牛顿，你的讥笑中有爱迪生。

——陶行知

第一节 人格概述

成长案例

玲玲和艳艳都是大一新生，她们被安排住在同一个寝室，并且成为上下铺。可是，刚过了两个月，两人就因为关系不和而找到了学校心理咨询中心的老师。老师首先肯定了她们一遇到问题就想要积极解决的态度，然后详细地询问了她们之间的问题。心理咨询师了解到，这是两名个性迥异的女孩。艳艳心思细腻，能写一手漂亮的字和优美的文章，从小喜欢阅览中国古典诗词，她优雅的气质让玲玲十分羡慕；而玲玲则性格开朗活泼，是一个假小子，她是学校女子篮球队的主力，平时喜欢爬山和郊游，她幽默豪爽的个性常常给寝室带来很多欢乐。起初两人关系非常融洽，因为彼此都为对方的个性所吸引，但是日子一久，两人就开始相互看不顺眼。艳艳认为女孩子应该娴静内敛，有时看不惯玲玲大大咧咧、没有女孩子的样子。玲玲则觉得艳艳太小家子气，自己动作大些就会被斥责，并且认为艳艳天天在寝室里待着，不喜欢运动，是"病态美"。这样一来，两人关系越来越糟，最后只能来找咨询老师进行调解。

案例分析

咨询老师了解了情况之后，帮助两人进行了深入分析。在这个案例中，并不存在谁对谁错的问题，她们各自的特点都让自己过上了充实愉快的生活，但是如果不了解和尊重他人的性格特点，而是一味地以自己的标准来要求别人，就会对人际关系造成破坏。所以，我们要清楚地认识自己和他人的性格特点，并本着"相互尊重、互补互足"的原则进行人际交往。

一、人格的定义

"人格"（Personality）一词来源于古希腊语"Persona"，是指演员的面具、脸谱。比如在京剧中，红脸代表忠义，白脸代表奸诈，黑脸代表刚强，等等。据说在公元前一百年前，古罗马的一名戏剧演员为了遮掩他的斜眼而带戴上了面具，然后就出现了这个词。

在日常生活中，“人格”一词的使用范围非常广泛，可以在生理、心理、社会、伦理、法律和美学等不同的领域赋予它不同的意义。例如，我们常常说“某人人格高尚”，这是道德层面的人格，它是指人的品行；“他侮辱了我的人格”，这是法律层面的人格，说明有人侵犯了他的尊严和人权。那么在心理学中，人格的定义又是什么呢？

心理学中的人格，指的是一种心理现象，亦称个性，它反映了一个人总的心理面貌，是相对稳定、具有独特倾向性的心理特征的总和，它是在长期的社会生活实践中形成、发展起来的，包含气质、性格、能力、兴趣、爱好、需要、理想、信念等方面内容。

人格是一种自我意识和自我控制能力，具有感觉、情感、意志等机能的主体。人格可以离开人的肉体，离开人所处的物质生活条件，而独立存在于人类的精神文化维度里。

在我国，蔡元培在其《普通教育和职业教育》中写道：“所谓健全的人格内容有四个，即：体育、智育、德育、美育。”可见，人格的内涵是极其丰富的。而我国著名心理学家黄希庭教授对人格的定义是：人格是个体在行为上的内部倾向，它表现为个体适应环境时，在能力、情绪、需要、动机、兴趣、态度、价值观、气质、性格、体制等方面的整合，具有动力一致性和连续性的自我，是个体在社会化的过程中形成的给人以特色的身心组织。

二、人格的结构

人格的结构丰富而复杂，它主要是由个性心理倾向、个性心理特征和自我意识三个部分构成的（图3–1）。

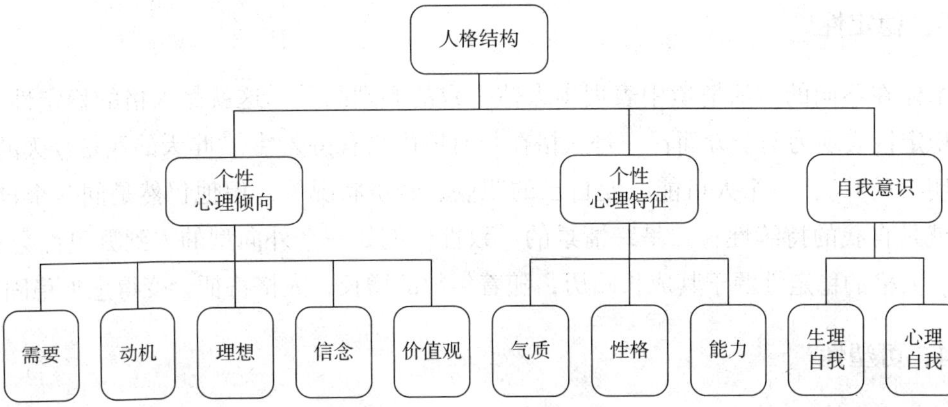

图3–1　人格的结构

三、人格的特征

人格心理学是以完整的人为研究对象，涉及领域非常广泛，包含内容最为繁杂的多分支学科，并与许多学科相互交叉渗透。通过广泛的研究和临床实际工作经验的总结，可以将人格特征概括为下述六个方面。

1. 整体性

人的心理和行为的统一性和组织性是自我协调和监控作用的结果，由于这种自我的协调和监控作用，个人的心理和行为才能够统一成为一个整体，并与周围环境相适应。因此，人格具有整体性的特征。人格是一个人的整体精神面貌，其各结构不是孤立存在的，而是相互联系、相互制约、统一协调的整体，由多种成分和特质密切联系，综合成为一个有机组织，这些成分和特质包括能力、气质、性格、情感、认知、需求、动机、态度、价值观、行为和习惯等。

如果一个人内在的人格整体性和统一性出现问题，就会发生人格分裂，形成二重人格或多重人格，严重的甚至患上精神疾病，比如精神分裂症，这种疾病是由于精神内部分裂，使人格丧失了统一性，病人的感觉、记忆、思维和习惯等心理机能虽然不至于丧失，但是无法统一到一起。因此，正常人的人格特征具有整体性（或者称之为统一性），是多样性的统一，是一个有机的统一整体。

2. 独特性

“人心不同，各如其面。”在日常生活中，每个人都是独一无二的个体，其行为都有异于他人的地方，每个人都有其独特的能力、喜好、认知方式和表达方式，这就是其独特的人格。人格的独特性是由遗传因素和环境因素共同作用的结果，所以世界上没有完全相同的两个人，即使是两个同卵孪生子也不例外。

3. 稳定性

个体在不同的生活情境中表现出大体一致的心理品质，这就是人格的稳定性。人格的稳定性表现为两个方面：一是人格在长时期内具有持久性，“昨天的我是今天的我，也是明天的我”，一个人可能改变自己的职业、经济状况等，但他仍然是同一个自己，这也就是自我的持续性；二是跨情景的一致性，例如一个外向型的人到哪里都会非常活跃。人格的稳定性源于其成长阅历，随着年龄的增长，人格特征会变得愈加稳固。

4. 可塑性

人格不是一成不变的，随着生理的成熟和环境的变化，一个人的人格可能或多或少地发生变化。比如一个沉默内向的人由于长期从事销售工作，变得越来越健谈了；本来热情活泼的人在生活中由于某个不幸事件的刺激，变得沉默寡言了。每个人一生都处于一定的文化传统、社会制度、种族、民族、阶级地位、家庭等社会环境之中，并在这种环境中形成了自己的价值观和自我观念等人格特征。人格既是社会化的对象，也是社会化的结果。人格的社会化特性，并不排除人格的自然属性和人格的生物学遗传特性。

5．生物性

人格是个体在生物遗传基础上形成的，人的自然生物性构成了人格的基础，也影响人格的发展方向。此外，生物遗传性决定着某些人格特征在一个人身上形成的难易程度。例如有的人天生好动而有的人天生好静，有的人外向而有的人内向，有的人生来就比较活跃而有的人生来就比较迟钝。

6．社会性

人格的形成和发展不能简单归结于先天的遗传生物性，任何刚刚出生的婴儿都没有成熟的人格特质，他们既没有生活能力，也没有工作热情，当然也不会表现出宽容或刻薄、执着或散漫等人格特点。例如在前面我们提到的由狼群哺育大的“狼孩”，尽管有健全的人体，却没有人的智力和品行，因此也不具有健全的人格。由此可见，社会性是一个人人格形成的重要因素。

由此可见，人格是一个人在先天遗传生物特征的基础上，通过后天的社会活动和人际交往，在社会化的过程中逐渐形成和发展起来的。

四、人格的影响因素

人格的影响因素既有生物遗传因素，也有环境因素，更离不开各种社会环境的作用，人格的影响因素决定了人格的特征。因此，人格是个人作为一个整体的各种稳定特征或特质的综合体，它显示出个人的能力、思想、情绪和行为的独特模式。

1．生物遗传因素

人格心理学家使用各种方法探讨遗传因素对人格特质的影响，常见的研究方法有家谱法、孪生子法、群体调查分析法、细胞遗传学方法。曾有心理学家分析研究了100对同卵与异卵孪生子，以他们情绪的稳定或激动、个性的好动或好静、大方或羞怯作为观察研究的资料，按照常理，他们同样都是孪生子，出生后又在同一家庭，环境因素的影响应该大致相同，然而，该研究却发现，同卵孪生子人格之间的相似程度远远高于异卵孪生子，各人格因素之间的相关系数高于0.6。这说明，遗传因素对人格特质的形成的确有相当大的影响。研究发现，遗传因素的重要性是随着人格特征的不同而有所差异的，有些人格特质，比如气质、智力等，遗传因素影响大一些；而价值观、信念等特质，遗传因素影响则小一些。

2．社会环境因素

人格的形成虽然具有遗传方面的决定因素，但是也离不开个体生存的环境因素。个体所处的环境各种各样、千差万别，有些环境因素影响着所有个体，有些环境因素则只影响着特定个体人格的特定方面。一方面，个体能够有意识、有目的地选择和构建环境，使之满足自己的需要；另一方面，环境影响和制约着个体，个体与环境的动态交互作用造就了个人的性格。

3．家庭因素

家庭是人类性格的加工厂，它塑造了人们不同的人格特质。在人格形成的过程中，家庭因素的主要作用方式在于家庭教养方式，一般分为三类：权威型教养方式，放纵型教养方式和民主型教养方式。

研究人格的家庭成因，重点在于探讨家庭的差异（包括家庭结构、经济条件、居住环境、家庭氛围等）和不同的教养方式对人格发展和人格差异具有的不同影响。研究发现，权威型教养方式的父母在子女的教育中表现得过于支配，孩子的几乎一切都由父母来控制。在这种环境下成长的孩子容易形成消极、被动、依赖、服从、懦弱的人格，做事缺乏主动性，甚至会形成不诚实的人格特征。放纵型教养方式的父母对孩子过于溺爱，让孩子随心所欲，父母对孩子的教育有时出现失控状态。在这种家庭环境中成长的孩子多表现为任性、幼稚、自私、野蛮、无礼、独立性差、唯我自尊、蛮横胡闹等。民主型教养方式的父母与孩子在家庭中处于平等和谐的氛围当中，父母尊重孩子，给孩子积极、正确的指导和一定的自主权。父母的这种教育方式能使孩子形成一些积极的人格品质，如活泼、快乐、直爽、自立、彬彬有礼、善于交往、乐于合作、思想活跃等。由此可见，家庭确实是“人类性格的加工厂”，它塑造了人们不同的人格特质，并丰富了人类本身，让世界多姿多彩。

心理阅读

谈“嫉妒”心理

《三国演义》里的周瑜是东吴颇有军事才干的将军。在同诸葛亮的较量中，他总想置刘备、诸葛亮于死地，可是却常常略逊一筹。诸葛亮针对他气量狭小的性格弱点，巧设“三气周瑜”之计，使他“怒气填胸”“金疮迸裂”，仰天长叹一声：“既生瑜，何生亮！”后气绝身亡。周瑜的这句遗言，实际上是他嫉妒心理的写照。面对失败，他不是检讨自己军事才略的不足，而是嫉妒诸葛亮的才智高于自己，最终导致这位叱咤风云的人物年仅36岁就终命巴丘。周瑜因嫉妒而身亡的例证，虽然属于极例，但也充分说明不能小觑嫉妒，它不仅伤人而且误己，是人生的一种腐蚀剂。

嫉妒是一种难以公开的阴暗心理，也是一种以与自己地位相似、水平相近、年龄相仿的同辈人为指向的带有敌意的心理倾斜现象。这种心理情绪的特征是：不能认可他人比自己强，只能陶醉于他人不如自己或以他人的失利为满足的情感体验之中。这是一种消极的心理品质。

美国精神病理学家韦恩·戴埃在《你的误区》中，把嫉妒视为“‘寻求公正’的一种表现”。在他看来，这是“由于别人的行为造成自己精神上的不愉快”，嫉妒心理恰恰是为寻求精神上的平衡，而施展的自卫手段。如有的人在评定职称时没有入围，他不检讨自己业绩的不足，而是对晋升者品头论足，以自己之长比他人之短；有的人看到同龄人在工作中获得了显赫的业绩，就像狐狸吃不到葡萄那样，“酸溜溜”地愤愤不平。这类心理活动，都是因为他人的行为导致的自己精神上的不愉快，觉得自己受到了不公平的对待，于是埋怨别人、嫉恨别人。

其实，这种嫉妒心理从表象看来是对所谓的“不公正”行为给予回应，实际上是缺乏自信心的表现。人的自信心是一种自爱的心理情绪，真正自爱的人，既不会用别人的错误惩罚自己，也不会因别人超过自己而恼恨不已。面对眼前的风云变幻，你会视若过眼烟云，做到“任凭风浪起，稳坐钓鱼船”。如果你固执地认为某种行为使你产生了“不公正”的感觉，就会因嫉妒而产生某种盲目性。这种嫉妒心理的选择，不仅会使你增加许多烦恼，还会使你把对方看得高于自己，削弱自信心和自爱意识。虽说这类嫉妒不会对自己或对方造成实质性的损害，可是任何事物都处于对立的统一体中，量变促进质变。如不加分析地为这种嫉妒“开绿灯”，就会在由小到大、由少到多的量变过程中，逐渐发生质变。正如桓宽在《盐铁论》中所说，“土积而成山阜，水积而成江海”，嫉妒之心壅积过多，也必然产生恶果。

我国的古书上不乏这样的警句：“木秀于林，风必摧之；堆出于岸，流必湍之；行高于人，众必非之。”民间也有“出头的椽子先烂”“枪打出头鸟”等说法。这说明嫉妒心理有着源远流长的历史积淀。嫉妒如果变成习惯化的思维及行为方式，就会成为压制、报复的狼牙棒。当嫉妒盘踞在居心叵测、心胸狭窄的人的心里，就会与颠覆意识“狼狈为奸”，与社会情绪相呼应，从而使比他强的人都被视为攻击的靶心。

英国诗人约翰·德莱顿称嫉妒是“心灵的黄疸病”，很形象地概括出嫉妒的危害性。它暗示我们，嫉妒心理犹如黄疸病一样，影响你的身体，妨害你的生活，使你陷入某种盲目性，将你误导进难以自拔的思想陷阱。嫉妒既能伤人，也能误己。怀有强烈嫉妒心理的人总是既与自己过不去，也与他人过不去，自找烦恼，自设障碍，总是为别人取得的成绩或进步而忧心忡忡。因此，他们常常将比自己强的人作为假想敌，不惜承受全身心的折磨，甚至不择手段地发泄和报复那些无辜者。对方的成绩越大，名望越高，他便嫉妒得越加厉害。长此以往，精神必然受到损害。《红楼梦》中林黛玉因嫉妒薛宝钗而抑郁成疾，到头来“反害了卿卿性命”。从病理上讲，这类人的人生悲剧归结于嫉妒，是因为人的下丘脑边缘，有着快乐和痛苦两个情绪中枢，嫉妒的发生会直接刺激痛苦中枢，引起肾上腺分泌增加、外周血管收缩、肌肉松弛、消化腺活动下降、呼吸次数减少，并由此导致肠胃功能失调，脾气暴躁古怪，性格多疑，情绪多变，最终并发为其他病症。

嫉妒是滚滚红尘中的伴生物，可以说凡有人群的地方都不难寻到嫉妒的踪迹。虽说嫉妒不是天生的自然品质，但确与心胸狭窄、缺乏自信心有着直接关系。

要想从人的心理空间排除嫉妒，首先，应该依靠自我控制和自我调节，摆正自己与被嫉妒者的位置，正确认识嫉妒这种违反道德的情感体验，而非否定他人的成绩。相反地，“抽刀断水水更流”，即使嫉妒者一时得逞，也不能彻底否定他人的业绩。这种怨恨情绪非但否定不了他人，反而会使自己为此消耗很多精力。

其次，嫉妒是以“我”为圆心的拒他性的心理情绪，对超我者嫉恨，对不如我者蔑视。因此，要摆脱嫉妒心理，必须从“我”的圈圈里挣脱出来。当发现他人比自己强时，不要不加思考地进行攻击或排斥，不要以自己的感情取向盲目处置，要有自信心，相信自己通过努力也能创造出同样的成绩，这就容易消解唯我独尊的心理。

再次，应该达观处世，独善其身，以心无邪念的平常心来对待他人的成绩。早在唐代，著名诗人王维就在他的《过香积寺》中写道：“薄雾空潭曲，安禅制毒龙。”他把嫉妒、贪婪和悭吝视为“毒龙”，强调只有安禅入定，心无杂念，才能制止和摒弃嫉妒等私心杂念，树立起对人的平常心和同情心，从而把人事纠葛、功名利禄看得相当淡薄，“不以物喜，不以己悲”，嫉妒就被抛到九霄云外了。

心理测试

艾森克人格问卷（EPQ）

指导语：

艾森克人格问卷（Eysenck Personality Questionnaire，简称EPQ）是英国伦敦大学心理系和精神病研究所教授艾森克编制的，艾森克教授搜集了大量非认知方面的特征，通过因素分析归纳出三个互相成正交的维度，从而提出决定人格的三个基本因素：内外向性（E）、神经质（又称情绪性，N）、精神质（又称倔强、讲求实际，P）。人们在这三方面的不同倾向和不同表现程度，便构成了不同的人格特征。

请回答下列问题。回答“是”时，在题后画“√”；回答“否”时，在题后画“×”。每个答案无所谓正确与错误。这里没有对你不利的题目。请尽快回答，不要在某道题目上有太多思索。回答时不要考虑应该怎样，只回答你平时是怎样的，每题都要回答。

1. 你是否有许多不同的业余爱好？（ ）
2. 你是否在做任何事情以前都要停下来仔细思考？（ ）
3. 你的情绪是否常有起伏？（ ）
4. 你曾有过明知是别人的功劳而自己去接受奖励的经历吗？（ ）
5. 你是否健谈？（ ）
6. 欠债会使你不安吗？（ ）
7. 你曾无缘无故觉得“真是难受”吗？（ ）
8. 你曾贪图过分外之物吗？（ ）
9. 你是否在晚上小心翼翼地关好门窗？（ ）
10. 你是否比较活跃？（ ）
11. 你在见到一个小孩或一个动物受折磨时是否会感到非常难过？（ ）
12. 你是否常常为自己不该做却做了的事、不该说却说了的话而感到紧张？（ ）
13. 你喜欢跳降落伞吗？（ ）
14. 你通常能在热闹联欢会中尽情地玩吗？（ ）
15. 你容易激动吗？（ ）
16. 你曾经将自己的过错推给别人吗？（ ）
17. 你喜欢会见陌生人吗？（ ）
18. 你是否相信保险制度是一种好办法？（ ）
19. 你是一个容易感情受伤的人吗？（ ）
20. 你所有的习惯都是好的吗？（ ）
21. 在社交场合你是否总不愿崭露头角？（ ）
22. 你会服用具有奇异或危险作用的药物吗？（ ）
23. 你常有“厌倦”之感吗？（ ）
24. 你曾拿过别人的东西吗（哪怕一针一线）？（ ）
25. 你是否常爱外出？（ ）
26. 你是否从伤害你所爱的人来感到快乐？（ ）
27. 你常为有罪恶之感而苦恼吗？（ ）
28. 你在谈论中是否有时不懂装懂？（ ）
29. 你是否宁愿去看书而不愿去见人？（ ）
30. 你有要伤害你的仇人吗？（ ）
31. 你觉得自己是一个神经过敏的人吗？（ ）

32．对人有所失礼时你是否经常会表示歉意？（　　）
33．你有许多朋友吗？（　　）
34．你是否喜爱讲些有时会伤害他人的笑话？（　　）
35．你是一个多忧多虑的人吗？（　　）
36．你在童年时是否按照吩咐让做什么便做什么，毫无怨言？（　　）
37．你认为你是一个乐天派吗？（　　）
38．你很讲究礼貌和整洁吗？（　　）
39．你是否总在担心会发生可怕的事情？（　　）
40．你曾损坏或遗失过别人的东西吗？（　　）
41．交新朋友时一般是你采取主动吗？（　　）
42．当别人向你诉苦时，你是否容易理解他们的苦衷？（　　）
43．你认为自己很紧张，如同拉紧的弦一样吗？（　　）
44．在没有废纸篓时，你是否将废纸直接扔在地上？（　　）
45．当你与别人在一起时，你是否言语很少？（　　）
46．你是否认为结婚制度过时了，应该废止？（　　）
47．你是否有时感到自己可怜？（　　）
48．你是否有时有点自夸？（　　）
49．你是否能很容易地将一个沉寂的集会搞得活跃起来？（　　）
50．你是否讨厌那种小心翼翼开车的人？（　　）
51．你为你的健康担忧吗？（　　）
52．你曾讲过别人的坏话吗？（　　）
53．你是否喜欢对朋友讲笑话和有趣的故事？（　　）
54．你小时候曾对父母粗暴无礼吗？（　　）
55．你是否喜欢与人混在一起？（　　）
56．你如果知道了自己工作有错误，会感到难过吗？（　　）
57．你患失眠吗？（　　）
58．你吃饭前必定洗手吗？（　　）
59．你常无缘无故感到无精打采和倦怠吗？（　　）
60．和别人玩游戏时，你有过欺骗行为吗？（　　）
61．你是否喜欢从事一些动作迅速的工作？（　　）
62．你的母亲是一位善良的人吗？（　　）
63．你是否常常觉得人生非常无味？（　　）
64．你曾利用过某人为自己取得好处吗？（　　）
65．你是否常常参加许多活动，超过你的时间所允许？（　　）

66. 是否有几个人总在躲避你？（ ）
67. 你是否为你的容貌而非常烦恼？（ ）
68. 你是否觉得人们为了未来有保障而办理储蓄和保险所花的时间太多？（ ）
69. 你曾有过“不如死了为好”的想法吗？（ ）
70. 如果有把握永远不会被别人发现，你会逃税吗？（ ）
71. 你能使一个集会顺利进行吗？（ ）
72. 你能克制自己不对人无礼吗？（ ）
73. 遇到一次难堪的经历后，你是否在一段很长的时间内还感到难受？（ ）
74. 你患有“神经过敏”吗？（ ）
75. 你曾经故意说些什么来伤害别人的感情吗？（ ）
76. 你与别人的友谊是否容易破裂，虽然不是你的过错？（ ）
77. 你常感到孤单吗？（ ）
78. 当人家寻你的差错，找你工作中的缺点时，你是否容易在精神上受挫伤？（ ）
79. 你赴约会或上班曾迟到过吗？（ ）
80. 你喜欢忙忙碌碌地过日子吗？（ ）
81. 你愿意别人怕你吗？（ ）
82. 你是否觉得有时浑身是劲，而有时又是懒洋洋的？（ ）
83. 你有时把今天应做的事拖到明天去做吗？（ ）
84. 别人认为你是生机勃勃的吗？（ ）
85. 别人是否曾对你说许多谎话？（ ）
86. 你是否容易对某些事物发火？（ ）
87. 当你犯了错误时，你通常是否愿意承认它？（ ）
88. 你会因为一只动物落入圈套被捉而感到很难过吗？（ ）

评分规则：

本问卷共88道题目，可分成四个部分，分别是E、N、P、L四个量表。每个量表都包含特定的题目，正向记分的题目，如果答“是”记1分，答“否”不记分；反向记分的题目，答“否”的记1分，答“是”的不记分。

（1）E量表（Extroversion，E），外向—内向。

正向题目序号：1、5、9、13、16、22、29、32、35、40、43、46、49、53、56、61、72、76、85。以上答“是”记1分，答“否”不记分。

反向题目序号：26、37。以上答“否”记1分，答“是”不记分。

两部得分相加即得E量表的总分。

（2）N量表（Neuroticism，N），神经质，又称情绪性。

正向题目序号：3、6、11、14、18、20、24、28、30、34、36、42、47、51、54、59、63、66、67、70、74、78、82、84。以上答“是”记1分，答“否”不记分。

该得分就是N量表的总分。

（3）P量表（Psychoticism，P），精神质，又称倔强。

正向题目序号：19、23、27、38、41、44、57、58、65、69、73、77。以上答“是”记1分，答“否”不记分。

反向题目序号：2、8、10、17、33、50、62、80。以上答“否”记1分，答“是”不记分。

两部分得分相加即得P量表的总分。

（4）L量表（Lie，L），掩饰性。

正向题目序号：12、31、48、68、79、81。以上答“是”记1分，答“否”不记分。

反向题目序号：4、7、15、21、25、39、45、52、55、60、64、71、75、83。以上答“否”记1分，答“是”不记分。

两部分得分相加即得L量表的总分。

对于各量表，标准的平均分为50分，一般认为，如果某量表得分高于60分或低于40分，则该被试者在相应的量表上具有较高或较低的某种特征；如果得分高于70分或低于30分，则认为被试者具有较明显的相应特征。

各量表的具体结果分析如下：

（1）内外向（E）：分数高表示人格外向，可能是好交际、渴望刺激和冒险，情感易于冲动。分数低表示人格内向，可能是好静，善于内省，除了亲密的朋友之外，对一般人缄默冷淡，不喜欢刺激，喜欢有秩序的生活方式，情绪比较稳定。

（2）神经质（N）：反映的是正常行为，与病症无关。分数高可能是存在焦虑、担心，常常郁郁不乐、忧心忡忡，有强烈的情绪反应，以至于出现不够理智的行为。

（3）精神质（P）：并非暗指精神病，它在所有人身上都存在，只是程度不同。但如果某人表现出明显程度，则容易发展成行为异常。分数高者可能是孤独，不关心他人，难以适应外部环境，不近人情，感觉迟钝，与别人不友好，喜欢寻衅搅扰，喜欢做奇特的事情，并且不顾危险。

（4）掩饰性（L）：测定被试者的掩饰、假托或自身隐蔽，或者测定其社会性朴实、幼稚的水平。L与其他量表的功能有联系，但其本身代表一种稳定的人格功能。

第二节　人格的心理学理论

成长案例

小A是某高校大二学生，自进入大学以来，学习成绩一直中等，性格开朗，能与同学融洽相处，他认为大学是自己生活的新开端。因此，希望自己从言谈举止到生活的方方面面，都能做到尽善尽美。可越是这样想，他就越感到自己处处不如意。一次上课回答问题时，尽管老师肯定了他的答案，但在坐下来的瞬间，几个女生在偷偷地注意他，似乎还议论着什么，他顿时感觉难受极了。以后，上课就不再敢回答问题了，更怕老师突然叫到自己。期中考试时，小A的高数没有及格，当他接到补考通知后，一连几个晚上都失眠了，并由此引起了忧郁、焦虑等情绪，刚进入大学时的那种自信一下子变成了自卑。他主动来到心理咨询室，倾诉中充满自卑与自责，抱怨自己平时不重视学习，贪玩好耍，他已失去信心，认为自己很没用，寻求心理帮助的目的是希望能改变自己目前的处境。

案例分析

小A的问题是自我意识混乱的一种表现，“理想我”与“现实我”发生冲突。一方面是不切实际的“理想我”——处处尽善尽美；另一方面是不付诸行动的“现实我”——不学习、贪玩浪费时间。这种“理想我”与“现实我”的矛盾使小A产生了内心冲突，导致苦闷自卑，从而丧失了对生活和学习的自信。现实中，自我意识混乱是大学生中比较普遍的心理现象，这就需要大学生们能正确认识自我，建立积极而健康的自我意识，认识自我、了解自我，并保持合理的自我期待。

一、人格理论

人格心理学发展到今天，产生了许多著名的理论，不同的心理学家按照不同的标准，形成了不同的人格理论。

典型的人格理论有弗洛伊德（1856～1939年）的人格理论、罗杰斯（1902～1987年）的人格理论和斯金纳（1904～1990年）的人格理论等。人格心理学的主要学派有：经典精神分析论，代表人物是弗洛伊德；新精神分析论，代表人物是荣格

（1875～1961年）；特质论，代表人物是奥尔波特（1897～1967年）；学习论，代表人物是斯金纳；现象学，代表人物是罗杰斯。

1．弗洛伊德的人格理论

弗洛伊德认为，人格由本我、自我和超我三个部分组成（图3-2），他始终认为意识并不重要，只是整个人格的表象，而隐藏在意识背后的潜意识才是人格中最为重要的力量，这些力量（即本能），才是人格的真正动因。

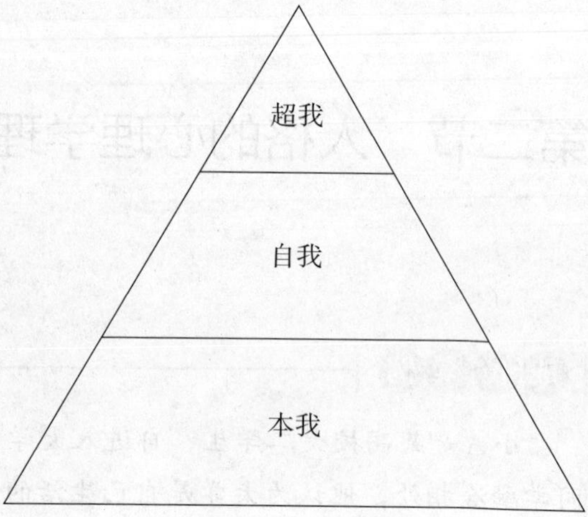

图3-2　人格组成

图3-2中位于最下方的就是本我。本我是人的本能，包括生的本能和死的本能。生的本能指延续个体和种族生命的本能，死的本能则指自我毁灭、破坏性、侵略性等本能。本我属于潜意识范畴，不受理性、道德、法律和各种社会习惯的约束，是人原始力量的来源。它依照快感原则，要求满足原始本能的需要。它常常被压抑，因为如果让它自由泛滥，则可能造成危害个人和社会的严重后果。

图3-2中的自我位于人格结构的中间层，是现实化了的本我。弗洛伊德认为，本我代表不可遏制的欲望，自我代表理智和深谋远虑。人在婴儿时期只有本我，但随着年龄的增长，在社会环境的影响下，人逐渐懂得只有在某种条件下才能满足本我的需求，于是形成了自我。本我始终以达到快乐为目的，但通过它的"教师"自我的教育，它接受了现实的原则。按照弗洛伊德的说法，这个原则说到底也是以快乐为目的，不过由于考虑到现实，这些快乐被减轻和延迟。自我控制本我，以免本我肆无忌惮，造成对个人和社会的危害。

图3-2中最上方是超我。超我是道德化了的自我，是人格结构中的理想和社会道德部分。本我所遵循的是快感原则，自我所遵循的是现实原则，而超我所遵循的是道德原则。

2．罗杰斯的人格理论

"自我"是被许多心理学家广泛使用的一个心理学的重要概念，也是罗杰斯人格心理学的核心概念。罗杰斯把自我区分为一般意义上的自我和理想的自我，理想自我是一个人所希望的自我形象，他认为理想自我与一般意义上的自我的差别是一个人心理是否健康的指标。罗杰斯还认为，人格的动力来自理想自我与现实自我（一般意义上的自我）的差别，也就是逐渐趋向理想自我的驱动力。他还认为，自我不是与生俱来的，而是不断发展变化的，自我的形成和发展有赖于个体和环境互动的许多因素，这些因素包括：正向关怀的需要，价值的条件，无条件的正向关怀，自我的一致性和威胁。自我形成以后，是相当稳定并自我保护的，影响着个体直觉并过滤其经验和记忆，所以人格的改变就相当困难。罗杰斯认为人格中最重要的特质是人性，而人性的基本冲动是自我实现。

3. 斯金纳的人格理论

斯金纳对人格方面的研究主要涉及环境事件和行为之间的联系，用强化来说明人格的发展和改变，强调人格特质的行为是完全由强化（奖励或惩罚）决定的，人类没有任何意志来控制自己的行为，所有的行为都由环境事件决定。因此，他的人格理论又被称为炒作行为理论。斯金纳把强化分为正强化和负强化，正强化和负强化的具体实施方式不同，因而效果也不同，正强化是因为负强化物的停止出现而强化了个体既有的适当行为，负强化是因为惩罚的实施试图阻止个体再次表现出不当的行为。因此，考察个体的生活历史确定其各种强化线索，可以了解个体的人格特征，一旦发现了那些强化物，就可以调节和控制个体的行为。斯金纳的理论在现实生活和研究中得到广泛的应用，被运用的方面也非常广泛，如临床医学、动物习性的研究、对人的培养和教育，甚至被运用到具体的管理工作上。

4. 荣格理论

荣格主要提出了两种基本心理类型：一种是内倾型，指个体精神向内指向于主观世界，其特征为迟疑、孤僻、多思寡言；另一种是外倾型，指个体精神向外指向于客观世界，其特征为开朗、坦率、喜欢社交、敢于冒险。不过一个人往往或多或少会兼具内倾或外倾，并非整个都是极端内倾或极端外倾的。

荣格还提出四种功能类型，即思维、情感、感觉和直觉。他认为思维是用来评价事物的正确与否；情感的作用是判断和确定事物的价值是否可以接受。它们是一对相互作用的功能，人们用它们来进行判断和评价，因此可称之为理性功能。感觉是一个人确定事物存在与否的功能，但不能指明具体是什么事物，直觉是对过去或将来事物的预感。感觉与直觉也是一对相互对立的功能，因没有理性参与，故又称为非理性判断。

荣格按照两种态度和四种功能的组合，进一步划分出八种不同的人格类型：感觉内倾型、思维内倾型、情感内倾型、直觉内倾型、感觉外倾型、思维外倾型、情感外倾型、直觉外倾型。

5. 奥尔波特的人格特质说

心理学家奥尔波特通过对书信、日记和自传的个案研究，分析出三种有代表性的人格结构。

1）首要特质

首要特质是指个体最独特的人格特质，它是一个人最典型、最有概括性的特征，影响一个人各方面的行为。在小说或戏剧中，被作者以夸张手法描述的性格特点往往就是一个人的首要特质，如《红楼梦》中林黛玉的“多愁善感”，《三国演义》中曹操的“狡猾奸诈”等。

2）中心特质

中心特质是指构成个体独特性的几个重要特质，它是构成人格特质的核心部分。一般来说，在评价某人时所使用的诚实、勤奋、乐观和开朗等都是指他的中心特质。

3）次要特质

次要特质是指一个人在某些情境下表现出来的人格特征，是一些不重要的特质。如有些人平时总喜欢高谈阔论，但在陌生人面前则沉默寡言，“沉默寡言”就是他的一种次要特质。

通过各人格理论流派，我们可以得出关于人格的整体和全面细致的论述。由于各流派侧重于人格的不同方面的阐述，在侧重点上虽有相同之处，但也存在着视角上的差异。

二、人格类型

1. 人格类型的简单划分

有研究者将人格类型简单划分为外向型和内向型。这种划分虽然简单，但是具有较强的实用价值，尤其是在对人才的培养、管理和使用等方面。

1）内向型

其主要表现为好静、少动、不善于交际、动作缓慢、应变能力较差、情感脆弱、有自卑感，对环境冷淡。

2）外向型

其主要表现为开朗、活泼、热情奔放、做事果断、动作迅速但欠缺准确性，感情外露而不拘小节。

2. 五因素人格模型

西方的五因素人格模型（Big Five Personality Model）是被心理学领域研究者所认同的人格类型划分方法，并被广泛应用。它包括五种人格特质，即神经质、外向性、开放性、随和性、谨慎性（表3-1）。实际上，五因素人格模型的划分更侧重于人格的气质特质。了解五因素人格模型的核心内容，可以为当代大学生人格的完善和发展提供帮助和借鉴。

表3-1 五因素人格模型

人格特质	有代表性的人格特质	极端表现
神经质	焦虑、敌对、压抑、自我意识、冲动、脆弱、自我防卫	平静—烦恼；坚韧—脆弱；安全—危险
外向性	热情、社交、健谈、果断、活跃、冒险、乐观、激动、好动、表现	孤独—交际；寡言—多语；克制—冲动
开放性	想象、思考、审美、情感丰富、求异、智能、创造、兴趣	守旧—创新；胆怯—勇敢；保守—开朗
随和性	信任、直率、利他、依从、谦虚、同情、体贴、友好	暴躁—温和；粗鲁—文静；自私—无私
谨慎性	胜任、条理、尽职、自律、谨慎、可靠、能力、责任、效率	粗心—细心；独立—依赖；冷漠—热忱

3．九型人格类型

九型人格学（Enneagram/Ninehouse）是一个有着2000多年历史的古老学问，它按照人们习惯性的思维模式、情绪反应和行为习惯等性格特质，将人格分为九种（图3-3）。

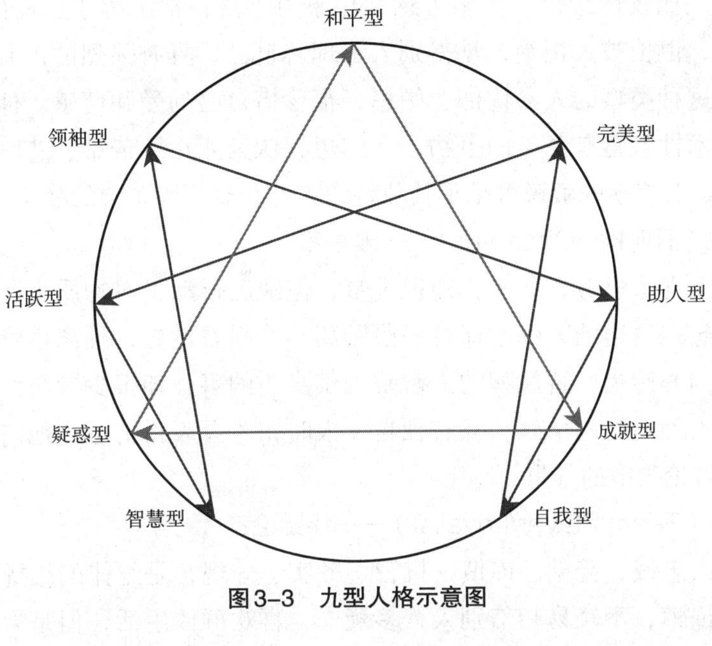

图3-3 九型人格示意图

1）完美型（Reformer/Perfectionist）——完美主义者

完美主义者事事追求完美，所以很少讲出称赞自己或别人的话，无论是对自己、还是对待身边的人，大多时候都是在批评，时时刻刻反省自己是否犯错，同时也在不断纠正别人的错误。这种类型的人原则性很强，不易妥协，常说“应该”及“不应该”，黑白分明，对自己和别人要求甚高，追求完美、不断改进，希望把每件事都做得尽善尽美，希望自己或是这个世界都能在不断进步。

2）助人型（Helper/Giver）——给予者

助人型，顾名思义，就是很喜欢帮助别人，而且是积极主动的帮助，为人做事都慷慨大方。这种类型的人对别人的需求很敏锐，但却常常忽略自己的需要，对他来说，满足别人的需要比满足自己的需要更重要，所以很少向别人提出请求。他们渴望得到别人的爱或建立良好的关系，所以甘愿迁就他人，以他人为中心，很在意别人的感情和需要，愿意向别人付出爱，看到别人满足地接受他们的爱，才会觉得自己活得很有价值。

3）成就型（Achiever/Motivator）——实干者

成就型的人，精力充沛，总是动力过人，有很强的求胜欲。他们喜欢接受挑战，会把自己的价值与成就联系在一起。成就型的人会全心全意地追求一个目标，因为他们相信天下没有不可能的事。他们看重自己的表现和成就，讲究效率，喜欢竞争，避免失败。他们关注事物积极的方面，不愿理会消极、负面的信息。他们在工作时常把情感放到一边，为争取认可而打造有利形象，在真正自我和工作角色之间常会产生困惑。

4）自我型（Artist/Individualist）——悲情浪漫者

自我型的人比较情绪化，多愁善感，想象力丰富，常沉醉于自己的想象世界里。他们追求浪漫，惧怕被人拒绝，觉得别人不理解自己，具有强烈的占有欲和我行我素的生活风格。这种类型的人易忧郁、妒忌，很珍惜自己的爱和情感。他们倾向追求不寻常、具有艺术性且富有意义的事物，多幻想，认为死亡、苦难、悲剧才是极具价值和真实的生命，对美感的敏锐可见于其独特的衣着及对环境布置的品位。

5）智慧型（Thinker/Observer）——观察者

智慧型的人喜欢思考、分析，知识丰富，但缺乏行动，对物质生活要求不高。他们很冷静，总想跟身边的人和事保持一段距离，冷眼看世界，抽离情感，喜欢精神生活，不善表达内心感受。智慧型的人常常观察身边的事，却很少参与，所以感情投入也很少，在他人面前控制情感，只有独自一人时，才会表露情感。他们好争辩，很执着，却少接受辩论失败的气量。

6）疑惑型（Team Player/Loyalist）——怀疑论者

疑惑型的人忠诚、警觉、谨慎、机智、务实、守规，是纪律的维持者。这种类型的人做事小心谨慎，不轻易相信别人，多疑虑，喜欢群体生活，但是为别人做事却尽心尽力。他们不喜欢受人注视，安于现状，不喜欢转换新环境。他们认为安全感很重要，遇到的新的人和事都会令他们产生恐惧、不安的感觉。基于这种恐惧、不安，他们凡事都会作最坏打算。由于害怕做出错误的决定，当面对抉择的时候，他们大都显得十分犹豫。

7）活跃型（Enthusiast）——享乐主义者

活跃型的人乐观、精力充沛、好动，追求快乐，喜欢新鲜感，追求潮流，不喜欢承受压力，害怕负面情绪。他们想过愉快的生活，想创新，擅长自娱及娱人，渴望过比较享受的生活，常把人间的不美好抛诸脑后。他们喜欢投入到快乐及情绪高昂的世界里，所以他们总是不断地寻找快乐、体验快乐。这种类型的人多才多艺，对玩乐的事非常熟悉亦会花精力钻研。但是活跃型的人做事缺乏耐性，也往往容易冲动行事。

8）领袖型（Leader）——保护者

领袖型的人追求权力，讲求实力，不依靠他人，非常有正义感。他们喜欢做大事，是绝对的行动派，一碰到问题便马上采取行动去解决。领袖型的人都有以下特质：豪爽、不拘小节、自视甚高、遇强越强、关心正义、公平。他们清楚自己的目标，并努力向目标前进。由于不愿被人控制，并且具有一定的支配力，所以他们很有做领袖的潜质。这种类型的人喜欢独立自主，依靠自己的能力做事，所以具有攻击性，以自我为中心，轻视懦弱、尊重强人，愿意为受压迫者挺身而出，遇到不满意的事常常当面指出。

9）和平型（Peacemaker）——调停者

和平型的人追求和平，与世无争，渴望人人都能和平共处，他们是和平使者，为人温和、友善、忍耐、随和。他们很容易了解别人，却不是太清楚自己想要什么，有时会显得优柔寡断。所以，他们比较缺乏主见，宁愿配合其他人的安排，做一个很好的支持者。他们怕竞争，无法集中注意力，做事不到最后一分钟不会完工，非常倚赖别人的提醒，比较关注细节、次要的事，对大多数事物没有多大的兴趣，不喜欢被人支配，绝不直接表达不满，所以他们难以拒绝他人，不懂宣泄愤怒，也不喜欢与人发生冲突，不自夸、不爱出风头，个性淡泊，希望和人和谐相处，避开所有的冲突与紧张，希望事物能维持美好的状态。他们选择忽视让自己不愉快的事物，并尽可能让自己保持、平静。

心理阅读

总觉得自己“矮半截”

——谈自卑心理

契诃夫在小说《一个小公务员之死》中写一个小公务员看戏时，打了个喷嚏，把唾沫星溅在前座的一位将军的秃头顶上。他三番五次地向将军道歉，还是怕将军哪天会怪罪下来，由此而惶惶不可终日，不久就抑郁而死。

这个小公务员的悲剧，固然与当时专制社会官员的森严等级制度有关，但他的自卑心理却起到了主导作用。由于地位低下，他总觉得自己比别人“矮半截”，在职位比自己高的人面前，便觉得自惭形秽，产生了压抑、孤独、焦虑的情绪，这就是自卑心理。

荷兰哲学家斯宾诺莎曾说：“由于痛苦而将自己看得太低就是自卑。”自卑心理来源于一种消极的心理暗示。这种心理虽然不排除性格、气质的因素，但是人的地位、教养、自身条件，以及家庭背景也有着十分重要的影响，如乡村里很精明的人进城打工，却总觉得自己还不如城里的一般的人，处处谨小慎微；文化程度低的女孩嫁给学历高的男子，便往往会变得不敢坚持自己的意见，等等。

这些人总觉得自己不如别人，为人处事缺乏自信心，优柔寡断，有些事本来可以做好却不敢去做，并且对外界的反映、评价十分敏感，一有风吹草动就担惊受怕，悲观失望，久而久之，不仅会养成卑微、自我贬低的思维方式，而且还会使别人轻视自己，因而陷于难以自拔的痛苦境地。尤其是他们的大脑皮层长期处于抑制状态，不能进行良性的刺激转换，从而会导致内分泌失调，免疫力下降，对心血管系统和消化系统产生不良影响，进而使心理情绪影响生理的变化，生理变化反之又影响心理情绪，造成恶性循环。因此，有人说，自卑是人早衰的催化剂。

心理测试

人格类型测试

指导语：

请阅读下面40道题目，依据第一反应进行判断。在符合个人情况的命题后画“√”，然后按照M、S、C、P分别将已画“√”的选项进行合并，哪项画“√”的题目最多，则说明你属于哪种类型。

测试题目：

1.（S） 人们说我非常友好。（　）

2.（M） 我只有几个朋友，但我们的关系非常密切。（　）

3.（C） 我是天生的领导者。（　）

4.（P） 我节省，不乱花钱。（　）

5.（S） 我享受生活。（　）

6.（M） 我喜欢每个细节都完美；（　）

7.（M） 我情绪不定，常在早晨起床后不知今天是什么情绪。（　）

8.（M） 我觉得自己很容易批评人与事。（　）

9.（C） 我容易生气。（　）

10.（P） 我难以做出决定。（　）

11.（P） 事情很少能使我生气与不安。（　）

12.（S） 和一群人在一起时我喜欢讲生动的故事。（　）

13.(S) 有人说我不太靠得住。 ( )
14.(M) 我很自律。 ( )
15.(C) 有人说我冷酷无情。 ( )
16.(C) 我果断。 ( )
17.(P) 我幽默风趣。 ( )
18.(P) 我喜欢闲庭信步或无所事事。 ( )
19.(S) 我不是很有组织纪律性。 ( )
20.(P) 我喜欢旁观而不是参与。 ( )
21.(C) 我发现自己难以宽恕别人。 ( )
22.(C) 我在短时间内能做许多事情。 ( )
23.(S) 有人说只要有我在场就会很热闹。 ( )
24.(M) 我容易忧郁和悲观。 ( )
25.(P) 我做什么事情都不是特别积极主动。 ( )
26.(P) 我非常有耐心。 ( )
27.(S) 我爱说话。 ( )
28.(M) 我实在不喜欢大的聚会，只愿意与几个亲密的朋友在一起。 ( )
29.(S) 我是个热情的人。 ( )
30.(C) 有人说我是一个非常勇敢的冒险者。 ( )
31.(C) 我对事情有清醒的看法。 ( )
32.(P) 我喜欢睡觉。 ( )
33.(C) 我喜欢掌控局势与事态。 ( )
34.(M) 我不擅长交朋友。 ( )
35.(M) 我非常喜欢艺术，因为艺术能反映我的心灵追求。 ( )
36.(S) 我爱几乎每一个人。 ( )
37.(C) 我非常自信。 ( )
38.(M) 我常常感觉别人不喜欢我。 ( )
39.(S) 我花钱很大方。 ( )
40.(P) 我常常感觉到累。 ( )

结果分析：

S最多：乐天型或活泼型。

C最多：急躁型或力量型。

M最多：忧郁型或完美型。

P最多：冷静型或平和型。

第三节 人格特质

成长案例

小茗是一名大专二年级的女生，现在对未来的前途很担心，主要是因为她性格比较内向，与人交往很拘谨，尤其在与异性交往时更感到紧张。进入大学两年了，除室友外，她和其他同学来往很少，甚至与班内的大多数男生根本没说过话。看见朋友和别人从容聊天，小茗感到十分羡慕和自卑。有时她会觉得生活很不公平，也很讨厌自己：为什么自己就摊上了这种内向的性格，不能像很多人一样开朗！

案例分析

心理学上将“注意力的指向”作为划分内向和外向的依据，内向的人更多地将注意力指向自己的内心世界，而外向的人则对外部世界给予更多关注。而小茗则更多地在关注自己的内心世界，并因内向性格而产生了烦恼。

人格由许多方面的成分和特质，比如能力、气质、性格、情感、意志、认知、需要、动机、态度、价值观、行为习惯等等，这些成分和特质在人们身上并不是孤立存在的，而是密切联系的一个有机系统。与我们日常生活密切相关的人格特质主要有气质、性格等，那么，人的性格有好坏之分吗？

一、气质

在日常生活中，人们在提到气质时往往和风度、气度联系到一起，在评价某人的言谈举止时，常会用到“气质”一词，如某歌星、影星、球星、节目主持人气质不一般等。在《现代汉语词典》中，“气质”被解释为“人的相当稳定的个性特点，如活泼、直爽、沉静、浮躁等”。气质还指个人的性情或脾气，指个人心情随情境变化而随之改变的倾向，亦即个体的反应倾向。

1．气质的含义

气质的心理学解释为：气质是人的个性心理特征之一，是指人的认识、情感、语言、行动中，心理活动发生时力量的强弱、变化的快慢和均衡程度等稳定的特征，表现为情绪体验的快慢、强弱，表现的显隐，亦即动作的反应速度等方面。

心理学家奥尔波特把气质、智力和体质看成是人格的组成成分，并且认为这三种成分都是由遗传决定的。他还认为气质是个人情绪本质的特有现象，包括对情绪刺激的易感性，反应的强度和速度，即心境波动的表现形式，他们主要是器官的遗传特质。每个人生来都有一种气质，而且在内容完全不同的活动中，具有某种气质的人，会显示出同类性质的动力特点。例如，一个具有沉稳、文静、善于思考气质特征的学生，在参加新年联欢会、有奖知识竞赛、体育运动会等活动时，他所表现的气质特点不会依活动内容而改变。因此气质既有稳定的一面，又有可塑造性的一面，是稳定性和可塑造性的统一。

2．气质的特征类型

古希腊医生希波克拉底（公元前460～公元前377年）认为气质取决于人的四种液体，即血液、黏液、黄胆汁和黑胆汁的混合比例。心理学界据此把气质的特征归为以下几种类型（表3–2）。

表3–2　气质特征类型

气质特征类型	神经系统的基本特点	高级神经活动类型	典型行为特征
多血质	强，平衡，灵活	活泼型	灵活性高，易适应环境，善交际，精力充沛，效率高，兴趣广泛，易骄傲，喜欢多变的生活
胆汁质	强，不平衡	兴奋型	精力旺盛，行为外向，情绪易波动，反应迅速，行动敏捷，脾气暴躁，难以自我克制
黏液质	强，平衡，灵活	安静型	耐受性高，反应缓慢，恪守制度，遵守秩序，不易激动，不轻易流露感情，内向，不善言谈
抑郁质	弱	抑郁型	高度情绪化，易感性，有毅力，行动迟缓，孤僻，优柔寡断，易嫉妒，易恐惧

3．气质和人格的关系

有心理学家认为气质是人格的一个成分，是人格的一个特质。总之，气质和人格是密不可分的。气质是一个人的先天禀赋，通过一个人的仪表、举止和相貌等表现出来，是人格形成的素材之一。气质的形成既受遗传因素的影响，有些方面也可以后天培养。一个人的气质不仅仅表现在情绪活动中，也表现在智力活动等心理活动中。因此，气质与人格的一个最重要的区别就是在气质的形成过程中先天性因素起着决定作用，而人格的形成主要是由社会环境决定的。

4. 如何培养大学生的优良气质

一个人的气质是其内部修养的外在表现，并通过其神态、行为举止、谈吐及待人接物方式等表现出来。优雅、自然的气质会给人一种舒适、亲切、随和的感觉，因此，良好的气质也是一个人社会交往的“通行证”。除了面貌特征以外，人的绝大多数气质是可以后天培养的。尤其是大学阶段，更应该注重气质的培养，为以后走向社会，建立良好的社会关系打下基础。大学生应该从以下几个方面关注气质的培养。

首先，要对自己有清楚的认识和客观的评判。

对自己的清楚认识，须从接纳并认可自己的外貌特征开始。生的美丽、不骄不躁；容貌不美，也要学会自我认同，努力通过改变自己的言谈举止，给人阳光而温暖的感觉。对自己的清楚认识也包括对自己性格特征的认识，认识自己的长处和不足，并努力去改变性格中的不足之处。每个人在性格和外貌方面，都有自己的独特之处，只要懂得将自身优势合理发挥，便可以增加自己的个人魅力。

其次，须注重加强后天培养。

气质并非都是与生俱来的，后天的自我培养非常重要。平时要多学习，同时注重提升自己的艺术素养。当大学生们步入社会后往往会发现，想要与他人建立良好的合作关系，仅仅懂业务是远远不够的，还要学会社交。所以，在大学阶段，应注重个人综合素质的培养，学会了解自己，掌握必备的社交技巧，努力塑造良好的个人形象，还要培养自己对于生活的热爱，这些都是拥有美好人生的必修课。

第三，注重个人品位的培养。

品位影响气质。每个人不同的成长环境、阅历、学识等均会对个人品位产生影响，进而在一定程度上影响其气质的形成。因此，想要养成良好的后天气质，则必须注重个人品位的培养。

5. 气质与心理健康的关系

气质与心理健康之间存在着非常重要的关系。通过气质问卷可以测出每个人的气质，了解和掌握一个人的气质特点，对于人格发展、职业选择、学业进步、心理健康及人际交往都具有现实意义。特别是对于当今的大学生来说，气质反映在学习和生活的方方面面，有的同学片面认为自己气质中的一些消极因素会影响学习和生活，甚至会影响个人前途。其实气质本身并没有好坏之分，只要充分了解自身的气质特点，找到适合自身气质特点的最佳发展方向，努力构建气质中的积极因素，消除不利因素的影响，每个人都会在其中收益颇多。

了解自身的气质，才能更好地走向社会。一个人的价值最终需要在社会中体现，适应社会、适应人类自身发展是大学生成长过程中所必须面对的问题，了解这一点，才能在与别人交往中对不同的人和事做出恰当的反应。大学生在人际交往中须注意加深彼此的了解、多互相体谅、从而构建和谐的人际关系。

二、性格

古人云“积行成习，积习成性，积性成命”，这句话讲的便是一个人性格的形成及其对命运的影响。每个人对待现实的态度不尽相同，这主要是因为每个人具有不同的性格，进而产生了不同的行为方式。性格是指个体对现实的态度和行为方式中稳定而独特的个性心理特征。性格主要体现在个人对待自己、对待别人以及对待事物的态度和所采取的言行上，表现了人们对待现实世界及周围环境的态度。性格最早是由古希腊哲学家奥弗拉斯塔提出的，意思是“标记、特征、模型”等。那时人们往往把性格描述成道德品质。

1．性格的含义

性格的含义包括下述几个方面：

（1）稳定的个性心理特征。

人表达态度的对象多种多样，既可以是社会、集体、他人，也可以是自己，因而就会产生各式各样的观点。虽然观点不同，但是一个人产生这种观点的根本出发点是稳定的，这也体现了一个人的世界观和人生观是稳定的。恩格斯说：“人的性格不仅表现在他做什么，而且表现在他怎么做”其中，“怎么做”体现了一个人采取什么样的行为方式，而态度在一定程度上决定着一个人的行为方式，并将渗入到人的生活之中。

（2）性格是人格系统的核心部分。

性格是人格的核心，它直接影响着气质、能力等人格其他特质的表现和发展方向。由于性格是一个人本质特征的体现，直接反映人与人间的差异，集中体现一个人的道德品质与思想，所以一个人的性格对人的一生具有十分重要的影响。

（3）性格的差异性。

性格具有个体差异，由于生活环境、教育程度、遗传因素及所处社会环境不同，每个人对人和事物的看法都带有个性色彩，反映个体特征，与别人存在差异，其中那些经常的、习惯的表现属于性格的稳定特征。因此，我们可以根据一个人的性格来预测他在某种情况下会表现出的态度和行为。性格的差异性还表现在有的人在不同情况下会表现出多重性格。

2．性格的结构

一个人的性格是由态度、意志、智力、情绪等特征组成的有机系统，它们之间相互联系、相互制约，构成一个复杂、完整、有序的结构模式。性格的有机结构主要包括以下四个方面。

1）态度特征

人对现实的态度多种多样，由于客观对象的复杂性，导致人的态度难免会受到现实生活的影响和制约，并主要表现为两种态度特征：一是积极的，如爱国、集体主义感、社会责任感、诚实、乐于助人、遵守纪律等；二是消极的，如不爱国、无集体主义感、没有社会公德、自由散漫、自私虚伪等。对学习、生活和工作的态度中，积极的特征包括勤奋好学、奋发向上、认真细致、勤奋节俭、具有创新精神等；消极的特征包括学习兴趣不足、懒惰懈怠、奢侈浪费、墨守成规、不具有开拓精神等。对自己的态度也可分为两种，其中，积极的态度通常包括自强奋进、严于律己、谦虚谨慎、善于做自我批评等；消极的态度则表现为骄傲自负、放任自己或自卑自馁等。

2）意志特征

意志特征指个体在自觉调节自己的行为方式和水平时所表现出的心理特征。意志特征表现在对行为目标的明确程度上，包括目的性或盲目性，有序性或冲动性，独立性或易受暗示性，纪律性或散漫性，等等；表现在对行为的自觉控制水平上，包括理性或非理性，主动性或被动性，自我约束或盲目冒进，等等；表现在对紧急状态或困难情况的应对时，包括果断或犹豫，镇定或紧张，勇敢或胆怯，等等；表现在贯彻执行自己的决定时，包括灵活或固执，坚持或动摇，坚韧不拔或半途而废，等等。

3）情绪特征

情绪特征主要是指一个人在情绪活动中表现出来的性格特征，主要体现在强度、持久性、稳定性及主导心境等方面。在强度方面，表现为个体情绪受控制的程度以及易受影响程度。不同人的情绪反映有很大不同，有的人情绪反映强烈、易受暗示，有的人则受暗示性不强。在持久性方面，主要表现为情绪对身心影响的时间长短。情绪产生后，有的人久久难以平息，有的人则转瞬即逝。在稳定性方面，主要表现为情绪起伏和波动的程度。有的人情绪起伏很大，情绪特征明显，而有的人则不十分明显。在主导心境方面，每个人都有其特定的主导心境，有的人阳光灿烂、热情开朗，有的人则悲观消极、愁眉苦脸。个人的主导心境直接反映其对现实世界的态度。

4）理智特征

理智特征主要指人在感知、记忆、思维、想象等方面表现出来的个体差异。感知方面，包括主动感知和被动感知、主动观察和被动观察、主动思考和反应迟钝等。记忆方面主动记忆和被动记忆、兴趣记忆和非兴趣记忆等，思维方面，包括善于思考和被动思考、灵活思维和固定思维、思维敏捷和思维迟钝等。想象力方面，有的人想象力丰富，富有创新性，有的人则缺乏想象力，不具有创新性。

人的性格形成和发展受遗传、家庭环境、社会环境等因素的制约和影响，同时，性格受个体需要、动机、信念和价值观的主导，所反映出来的各种个体性格特征相互联系，但彼此间又存在制约，从而构成了个体性格的完整性。因此，人的性格结构具有多面性和可塑性等特征。

3．性格的影响因素

影响性格形成和发展的因素有很多，包括遗传因素、家庭因素、自然环境因素、社会因素、学校教育因素等。这些因素综合作用，就形成了一个人特定的性格和品格，且每种因素在个体性格的形成和发展中所起的作用不同。

1）遗传因素

有很多人认为一个人的性格是天生的，是不可改变的，这其实是一种错误的看法。但是，遗传因素在人的性格形成过程中具有十分重要的影响意义。著名的生物学家巴甫洛夫认为，人一面有着先天的品质，另一面也有着为生活环境所养成的品质。人性格中的遗传因素，就是指性格中的先天倾向，以及其与环境因素的混合产物。

通过比较大脑结构异同及不同区域的大小，心理学家研究得出了个性格评测系统，将性格归纳为四种类型：冲动、任性的“猎奇型”性格；悲观、羞涩的“伤害回避型”性格；容易成瘾、沉溺的“奖励依赖型”性格；勤奋、刻苦的完美主义者的“持久型”性格。

2）家庭因素

家庭因素对性格的影响是多方面的。一般来讲，孩子的性格受父母的影响非常大。由于我国特殊的人口政策和传统的生活环境，许多孩子是由姥姥、姥爷或是爷爷、奶奶带大的，因此性格形成过程中家庭因素的影响比较复杂。家庭教育应该尽量采取开放的、较为民主的教育态度和方式，从而使子女更容易形成独立、直率、积极、乐于协作且具有较强社会适应性的性格特征。

3）自然环境因素

人性格特征的形成和发展也受到自然环境的影响。比如生活在高原、平原、沿海地区的人性格往往有不同的特征；北方人多粗犷、豪迈、外向，南方人多细腻、含蓄、内向；高原地区的人往往意志坚毅，沿海地区的人大多心胸开阔，等等。但是这种来自自然环境因素的影响并不是绝对的。

4）社会因素

社会因素对性格的影响主要体现在不同文化对人性格的影响上。每个国家都有独特的文化特征，这些特征必然对本国人民性格的形成和发展有着特定的影响。不同的语言、不同的宗教信仰、不同的价值观、不同的生活方式等都会在人的性格上打上不同的烙印。东方人多含蓄、内向，善于克制；西方人多直率、外向、好动，情绪波动比较强烈。这些都是由于不同的社会文化、生活方式、宗教信仰所产生的影响。

5）学校教育因素

学校教育对人性格的形成（特别是人对社会、人生、他人的看法和态度的形成）具有重要作用。学校对人的影响不同于家庭和社会，学校教育具有更强的目的性和系统性，是按照一定的要求、目标，通过必要的教育措施和手段，有计划地开展的。一位优秀的老师可以在学生良好性格的形成过程中发挥积极的引导作用，因此，学校应该优化教育环境和师资队伍，努力培养学生们良好的性格。

6）其他因素

性格的形成还受其他因素的影响，重大灾害突发、重大疾病的患病经历等，都有可能会改变一个人的性格。比如，汶川地震的发生，使很多人的性格发生了改变，有些人由冷漠变得热情，有些人由自私变得懂得关爱他人。

研究和分析人性格的影响因素是为培养良好性格而服务的。一个人的性格对其一生将产生很大的影响，甚至决定他（她）是否能够成功，生活是否幸福。由于不同的性格往往决定每个人不同的行事风格，良好的性格可以提供动力支持，使人更容易成功或收获幸福，而不良的性格则可能导致一个人的不幸。因此，性格的好坏对人的成长与发展是至关重要的。

4．性格的类型

各种性格特征在某一个体身上组合形成具有一定特征的性格有机体。由于性格特征的多样性和复杂性，心理学界一直没有形成针对性格类型的统一划分标准。本小节仅就几种具有代表性的性格类型划分模式展开分析。

1）心理机能流派的性格划分

该划分标准由英国的培因和法国的李伯特提出。他们根据理智、情绪、意志三种心理机能在人性格结构中所占优势的不同，把人的性格划分为理智型、情绪型、意志型。理智型的人以理智的行为模式来支配和控制自己，善于思考和冷静处事，自制力强，并能很好地控制自己的情绪。但过于理智则会表现得畏首畏尾，缺少灵活性，并可能给人冷漠的印象。情绪型的人情绪反应敏感，待人热情，但冲动不计后果，情绪起伏大。意志型的人做事目标明确，行为积极主动，有较强的自制力。

2）心理活动倾向流派的性格划分

该划分标准由瑞士心理学家荣格提出。荣格根据人的心理活动方向倾向于外部或内部来对性格进行划分，分为内倾型和外倾型。内倾型的人处事谨慎且富于理智，自制力强并善于思考，感情内敛且想象力丰富，但适应外在环境的能力较差，反应缓慢且优柔寡断，不善于社交，表现得孤僻、胆怯；外倾型的人对外部事物感兴趣，能较快适应环境，且善于交际，活泼开朗，情感丰富且易外露，但自制力不强，容易轻信他人，时常表现得情绪多变、粗心大意。

3）独立顺从说流派的性格划分

该划分标准是由美国心理学家威特金等根据场的理论提出的。他们根据这一理论将人的性格分成场依存型（顺从型）和场独立型（独立型）。顺从型的人依赖于将外界环境条件作为自己信息加工的依据，容易不加分析地接受别人意见，应激能力差且易受暗示，随和、服从、独立性差，特殊情况下易惊慌失措；独立型的人通常不依赖外界环境条件，更喜欢独立判断事物并解决问题，信念坚定且不受外界因素的制约，在特殊情况下能沉着冷静应对，应激能力强，但独立性过强的人喜欢把自己的意志强加于人，往往固执己见、合作能力差。

4）性格特质流派的性格划分

阿尔波特于1937年首次提出了性格特质理论，他把性格特质分为两类。一类是共同特质，指在某一社会文化形态下，大多数人或一个群体所共有的特质，如美国人的性格和中国人的性格往往不同，在研究人格差异时，可以比较不同文化中人格的共同特质。另一类是个人特质，指个人所具有的特质。个人特质依其在生活中的作用又可分为三类：首要特质，这是一个人最典型、最有概括性的特质，其影响到一个人各方面的行为，如多愁善感可以说是林黛玉的首要特质，狡猾奸诈可以说是曹操的首要特质等；中心特质，这是构成个体独特性的重要特征，在每个人身上大约有五到十个；次要特质，这是个体的一些不太重要的特质，只有在特殊情况下才会表现出来，除了亲近他的人外，其他人很少知道。如一个人通常比较粗鲁，只有在自己家人面前时会表现得很顺从，这里的顺从就是他的次要特质。

5）卡尔特性格特征理论流派的性格划分

卡特尔受化学元素周期表的启发，用因素分析方法对性格、特质进行了分析，提出了基于性格特质的理论模型。其间，卡特尔确立了十六种性格因素，这十六种性格因素分别是：乐群性、聪慧性、稳定性、好强性、兴奋性、有恒性、敢为性、敏感性、怀疑性、幻想性、世故性、忧虑性、实验性、独立性、自律性和紧张性。这些性格因素是各自独立的，每一种因素与其他因素的相关度极小。经研究，这些因素普遍地存在于不同年龄及文化背景的人群中。这些因素进行不同组合，从而可构成一个人不同于其他人的独特性格。卡特尔还根据他的性格特质理论制定了“卡特尔人格测量量表”，简称“16PF量表”。

6）相对均衡主义流派的性格划分

相对均衡主义认为，事物的变化发展有失衡型、离衡型（发散型）、趋衡型（集中型）、均衡型四种相对均衡类型。从事物发展的程度分析，这四种类型表现为低、较低、较高、高。他们认为人性共有十八个层面，每个层面包含四个质的不同的特点，因此形成了七十二种性格。行为可分为积极、较积极、较消极、消极：形体可分为美、较美、较丑、丑；情感可分为热情、平易、冷漠、冷淡；认知可分为优、良、中、差；精神可分为坚韧、坚强、脆弱、懦弱；目的可分为明确、较明确、较不明确、不明确。每个层面依据标准不同可划分为不同的质，因此，描述人的词语非常之多，比如聪明伶俐、善解人意、风趣幽默、思想开放、积极进取等。

7）人际关系流派的性格划分

人际关系学说根据人际关系的类型，把人们的性格划分为A、B、C、D、E五种。

A型性格情绪稳定，社会适应性及向性均衡，但智力表现一般，主观能动性一般，交际能力较弱。

B型性格具有外向性的特点，情绪不稳定，社会适应性较差，遇事易急躁，人际关系不融洽。

C型性格具有内向性特点，情绪稳定，社会适应性良好，但在一般情况下表现被动。

D型性格具有外向性特点，社会适应性良好或一般，人际关系较好。有组织能力。

E型性格具有内向性特点，情绪不稳定，社会适应性较差或一般，不善交际，但往往善于独立思考，有钻研性。

5．塑造良好的性格

英国心理学家爱森特在人格理论方面主张人格纬度，纬度的一个极端是外向，另一个极端是内向，在纬度之间有许多等次。他认为，极端内向和极端外向的人是少数，大多数人是综合型的，或者偏内向些，或者偏外向些。爱森特人格纬度理论的产生对心理学界的影响很大，使我们认识到，人格是可以在纬度上移动的。

近年来，日本学者长谷川洋三认为，通过行为可改变性格。这就给我们的心理治疗和儿童教育提出了一个新的任务——我们要培养人们（尤其是儿童）良好的行为，以此帮助他们改变性格上的弱点。我们应该在日常生活中培养良好性格，而婴幼儿时期是培养良好性格的黄金时期。

心理学家曾做过一个情感剥夺实验：把一同被生下的几只小猴子分成两组，一组放在铁笼子里，仅用奶喂养；另一组给它们用长毛绒做了个“假妈妈”，吃完奶后它们可以在“假妈妈”身上玩。实验结果表明：小猴子慢慢长大后，没有“假妈妈”的这一组胆子比较小，反应暴躁，不合群，不易与人接近；有“假妈妈”的这一组正好相反，胆子较大，合群，容易与人接近。这说明在婴幼儿时期被剥夺母爱就会使小猴子们形成不好的行为和个性的表现。情感剥夺实验说明，在婴幼儿时期为孩子营造良好的心理环境对于良好性格的形成是很重要的。

此外，家庭中父母及其他成员对孩子性格的形成也具有很重要的影响。比如，一位母亲是强迫症患者，她有一对双胞胎，把孩子从幼儿园接回家后，总是马上就给他们洗脸、洗脚，然后将他们抱到床上，不许下地，更不让他们和邻居小孩接触。这对于孩子健康性格的塑造无疑是非常不利的。强迫症是在完美性人格的基础上产生的，这种人格的特点为爱思考、多疑、办事很守规矩、易忧虑、缺乏安全感、追求完美等。一旦受到某些心理刺激，具有这种人格的人将很容易出现强迫性神经官能症。如果从小用这种方式培养孩子，则很可能导致孩子成为强迫症患者。

心理阅读

巴纳姆效应

巴纳姆效应（Barnum Effect）是1948年由心理学家伯特伦·福勒通过实验证明的一种心理学现象，以杂技师巴纳姆的名字命名。一位名叫肖曼·巴纳姆的著名杂技师在评价自己的表演时说，他之所以很受欢迎是因为节目中包含了每个人都喜欢的成分，所以他使得“每一分钟都有人上当受骗”。人们常常认为一种笼统的、一般性的人格描述十分准确地揭示了自己的特点，心理学上将这种倾向称为“巴纳姆效应”。

巴纳姆效应在生活中十分普遍。拿占卜来说，很多人在请教“算命先生”后都认为“算命先生”说的“很准”。其实，那些求助的人本身就有易受暗示的特点。当人的情绪处于低落、失意的状态时，容易对生活失去控制感，于是，安全感也受到影响。一个缺乏安全感的人，心理的依赖性会大大增强，受暗示性也会比平时更强，加之“算命先生”善于揣摩求助者的内心感受，因而容易使他们感到精神安慰。此后，“算命先生”继续说的那些普通的、无关痛痒的话便会使求助者深信不疑。

我是谁？我从哪里来，又要到哪里去？自古以来人们便在苦苦寻求这些问题的答案，然而都没有得出令人满意的结果。即便如此，人类仍旧不曾停止过对自我的追寻。

正因如此，人常常会迷失自我，很容易受到周围信息的暗示，并把他人的言行作为自己行动的参照，从众心理便是典型的证明。

其实，人在生活中常常会受到他人的影响和暗示。比如，在公共汽车上，你会发现这样一种现象：一个人张大嘴打了一个哈欠后，他周围会有几个人也忍不住打起了哈欠。有些人不打哈欠是因为他们受暗示性不强，那么哪些人受暗示性强呢？可以通过一个简单的测试检验出来：

让一个人水平伸出双手，掌心朝上，闭上双眼。告诉他现在他的左手上系了一个氢气球，并且不断向上飘；他的右手上绑了一块大石头，向下坠。三分钟以后，看他双手之间的差距，距离越大，则受暗示性越强。

有位心理学家给一群人做完明尼苏达多项人格检查（MMPI）后，拿出两份结果让参加者判断哪一份是自己的结果。事实上，其中一份是参加者自己的结果，另一份则是多数人的回答取平均后的结果。许多参加者竟然认为后者更准确地表达了自己的人格特征。

在日常生活中，人既不可能每时每刻都去反省自己，也不可能总把自己放在局外人的地位来观察自己。正因如此，许多人便借助外界信息来认识自己。个人在认识自我时很容易受外界信息的暗示，从而常常不能正确地知觉自己。

曾经有心理学家用一段笼统的、几乎适用于任何人的话让大学生判断是否适合自己，结果，绝大多数大学生认为这段话将自己刻画得细致入微、准确至极。下面一段话是心理学家使用的材料，你觉得是否也适合你呢？

“你很需要别人喜欢并尊重你。你有自我批判的倾向。你有许多可以成为个人优势的能力没有发挥出来，同时你也有一些缺点，不过你通常可以克服它们。你与异性交往有些困难，尽管外表上显得很从容，其实你内心焦急不安。你有时会怀疑自己所做的决定或所做的事是否正确。你喜欢生活有些变化，厌恶被人限制。你以自己能独立思考而自豪，别人的建议如果没有充分的证据你往往不会接受。你认为在别人面前过于坦率地表露自己是不明智的。你有时外向、亲切、好交际，而有时则内向、谨慎、沉默。你的有些抱负往往很不现实。”

你看，这段话其实是一顶套在谁头上都合适的帽子。

心理测试

气质测量

指导语：

你想了解自己的气质吗？回答下列问题，若与自己的情况很符合则记2分，较符合则记1分，一般则记0分，较不符合则记-1分，很不符合则记-2分。将各项得分计入表3-3对应的题号下面。

1．做事力求稳妥，一般不做无把握的事。

2．遇到可气的事就怒不可遏，想把心里话全说出来才痛快。

3．宁可一个人做事，不愿很多人在一起。

4．到一个新环境很快就能适应。

5．厌恶那些强烈的刺激，如尖叫、噪音、危险镜头等。

6．和人争吵时，总是先发制人，喜欢挑衅别人。

7．喜欢安静的环境。

8．善于和人交往。

9．羡慕那种善于克制自己情感的人。

10．生活有规律，很少违反作息制度。

11．在多数情况下情绪都是乐观的。

12．遇到陌生人会觉得很拘束。

13．遇到令人气愤的事，能很好地自我克制。

14．做事总有旺盛的精力。

15．遇到问题总是举棋不定，优柔寡断。

16．在人群中从不觉得过分拘束。

17．干什么都觉得有趣。

18．当注意力集中于某一事物时，别的事很难使自己分心。

19．理解问题总比别人快。

20．遇到危险情景，常有一种极度恐惧感。
21．对学习、工作怀有很高的热情。
22．能够长时间做枯燥、单调的工作。
23．符合兴趣的事情干起来劲头十足，不符合兴趣的事情则不愿去做。
24．一点小事就能引起情绪波动。
25．讨厌做那种需要耐心的细致工作。
26．与人交往不卑不亢。
27．喜欢参加热闹的活动。
28．爱看感情细腻、描写人物内心活动的文艺作品。
29．工作、学习时间长了，常感到厌倦。
30．不喜欢长时间谈论一个问题，愿意实际动手干。
31．宁愿侃侃而谈，不愿窃窃私语。
32．别人总是说自己闷闷不乐。
33．理解问题常比别人慢些。
34．疲倦时只要短暂的休息就能精神抖擞，重新投入工作。
35．心里有话宁愿自己想，不愿说出来。
36．认准一个目标就希望尽快实现，不达目的誓不罢休。
37．学习、工作同样一段时间后，常比别人更疲倦。
38．做事有些莽撞，常常不考虑后果。
39．老师或他人讲授新知识、新技术时，总希望他讲得慢些，多重复几遍。
40．能够很快地忘记那些不愉快的事。
41．做作业或完成一件工作总比别人花时间多。
42．喜欢运动量大的剧烈体育运动，或者参加各种文艺活动。
43．不能很快地把注意力从一件事转移到另一件事上去。
44．接受一件任务后就希望将它迅速完成。
45．认为墨守成规比冒风险更稳妥。
46．能够同时注意几件事物。
47．烦闷的时候别人很难使自己高兴起来。
48．爱看情节起伏跌宕、激动人心的小说。
49．和周围人的关系总是相处不好。
50．对工作抱有认真严谨、始终一贯的态度。
51．喜欢复习学过的知识，重复做能熟练做的工作。
52．希望做变化大、花样多的工作。
53．小时候背会的诗歌似乎比别人记得清楚。

54．被别人说“出语伤人”时，自己往往并不觉得这样。

55．在体育活动中常因反应慢而落后。

56．反应敏捷，头脑机智。

57．喜欢有条理而不甚麻烦的工作。

58．常因兴奋的事情而失眠。

59．老师讲新概念常常听不懂，但是弄懂之后很难忘记。

60．假如工作枯燥无味，马上就会情绪低落。

表3–3　气质测量评分表

胆汁质	题号	2	6	9	14	17	21	27	31	36	38	42	48	50	54	58	总分
	得分																
多血质	题号	4	8	11	16	19	23	25	29	34	40	44	46	52	56	60	总分
	得分																
黏液质	题号	1	7	10	13	18	22	26	30	33	39	43	45	49	55	57	总分
	得分																
抑郁质	题号	3	5	12	15	20	24	28	32	35	37	41	47	51	53	59	总分
	得分																

结果分析：

1．如果某一项或两项的得分超过20分，则为典型的该气质。如胆汁质对应得分超过20分，则为典型胆汁质气质；黏液质和抑郁质对应得分均超过20分，则为典型黏液—抑郁质混合型气质。

2．如果某一项或几项得分为10~20分，其他各项得分较低，则为该项的一般气质。如一般多血质，一般胆汁质—多血质混合型。

3．若各项得分均在10分以下，但某一项或几项得分较其余项为高（相差5分以上），则为略倾向于该项气质（或几项的混合）。如略偏黏液质型，略偏多血质—胆汁质混合型。

一般来说，分值越高，则表明该气质特征越明显，反之，分值越低，则表明越不具备该项气质特征。

第四节　塑造大学生健康人格

成长案例

某高校有一位男生，刚进入大学后，因为军训的前几天表现认真，被辅导员老师指定暂任班长一职。一学期后，因他常与同学发生口角，被老师撤除班长之职。于是，该生疑心是班级的某些同学嫉妒他的才干并向老师说了他的坏话，自己因此才受到了排挤和压制，认为老师对他不公，对班长撤换一事耿耿于怀，愤愤不平。此后的一年里，在班级的活动中，他常常不服从安排，也常与师生发生冲突，扬言必须让辅导员老师恢复他的班长职务，否则便要伺机报复。大家好言相劝，他却理解为恶意、敌意，与同学间的关系日益恶化。

案例分析

该生具有典型的猜疑和偏执的人格特点，他倾向于从环境中寻找蛛丝马迹来证明自己受到了不公平待遇，喜欢寻根究底，容易从别人的无害行为中找到隐藏的“动机”和“特殊意义”，并把过失归罪于他人，自己不为失败承担责任。因此，如果不接受心理医生的帮助，这种思维习惯将影响他未来的人生道路。

使人格充分而健全地发展是大学生心理健康教育的主要内容之一，也是大学生全面发展的重要组成部分，健康人格是人格结构中各种良好人格特征在个体身上的集中体现，大学生要积极塑造健康人格，逐步使自己的人格走向健康、完善。

一、健康人格概述

1. 健康人格的含义

健康人格的含义不但包含了健康人格的特征，还包含着如何应对疾病、焦虑和压力等不良心理特征对健康的影响，如何释放人的潜能，以如何实现和完善自我。拥有健康人格的个体能够有意识地控制自己的生活，掌握自己的命运，能够正视自己以及自己的过去，以一种现实的态度面对现在，对未来充满憧憬和渴望，具有迎接挑战并充分挖掘自身潜能的能力，以实现自身价值为最终目的。

2．健康人格的特点

不同的心理学家从多个方面描述了健康人格的特点，了解这些内容对塑造大学生的健康人格具有重要意义。

（1）奥尔波特认为，具有健康人格的人是成熟的人，成熟的人有七条标准：

①专注于某些活动，在这些活动中是一个真正的参与者。

②对父母、朋友等具有表现爱的能力。

③有安全感。

④能够客观地看待世界。

⑤能够胜任自己所承担的工作。

⑥客观地认识自己。

⑦有坚定的价值观和道德心。

（2）罗杰斯认为，具有健康人格的人是充分起作用的人，具有五个具体的特征：

①情感和态度上是无拘无束的、开放性的，没有任何东西需要防备。

②对新的经验有很强的适应性，能够自由地分享这些经验。

③信任自己的感觉。

④有自由感。

⑤具有极高的创造力。

（3）弗洛姆认为具有健康人格的人是创造性的人，除了生理需要，每个人还都有各种各样的心理需要，这正是人与动物的重要区别。具有健康人格的人将以创造性的、生产性的方式来满足自己的心理需要。

（4）弗兰克认为，具有健康人格的人是超越自我的人，超越自我的人被概括为：在选择自己行动方向时是自由的，自己负责处理自己的生活，不受自己之外的力量支配，缔造适合自己的有意义的生活，有意识地控制自己的生活，做事时能够表现出具有创造力的、乐于体验的态度，超越了对自我的关心。

3．健康人格的意义

随着人类社会的快速发展，人类社会内部的竞争更加激烈，健康人格因而越发显得重要，一个人的人格健康与否决定着他是否能够立足于社会，适应社会，甚至能否取得人生的成功，过上幸福美好的生活。一个人的人格健康与否会影响其自身的行为和认知，当一个人的人格不健康时，他的行为和认知会出现偏差，当这种情况严重时便会出现错误的行为，这不仅会影响其自身的生活，还可能会影响他人的生活，甚至导致精神疾病的产生。拥有健康的人格不仅是人自身的一种幸福，也能给周围的人带来欢乐，其关系到个人的心理健康和人生的成功与幸福。

4. 健康人格的标准

健康的人格标准有许多种，具体内容也千差万别的。综合这些健康人格标准，每个人可以进行参考，从而评判自己的人格是否健康：

（1）积极、乐观的现实态度和社会适应能力。

拥有健康人格的人在面对现实时，无论生活对他（她）是“友好”还是“充满敌意”，都会以现实、积极、乐观的态度去应对。

（2）具有独立性。

人格健康且成熟的人有一定的独立性或独立意识，喜欢独立面对、解决问题，且办事理性、稳重，并能听取合理化建议。而一个不成熟的人，常会感到遇事很难下定决心，总希望得到别人指点，出了差错后习惯于推卸责任、怨天尤人，有了成绩，则往往过分夸耀、要求表扬。

（3）拥有爱别人的能力。

一个人格健康、心智成熟的人，不会把注意力集中在别人是否爱自己上，而是选择关爱他人，并从对他人的关爱和帮助中获得满足和快乐。一个人格健全而成熟的人，能从爱自己的配偶、孩子、父母，甚至从帮助陌生人中得到快乐。相反，不成熟的人爱别人时很吝啬，总希望自己是人们关切的中心。

（4）和谐的人际关系。

一个人格健全的人能够真诚而主动地处理好自己的人际关系，也具有拓展新的人际关系的能力。良好而和谐的人际关系，不但是一个人事业成功的保障，也是生活幸福、快乐的源泉。所以，良好的人际关系是健康人格的“必备条件”。

（5）内心常常拥有充实感，并能够适当地依靠他人。

人格健全的人内心常常怀有充实感、满足感，因为他（她）有自己的价值观、人生观，有自己关心的人和关爱自己的人，有真诚的朋友，有自己的事业、工作或追求。不但可以爱他人，也乐于接受别人的爱和帮助，这是一个人心智成熟和健康的表现。

（6）自我控制力。

自我控制力是多方面的，既指对情绪的自我控制力，也指对各种需求和欲望的自我控制力。人格健康的人即便在生气时，也能把握分寸，不会失去理智，他可能有时会发脾气，但绝不会因为一些鸡毛蒜皮的小事而大发雷霆，具有良好的情绪控制力。人格健康的人不但能够控制自己的情绪，也能够控制自己不切实际的需求与贪欲。

（7）正确的价值观和人生观。

弗洛姆说：“对具有健康人格的人来说，生活的目的就犹如是食物一样不可缺少。”积极向上的人生观和价值观是健康人格的首要条件。积极向上的人生观和价值观会引导一个人做出正确或符合实际的选择，且一旦做出选择，人生朝着自己的既定目标前进，便会产生许多积极的情绪，人会因此变得更加乐观、开朗而豁达，更容易获得成功和幸福。反之，人可能会绞尽脑汁、费尽心机去索取本不属于自己的东西，因此很难获得健康和快乐。

（8）拥有一定的智商和情商。

一定的智商和情商是一个人心智成熟必需品。没有一定的智商和情商，则很难做出正确的决策和选择，也很难体会到生活中的美好。

（9）具有良好的团结协作精神。

生活、学习、工作中，我们时常需要与别人协作处理问题和解决问题，所以，良好的团结协作精神有助于共同任务的完成，从而促进共同目标的实现。

（10）既善于学习和工作，又善于休息和娱乐。

一个人的一生就是不断学习、不断完善的一生，学习贯穿于每个人的生活之中。积极主动地学习他人的经验，对自己的人生具有重要的指导作用。人格健全的人不但善于学习，还善于休息和娱乐。他们在休息时心境坦然，尽情放松，再回到工作中时也往往能精力充沛。相反，情绪不太稳定的人常感到在被迫做某事，也很少从休息中获得真正的放松。

二、大学生健康人格的特点及标准

影响和决定人格的因素众多，既有遗传因素，又有社会、家庭、教育因素等，多数人格特征是可以通过后天教育、培养而改变的，也就是说，人格是可以塑造的。

1. 大学生人格发展的特点

大学生人格发展的特点包括下述几个方面：

（1）能正确认识自我。

首先，大学生通常能自我认可，并形成了对自己比较积极的看法，能客观地评价自己，理解现实自我与理想自我之间的差别。其次，大学生大都具有明确的奋斗目标，并能为之努力。

（2）智能结构健全而合理。

大学生智能结构健全、合理是指他们具有良好的观察力、记忆力、思维力、注意力想象力，没有认知障碍，各种认知能力有机结合并发挥其应有作用。

（3）社会适应能力较强。

当代大学生对外部世界有着浓厚的兴趣，他们通常有比较广泛的活动范围，积极参与各种形式的社会实践活动。同时，他们能接纳别人与自己在价值观与信念上存在的差别，能根据实际情况看待事物，而非仅仅根据自己的主观愿望。

（4）富有事业心，具有一定创造性和竞争意识。

大部分大学生都能把事业看成是生活的重要组成部分，在事业上有较强的进取心和责任感，具有竞争意识，有开放的思想观念，少有保守思想，喜欢创造，独立性强，富有幽默感，态度务实。

（5）情感饱满、适度。

情感饱满、适度是指大学生情绪中的稳定性与波动性、外显性与内隐性并存，情感丰富多彩，积极的情绪、情感体验在学习、生活中占主导。

2．大学生的健康人格标准

关于大学生健康人格的标准，不同的研究者有不同的认识，但大都包含生理、心理、社会和道德审美等要素的和谐统一，并普遍认为只有这几个方面平衡、协调发展，人才能充分发挥自己的潜能，为人类、为社会做出自己的贡献，同时也促使自己的人格在推动社会进步的实践中得到充分、协调发展。概括起来，大学生健康人格的理想标准通常包括下述几个方面：

（1）人格各因素的统一、协调发展。

健康的人是身心合一的人，只有达到身体和心理都处于健康状态才是一个整合的人。

（2）正确的人生观和价值观。

没有正确的人生观，人生就失去航向，同样地，没有正确的价值观，人也会失去生存的意义。

（3）自我悦纳，并接纳他人。

充分了解自己的现实情况，关注自己的目标和任务，对待他人怀有开放的态度，宽容他人，坦率地接受自己的不足并对生活持乐观向上态度。

（4）对经验保持开放性。

积极主动地接受新观念、新的行为模式、新的思维方式，并能恰当取舍，能够从经验中不断学习，并改变自己以适应环境需要。

（5）具有创造性。

思维敏捷、头脑开放，喜欢尝试新的方式方法来解决问题。

（6）具有坚强的意志。

能有效地控制自己的行为，并为实现预期目标矢志不移。

（7）尊重他人。

对他人的价值观和生活方式给予理解和尊重，并善于听取不同意见。

（8）人际关系和谐。

为人亲切热情、少嫉妒、善解人意，对不同的交往对象表现出适合的态度，既不狂妄自大，也不妄自菲薄，具有深刻而良好的人际关系。

（9）独立、自尊。

有独处的需要，能够享受独处的乐趣。人格独立，很少受外界不良因素影响，自信、自尊，人生态度积极乐观。

（10）具有发挥自己潜能的能力。

具有自我发展、自我塑造和自我完善的能力，能够充分发挥自己的创造力，优化自身的知识结构和智能结构，积极适应社会需要，创造性地选择有意义的生活。

（11）具有学习新知识的能力。

不但能够专注于学业，而且具有扩展知识的能力，从而高水平地完成自己的学业和工作。

（12）有幸福感。

幸福是一种能力，是一种通过自己的努力在不断的自我挑战中收获的体验，它建立在自我不断被肯定的基础之上。

三、大学生人格发展中的问题

大学生作为一个文化层次较高的群体，在日常生活和人际交往中大部分表现出良好的适应能力，但仍然有些学生因为某些人格方面的障碍与发展不足，从而影响了正常的学习和生活。目前，大学生中常见的人格异常有以下几种。

1．大学生的人格发展存在的问题

1）悲观和失望

悲观心理是一种消极的负性情绪体验，是社会环境、教育环境、家庭环境综合作用的结果。悲观的人通常表现为无意义感、理想破灭、消极怠学、心灰意懒，在遇到不如意、失落的情况时会垂头丧气、怨天尤人；遇到挑战时常表现为无能为力、甘愿失败。悲观的人常从消极的角度看问题，放大困难和挫折，认为失败是无法改变的，对自己缺乏应有的信心，缺乏改变现状的勇气，最终导致悲观失望。

引起悲观的主要原因是意志品质、人生态度、认知等因素。悲观心理是一种不健康的心理，改变悲观心理应从以下几个方面着手：

（1）培养自己的幽默感，以幽默的态度来接受现实中的失败，幽默是排除负性情绪的良药。

（2）即使困难和失败不可避免，也要用正确的心态去面对，因为人的一生不可能都在成功的路上前行，从另一方面来理解，困难和失败正是我们获得经验和纠正错误的过程，成功往往在不断实践中才能获得。

（3）争取有利的条件，是面对逆境困扰和险恶处境的有效方法。正确分析自身处境，寻找积极因素，既不能幻想奇迹出现，也不能束手待毙，要脚踏实地、坚持不懈、全力以赴地争取胜利。

（4）与乐观的人交往是改变悲观情绪的有效途径。

（5）正确地理解和认识悲观情绪。悲观不是天生的，而是可以通过自身的努力来改变的。悲观往往是在多次自己否定后产生的，所以要经常对自身给予积极的评价、鼓励，之后，会发现乐观离你并不遥远。

2）急躁

急躁是大学生中常见的一种不良人格。表现为遇到不称心的事情立即激动不安，做事常缺乏充分准备而盲目行动，急功近利，缺乏耐心。此外，还表现为冒失、莽撞、遇事不冷静、容易冲动，常处于紧张状态。

大学生中急躁的人为数较多，突出表现为急于学习，急于锻炼等，总想在短时间内超越自己，但实际效果往往达不到预期，因而会对自己生气、怨恨，甚至祸及他人。改变急躁需要从以下几方面入手：

（1）凡事三思而后行。在做任何事之前都要养成冷静、沉着的习惯，要考虑一切可能的因素，做好预期准备，尽量避免冒失、莽撞的行为。

（2）加强自我修养。性格急躁的人往往遇事易受情绪左右，所以须加强自我修养，把精力用到积极的思考之中；

（3）控制自己的情绪。性格急躁的人往往容易发怒，因而须铭记“能忍则自安，退一步海阔天空”，当怒气来临时，应转移自己的注意力，或找一些自己喜欢的其他事去做。

（4）改变自己的行为。性情急躁的人往往说话、办事都讲效率，但往往不尽如人意，因此应调整自己讲话的语气、语速，办事要思先于行。学习时本着不急于求成的原则，追求弄懂、学会，逐渐养成有条不紊的习惯。

（5）放松训练。在学习之余可以尝试听听音乐、画画、闭目养神、与同学谈心等，使自己紧张的情绪松弛下来。

3）偏激

偏激的人其特点体现为对现实问题的看法绝对化、片面化；在对待人和事物时不能根据具体情况客观判断，而是进行主观的判定，缺乏理性和客观的思考；情绪易冲动，行为较莽撞、不顾后果。改变偏激应从以下几个方面入手：

（1）从小事做起，培养自己全面、细致、因时、因地、因事看问题的能力，并从多角度、多侧面分析问题的本来面目。

（2）培养辩证的思维模式。事情都有正、反两个方面，应学会多换位思考，避免下结论时过于主观。

（3）发现生活中有意义、有价值的事物。偏激的人往往看不到生活中美好的一面，而喜欢夸大不利因素，导致认知偏颇。所以，认识人生的意义，并有意识地寻找生活中令人感动的事，就会慢慢发现生活中那些自己原本认为不如意的事情中其实也存在不曾觉察美好。

（4）学会宽容。悦纳自己和接纳别人是宽容最基本的要求，但学会宽容还有更深刻的意义，因为每个人的不同才会产生纷繁的世界，更因为存在不同才需要人与人彼此理解和关爱。所以，宽容是和谐统一的条件，也是共同发展的前提。

4）猜疑

猜疑建立在缺乏事实根据的基础之上。容易猜疑的人大都十分敏感，如看到别人在说话并看了自己一眼，就认为他们在说自己的坏话；某人没有同自己打招呼，就认为是对自己有意见，等等。

长期处于猜疑之中，会导致人际关系紧张，同时自己也会陷入惶惑的不良心境之中。改变猜疑应从以下几个方面入手：

（1）克服自我暗示，养成全面、发展的看问题的方式。对人和事要有开放的态度，尽量避免封闭的、无根据的结论。

（2）加强了解和沟通。人往往在不了解对方的时候容易主观臆造，增进了解和沟通，有助于消除误会，增进人与人之间的信任，改善人际关系。

（3）克服成见。无论别人如何对待和看待自己，都要以诚相待，克服自己认识中的主观成见，学会换位思考。

（4）积极参加社会活动。通过人与人之间的深入交往，逐渐打破内心的猜疑，这样有利于自己做一个“心底无私天地宽”的人。并通过社会活动，加强沟通、增进了解，达到克服猜疑的目的。

5）羞怯

羞怯人人都有，但过分的羞怯则属于人格发展不良，它不但阻碍人际关系的发展，同时也不利于人们正常发挥自身才智，最后还会导致孤独、焦虑等心理。

羞怯表现为害怕同陌生人打交道，遇到异性手足无措，不敢在公共场合发表意见，等等。引起羞怯心理的原因通常是防御心理过强。改变羞怯应从以下几个方面入手：

（1）克服胆小怕事的习惯。放下思想包袱，实际上，人人都有，羞怯心理，只是程度不同而已，有些人善于锻炼自己，并经常给予自己信心和勇气，从而逐步克服羞怯心理。因此，只要坚持练习，就一定能克服胆小怕事的心理。

（2）改变过度关注自己的习惯。羞怯的背后往往是过分看重自己在别人心目中的形象，并对自己处于众人之中而感到不安。所以，要经常让自己勇敢地表达自己的情绪和看法，不必过于关注自己的形象。

（3）有意识地锻炼自己。大学的生活丰富多彩，大学生可以充分利用难得的机会锻炼自己。可以参加一些自己感兴趣的社团，或参加学校活动，还可以能过参加志愿服务从而在社会实践中锻炼自己的能力和胆量。久而久之，你会发现，锻炼是克服人格缺陷十分有效的方法。

（4）及时发现自己的优势。一位哲人说过“每个人来到这个世界都是有理由的，都是有用的。”所以，应及时捕捉自己的长处，增强自信心。有的人（特别是羞怯的人）喜欢拿自己的短处与别人的长处比较，这将会夸大自己的不足。所以，善于发现自己的优势，是改变羞怯心理的关键。

6）狭隘

狭隘的人往往没有容人之量，与人交往时过于注重得失，别人稍有冒犯便耿耿于怀。嫉妒心强，不能接受别人比自己强，且固执己见，好挑剔。

狭隘的思维方式会使自己看待问题、解决问题时容易走极端，因而很难在与人交往中建立良好的人际关系。而人际关系的恶化时常给自己带来许多烦恼，甚至可能导致心理障碍。改变狭隘应从以下几个方面入手：

（1）改变自己的认知模式。学会倾听他人的看法、意见，并进行认真的分析、对比。理解是改变固执的前提，是修正不正确认知的有效途径。如果能尝试理解别人，你会发现自己的胸怀慢慢正变得宽阔。

（2）善于发现周围的美好，用欣赏的眼光看待别人的长处和短处，这也是弥补自己不足的有效方式。对待别人的成功与进步，真诚地给予祝福同时，也要学会感受自己的进步。

（3）学会宽容。“天地本宽，而鄙者自隘”，一个人如果没有广博的胸怀，那么他前进的道路上将挫折不断。人的价值在于你为世界做了什么，而不是患得患失。所以，学会宽容是避免狭隘的重要途径。

7）虚荣

虚荣心是自尊心和自卑感的混合物。一般而言，没有自尊心，就没有虚荣心；而没有自卑感，也就不用通过虚荣来表现自尊，所以虚荣心与自尊心和自卑感是联系在一起的。

虚荣在大学生中比较常见，并且每个人都或多或少地有虚荣心，这一点尤其在女生中比较普遍，这与女生的心理特征有关，即一般女生的自尊心较强，并比较看重外在的荣誉、名声和赞美。但是，过分的虚荣心则会表现为内心的空虚、对自己不接纳、过分在意别人对自己的看法和评论等。为了满足虚荣心，有的人可能会不择手段地提高自己的形象，追求虚假的名誉，严重者可能导致对自己或他人的伤害并导致人格障碍。改变虚荣应从以下几个方面入手：

（1）接纳自己。世界上没有人是完美的，正是这种不完美造就了每个人独特的个性品质。要充分了解自己的长处和不足，发挥自己的优势并弥补自己的短板，从而成长为一个全新的自己。接纳自己是避免虚荣的重要方式。

（2）认识虚荣的危害。虚荣往往建立在虚假的、脆弱的幻想世界里，认清虚荣的危害，勇敢地接受自己，然后悦纳自己，改变虚荣的思维方式。

（3）建立自信。在不断发现自己优点的过程中建立自信，并积极发掘自身潜能，不为外界所干扰，丰富自己的生活，心存感恩，正确看待名利，从而避免虚荣的危害。

2．大学生的人格障碍

1）偏执型人格

偏执型人格又叫妄想型人格，基本特点是固执，敏感，傲慢；情绪不稳定，易躁易怒，心胸狭隘，好胜心强，常感情用事且可能伴有攻击行为，好与人争论，常为一些小事与人争得面红耳赤；为人死板，缺乏幽默感，对侮辱和伤害不能容忍，长期耿耿于怀；易将他人无意的或友好的行为误解为敌意或轻蔑；看问题主观、片面，工作和学习上往往言过其实，容易嫉妒；失败时常将责任推诿于他人，常常认为自己是别人阴谋的牺牲品。具有这种人格的人在家不能与家人和睦相处，在外也难以与朋友、同事融洽相处，周围的人往往会对他们敬而远之。

2）强迫型人格

强迫型人格异常通常开始于青年期，主要表现为：过分地注意自己的行为是否正确，举止是否适当，因而表现得特别死板，处世不够灵活。具有强迫型人格的人往往有强烈的自制心和自我约束，其主要表现为：做事要求完美，甚至因此而妨碍工作的完成；做事专注于细节、规则、次序、组织或时间，反而因此失去工作重点；要求他人应完全遵照自己的方式做事，或经常因不信任而拒绝别人。对某些事物或观念，表现得过于诚实，一丝不苟且毫无弹性。

3）依赖型人格

具有依赖型人格的人往往是自我谦避型的人，对别人的需要和期望使他们产生了过分的依赖。这种人往往把爱情看得至高无上，认为爱别人意味着和另外一个人在心灵和肉体上的合一，并从中找到自身所没有的整体性。在爱别人的过程中，具有依赖型人格的人充分发展了理想化自我中讨人喜欢的品质，如果别人嫌弃或没有赏识他们，他们便会感觉受到了深深的伤害。他们对嫌弃有强烈的恐惧，这会使他们产生强烈的自我否定。

具有依赖型人格的人强迫自己在任何情况下都绝对地原谅别人，这容易引发他们内心的焦虑。但如果他们的同伴对其依赖性怀有感情，则是比较幸运的。不成功的关系往往会使双方相互折磨，这对具有依赖型人格的人是一种缓慢而痛苦的毁灭。病态的依赖性在部分子女与父母、学生和教师、病人和医生、追随者和领导者关系之间也有体现。

4）回避型人格

回避型人格又叫逃避型人格，具有这种人格的人最大特点是行为退缩、心理自卑、敏感羞涩，面对挑战多采取回避态度。这类人很容易因他人的批评或不赞同而受到伤害，很少或几乎没有知心朋友。除非确信自己受欢迎，否则他们一般不愿意介入他人的事务中。他们行为退缩，对需要与人交往的社会活动或工作总尽量躲避；心理自卑，在社交场合缄默无语，怕回答不出问题而惹人笑话；即使在做许多很常规的事情，也总会夸大潜在的困难、危险，并设法推辞，不愿接受过多的社会工作。

5）自恋型人格

具有自恋型人格的人其核心特征是以自我为中心。具有自恋型人格的大学生往往自我评价过高，主观自我高于客观自我，在生活中爱听表扬、逃避批评，且具有高度幻想性，特别是通过过高的自我评价而带来成功的虚幻体验。他们过度自信，希望引起别人的重视。一般而言，这类大学生天赋较好，一直处于被关注的中心，自信心与自尊心都较强，缺乏失败的生活经历，因而生活在理想世界中。当面临挫折时，他们有时会因无法面对现实世界而心理崩溃。心理学家认为，每个人都存在不同程度的自恋倾向，但绝大多数人没有形成自恋型人格。这是因为在人的成长过程中，社会化起到重要的作用，在与他人的交往中，人们会逐步发现自己的不足，从而逐步确立正确的自我观，走出以自我为中心的误区。

3．如何塑造大学生的健康人格

导致大学生人格缺陷的因素纷繁复杂，需要我们建立完整的、多层次的塑造大学生健康人格的方法与路径，从而帮助大学生们塑造健康人格。

（1）树立正确的价值观和人生观。一个人的价值观是否正确、是否与现实相符，将直接影响他的人格特质能否发挥积极作用，进而影响其心理健康。

（2）培养综合素质。大学生们应该首先对自己有清晰的判断和认识，包括自己的优点和不足，并努力克服自身缺点，发挥自己的长处。我们常听人说，“做人比做事更重要”，这里的“人”是指有道德、有素养、有文化的人，是一个人格健全的人。在大学时代，我们有时间、有能力、也有条件逐渐完善自己各个方面的人格特质，努力培养自己的综合素质，做一个既有益于社会，又有益于自我的人。

（3）培养坚强的意志和毅力，养成做事有目的性、行动自觉、处事果断、坚持到底的良好习惯，胜不骄、败不馁，做事认真负责，勇于克服困难、争取胜利。

（4）培养谦虚谨慎、沉着稳重的品质，勇于批评与自我批评，不断克服自身弱点，并使自己的行为方式能够不断适应时代的要求。

（5）培养广泛的兴趣爱好，从而使自己生活充实，知识更加丰富，并不断拓宽视野。广泛的兴趣爱好也有利于智力的开发和能力的提升，从而使人更容易在工作中取得成就，也更容易适应社会变化。

心理阅读

认识自我，悦纳自我

有一天，森林里的几种小动物聚在一起，他们彼此羡慕对方的优点，抱怨自己的缺点。于是，他们决定成立一所学校，希望通过训练使自己成为“通才”。他们设计了一系列课程，包括奔跑、游泳、飞翔和攀登。动物们都报名选修了所有的课程。然而最后的结果是：小白兔在奔跑方面名列前茅，但是一到游泳课就浑身发抖；小鸭子在游泳方面成绩优异，飞翔差强人意，但奔跑与攀登却糟糕透顶；小麻雀在飞翔方面轻松愉快，但就是不能正常奔跑，尤其是碰到水就几乎精神崩溃；至于小松鼠，爬树的本领高人一筹，奔跑的成绩也不错，但在飞翔和游泳课中，成绩总是一塌糊涂。大家越学越迷茫，越学越痛苦，最后决定，停止盲目学习别人，好好发挥自己的长处。于是他们不再抱怨自己、羡慕别人，森林里的生活又恢复了往日的活泼和快乐。

这则故事告诉我们：每个人都有自己的优势，不必舍弃自己的优势而去一味地模仿他人。

心理测试

世界上著名的性格测试

指导语：

观察图3-4，凭你的第一直觉选一个你喜欢的图案，将图片上的数字记住，并参照答案分析自己的性格！

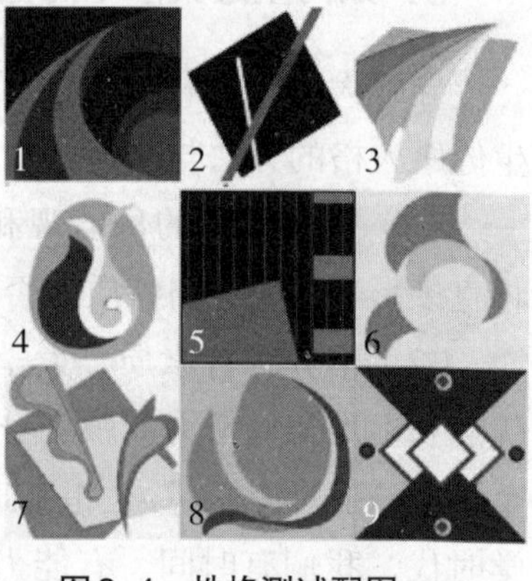

图3-4　性格测试配图

结果分析：

1．无忧无虑、顽皮、愉快的人。

你喜欢自由自在、无拘无束的生活。你坚信生命只有一次，因此应尽量享受每一刻。你好奇心旺盛，对新事物抱有开放的态度。你向往改变，讨厌束缚。你觉得身边的环境在不断改变，而且经常为你带来惊喜。

2．独立、前卫、不受拘束的人。

你追求自由的、不受拘束的生活。你的工作及休闲活动都与艺术有关。对于自由的渴求有时会使你做出出人意料的事。你的生活方式极具个人色彩，不会盲目追逐潮流。相反地，你会根据自己的意愿和信念去生活，就算是逆流而上也在所不惜。

3．时常自我反省，敏感的思想家。

你对于自己及四周的环境能够比一般人控制得更好、更彻底。你讨厌表面化的、肤浅的东西。你宁愿独自一人也不愿跟别人闲谈，但你跟朋友的关系却非常深入，这令你的心境能够保持和谐、安逸。你不介意长时间独自一人，而且绝少会觉得沉闷。

4．务实、头脑清醒、和谐的人。

你作风自然，喜欢简单的东西。人们欣赏你脚踏实地，他们觉得你稳重、值得信赖。你能够给予身边的人安全感，你给人一种亲切，温暖的感觉。你对于俗气的东西往往不屑一顾，对时装潮流抱着怀疑态度。对于你来说，衣服必须是实用且大方得体的。

5．专业、实事求是、自信的人。

你掌管自己的生活，相信自己的能力多于相信命运的安排。你习惯以实际、简单的方式解决问题。你对日常生活中遇到的事抱有现实的看法，并且能够应付自如。人们知道你可担重任，因此都放心地把工作交给你处理。坚强的意志使你时刻都充满信心，未达到自己的目标之前，你绝不罢休。

6．温和、谨慎、无攻击性的人。

你生性随和，但处事谨慎，很容易认识朋友，但同时也享受独处的时光。有时候，你会从人群中抽身而出，静静地思考生活的意义，并自娱一番。你需要个人的空间，因此有时会隐匿于美梦之中，但你并不是一个爱孤独的人。你与自己及这个世界都能够和平共处，对现状亦非常满意。

7．具有分析力、可靠、自信的人。

对事物的灵敏度使你可以发现旁人忽略了的东西。这些宛若你的宝石，你喜欢发掘这些美好的事物。你的教养对于你的生活有很特别的影响。你有自己高雅、独特的理念，无视任何时装潮流。你的理想生活是优雅而愉快的，也希望与你接触的人们都是高雅而有教养的。

8．浪漫、爱幻想、情绪化的人。

你是一个感性的人，拒绝只从严肃、理智的角度理解事物。你认为自身的感觉亦十分重要。你觉得人生必须有梦想才会活得充实。你不接受那些轻视浪漫主义并被理智牵着鼻子走的人，而且不会让任何事情影响到自己丰富情感。

9．精力充沛、好动、外向的人。

你不介意冒险，特别喜欢有趣的、多元化的工作。相比之下，例行公事的事情常常令你没精打采。参加比赛常常令你感到十分兴奋，因为这可以使你在众人面前大显身手。

心理拓展

认识自我，了解他人

【游戏目的】了解自己的个性，认识、了解他人。

【游戏时间】约30分钟。

【游戏道具】游戏表格，笔。

【游戏程序】

1．参与者每3~5人组成一个游戏小组。

2．指导者给每人发一张“个性特征表”（表3–4），请团队成员按表填写。

3．参加者在第一栏里把对自己的认识写出来，至少写5项。

4．每位参加者在后面表格里填上小组里的其他成员，并写出对他们的认识和了解，每人至少写两项。

5．写完后，参与者按顺序先说出自己对自己的认识，其他成员再说一下对这位同学的认识，轮流进行。

6．由本人发表关于他人对自己作出的评价的感受

【游戏分享】深入交流、探讨为什么会有这种差别？

表3–4　个性特征表

我是一个什么样的人？	（请至少填写5项）
对成员1（　　）的认识	
对成员2（　　）的认识	
对成员3（　　）的认识	
对成员4（　　）的认识	

第四章

做情绪的主人

心灵引导

真正的快乐，是对生活的乐观，对工作的愉快，对事业的兴奋。

——爱因斯坦

成功的秘诀就在于懂得怎样控制痛苦与快乐这股力量，而不为这股力量所反制。如果你能做到这点，就能掌握住自己的人生，反之，你的人生就无法掌握。

——安东尼·罗宾斯

任何时候，一个人都不应该做自己情绪的奴隶，不应该使一切行动都受制于自己的情绪，而应该反过来控制情绪。无论境况多么糟糕，你应该努力去支配你的环境，把自己从黑暗中拯救出来。

——罗伯·怀特

我发现了，那些最有成就的人总是能“束缚自己”。他们从不激动，从不失控，永远冷静沉着，有耐心，有礼貌。

——布克·华盛顿

第一节 认识情绪

成长案例

小超是某高职院校一名大一男生，高中时的他各方面都比较优秀，进入大学后仍然积极进取，不仅担任了班长，还进入了系学生会宣传部，每天都忙得不亦乐乎，但有时也会遇到工作与学习之间的冲突。有一次，他因为外出参加活动，导致英语课迟到了，英语老师让他下课后去办公室谈话，偏巧学生会又通知下课后开会。小超想英语老师不会跟自己谈太久，便决定先去承认错误，再去开会。没想到，英语老师很认真地同他谈了半小时，小超心里虽着急却不敢跟老师讲。等老师谈完话，会议也结束了。宣传部部长很生气，严厉地批评了他。小超感到很委屈，也很生气，就愤怒地和部长吵了起来"要不是你安排我出去参加活动，我英语课也不会迟到，更不会被老师批评。"由于和部长闹得很不愉快，小超在学生会感觉很不自在，担心自己再怎么努力工作，也不会得到学长们的认可，情绪因此一直很低落，导致晚上经常失眠，上课也没有精神。

案例分析

很显然，小超是由于上课和学生工作没有协调好，才导致自己陷入了被动状态。"学生工作和学习究竟哪个更重要？"这是所有大学新生都需要想清楚的问题。对于大学生而言，学习永远是第一位的，利用业余时间参加各项活动和学生工作是必要的补充。如果小超事后能够正确面对这个问题，并调整好自己的情绪，这必将对他未来的学习和工作十分有利。

我们在学习、生活、工作、恋爱中经常会因为某些事情而产生愤怒、焦虑等情绪。我国学者马存根在《大学生心理健康教育》一书中写道："良好、愉快的情绪有利于人的身心健康，它不仅是维护心理健康的保证，也是促进生理健康的有效途径。"医学心理学研究和大量临床经验证明，情绪因素既是致病因素，同时又能起到治病作用。长期受情绪困扰，会导致焦虑、压抑，引起某些身心疾病。巴甫洛夫认为："忧愁、顾虑和悲观可以使人得病，而积极、愉快的乐观情绪和坚强的意志可以战胜疾病，更可以使人强壮和长寿。"因此，对情绪有所认知和了解，了解情绪的特点，明白情绪对心理的影响，学会调节和管理自己的情绪，对大学生的健康成长具有非常重要的意义。

一、情绪的内涵

情绪是一个人因内心需要是否得到满足而表现出来的对外界事物的态度，是一个人心理活动的外部表现，是人的各种感觉、思想和行为的一种综合的心理和生理状态。情绪是对外界刺激所产生的反应，反映的是人的内心活动，因此，可以通过观察情绪的表现去分析人的内心世界。

1．情绪的传统认知

我国古代有关于喜、怒、忧、思、悲、恐、惊这几种情绪的表述，现在人们用愤怒、悲伤、恐惧、快乐、惊讶、厌恶、羞耻等词汇来表达情绪。现代与古代用来表达情绪的词汇内涵是一致的。由此看出，情绪是人们内心活动的体验，反映着人对客观事物的态度。

2．情绪的现代认知

现代心理学认为，“情绪”是指个体受到某种刺激后所产生的一种身心激动状态；情绪状态之发生，虽为个体所能体验，但对其所引起的生理变化与行为反应，却不易为个体本身所控制，因此对个体的生活极具影响作用。

情绪为刺激所引起，而引起情绪的刺激既有内在的，也有外在的，有时是具体可见的，有时是隐而不露的。情绪是主观意识经验，只有当事人才能真正体验到。情绪虽然与个人的认知有关，但也与生理变化及行为有关，当事人很难完全控制自己的情绪，情绪是伴随着动机性行为而产生的。

3．情绪的特点

1）情绪具有表达性

人的情绪每时每刻都会“写”在脸上或是通过肢体语言表现出来，无论是如何微小的行为都会同时伴有情绪的发生，情绪是对客观事物的外在表达。

2）情绪的应激性

一旦外在事物引起内心的体验，就会产生相应的情绪。现代心理学把快乐、愤怒、悲伤、恐惧定义为四种基本情绪。当我们的愿望达到满足后随之而来的情绪表现为快乐，快乐的程度有满意、愉快、欢喜、狂喜等；悲哀是愿望破灭而导致的情绪体验，其程度有遗憾、失望、难过、哀痛等；愤怒是外在事物与自己的心理预期背道而驰所导致的情绪体验，其程度有恼怒、愤怒、狂怒等；恐惧是面临或即将面临危险的事物与情况时产生的情绪体验，其程度有害怕、惊骇、恐惧等。这四种基本情绪与外在刺激是紧密相连的。

3）情绪与个体的自我认知有关

对于同样的事物，不同的人会有不同的感受，并在内心产生不同的情绪体验，这就是认知起了作用。一个人的情绪涉及他的记忆、知觉、期望和解释等认知过程，个体对事件的认知会极大地影响他对事件的看法和态度，从而产生不同的情绪体验。

4）情绪难以掌控

情绪不是单一因素导致的，与人的生理特征、自我认知及外在刺激程度有密切关系，相同的刺激会产生不同的情绪表达，从而形成不同的行为模式，情绪的不可控制性决定了人在一定状态下会产生的不同行为反映。

5）需求是情绪产生的基础

需求是情绪产生的基础，当个体需要得到满足，就会产生积极情绪；当个体的需求很难实现时，则会出现消极情绪。大学生的需求纷繁复杂，会产生合理的情绪，也可能产生不合理的情绪，条件的制约决定了大学生情绪的起伏性、广泛性和多样性。

4．情绪的特征

有的心理学家将情绪划分为正面情绪（属于积极情绪或增加情绪）和负面情绪（属于消极情绪或减力情绪）。正面情绪是指与乐观、感恩、向上、自爱、自信等相关的情绪。心中始终感觉有爱的能量流动，仿佛能包容一切，这就是正面情绪。

心理学上把焦虑、紧张、愤怒、沮丧、悲伤等情绪统称为负性情绪，有时又称为负面情绪。人们之所以这样定义这些情绪，是因为此类情绪体验是不积极的，身体也会随之产生不适感，甚至会影响工作和生活的顺利进行，进而有可能引起身心疾病。

二、情感的含义

1．情感的内涵

情感是一种高级的心理现象，是人对客观事物是否符合自己的需要、愿望和观点而产生的体验。任何认识事物的过程都伴随着情感。

2．情感的特征

1）情感的倾向性

人的情感由于倾向不同，会表现出不同的意义，情感的倾向性是指情感经常指向什么和由什么所引起，它是人类意识倾向性的具体体现，是个人情感的本质。具有不同观点、不同兴趣爱好的人，情感的倾向性差别往往很大。

2）情感的深刻性

深刻性主要是指情感在个人思想行为中表现的程度、深浅，只有那种深入地渗透到一个人的生活中，联系着思想、志向，反映出整个心理活动的情感，才是深厚的情感。

3）情感的稳定性

情感的稳定性就是情感持久的程度。情感的稳定性和深刻性有着密切的联系，深厚的情感大都处于稳定状态，而浅薄的情感总是短暂而易失的。

三、情绪和情感的区别和联系

情绪和情感是两个不同的心理学概念，既有区别又有联系。情绪通常与人的生理需要相联系，而情感与人的社会需要相联系。

1．情绪具有较明显的情境性和暂时性，情感则具有较强的稳定性

情绪往往随情境或一时需要的出现而发生，也随情境的变迁或需要的满足程度而较快地减弱或消逝；而情感则是基于对主、客观关系而产生的深入认知和一贯的态度，因而具有稳定性和深刻性。例如，孩子过分淘气会使母亲生气，这种情绪具有暂时性，但母亲不会因为孩子一时让人生气就变得不爱孩子，母爱是一种情感，一般不会在短时间内发生大的变化。正是由于情感具有了这种特性，所以它常被视为个性的结构或个性的表现，例如如果一个人对于不平之事总是疾恶如仇，对于正义事业总是热情支持，我们就会说他是一个有正义感的人，也就是说，这种正义感是他的一种情感特征。

2．情绪有较多的外显性和冲动性，而情感则较为内隐和深沉

当人处于某种情绪状态时，经常会有明显的外在表现，如垂头丧气、手舞足蹈、暴跳如雷等。相比之下，情感没有明显的外部表现，显得较为深沉，经常以内隐的形式存在或以较微妙的方式流露出来。情绪一旦发生，则往往一时难以控制，而情感一般不存在这种情况。情绪和情感虽有各自的特点，但其差别是相互关联的。它们往往交织在一起，在一定意义上可以认为情绪是情感的外在表现，情感是情绪的本质内容。一般来说，情感的产生总伴随有情绪反应，而情绪的变化经常受情感的支配。

心理阅读

潜意识与情绪失控

我们常常会感到焦躁，莫名其妙地心慌，甚至会发生感情失控，在别人面前失态，可是对此我们自己又无法找到直接的原因。那么这种不安的情绪是从哪里来的呢？

其实，每一件事情的发生都有其原因。当你被不安的情绪折磨的时候，其实并非像你想象的那样毫无理由，只不过这个理由你未必意识得到而已。例如，一个人与公司里的上级关系很紧张，最后被迫离职。在到了一家新的公司之后，虽然上级对他很满意，

但他还是经常会感到焦虑，表现得过分小心、谨慎，这都是潜意识在作怪。

心理学家弗洛伊德提出了“潜意识”这个概念，他认为人的意识就像一座巨大的冰山，露出水面的那小小一角就相当于我们当前的认知状态，而沉在水下的大部分则是我们意识不到的也就是潜意识。

虽然我们意识不到潜意识，但它对我们的生活却有很大影响。我们的很多行为、情绪就是由潜意识决定的。当你无法理解自己为什么会情绪失控时，就应该找个安静的地方，让自己放松，去细细地体味它、分析它，潜意识会引导你找到背后的原因。

心理测试

情绪自我评定量表

指导语：

请用“经常”“有时”“很少”“从不”来回答下述描述（表4-1）。在相应回答下面画“√”。选“经常”记5分，“有时”记3分，“很少”记1分，“从不”记0分。

表4-1　情绪自我评定量表

类别	现象描述	选项			
		经常（5）	有时（3）	很少（1）	从不（0）
关于愤怒	（1）我对别人隐藏、压抑自己的恼怒				
	（2）我对某人发脾气后，会感到后悔				
	（3）别人一刺激，我就忍不住发怒				
	（4）我觉得自己对别人发火有害无益				
	（5）我遇到过只能用愤怒来应对的情况				
关于快乐	（1）我的学习很枯燥，毫无乐趣可言				
	（2）我感到厌倦				
	（3）我确实很难专心于学习				
	（4）我的学习过程呈现给我的没有什么新鲜东西				
	（5）当我对某事感到兴奋时，就难以保持足够的冷静				
关于恐惧	（1）避开某些场景（如乘坐飞机或社交场合），我会感到更舒服				
	（2）对于我所害怕的事，我宁愿不理睬				
	（3）当我一想到危险时，便难以正常思考				
	（4）我觉得要不惜代价以避免失败				
	（5）对我来说，停止对某事或某人的担忧是很困难的				

续表

类别	现象描述	选项			
		经常（5）	有时（3）	很少（1）	从不（0）
关于信心及信任	（1）我对自己能否取得好成绩没有把握				
	（2）当别人完成任务的方式与我不同时，我会怀疑自己				
	（3）我觉得大多数人唯一感兴趣的就是他们自己				
	（4）我做决定或定计划时不愿让别人参与				
	（5）我试图向别人隐瞒自己的感情				
关于嫉妒	（1）他人的成功似乎是对我的威胁				
	（2）当我完成某件事时，我一定要让人们知道				
	（3）看到别人获取荣誉，我就感到心烦				
	（4）我对别人的错误不能容忍				
	（5）我发现竞争比合作更能激励我的下属				
关于内疚	（1）我为代人受过而感到委屈				
	（2）我为自己的疏忽而感到不安，觉得必须弥补这些过失				
	（3）有时我觉得自己错了，但并不知道究竟错在哪里				
	（4）我不清楚我的道德标准是什么				
	（5）我有时过分夸大自己犯的小错误				
关于焦虑	（1）我被即将发生的麻烦所侵扰，而这些麻烦到底是什么，我并不清楚				
	（2）我无法对自己的长远目标做到心中有数				
	（3）我的压力似乎同时来自四面八方				
	（4）去完成一项我并不熟悉的事时，我会感到心神不安				
关于抑郁	（1）我入睡困难，而且容易被吵醒				
	（2）我不能把注意力集中到学习上				
	（3）我感到不能主宰自己的命运				
	（4）我觉得自己的许多成就是不该得到的				
	（5）我通过不停地参加活动来使自己摆脱烦恼				

结果分析：

计算不同类别各自所得的总分。若哪一部分总分超过15分，则表明你在这一方面的情绪存在问题；若得分少于5分，则表明你在这方面的情绪状况良好。

第二节　大学生的情绪特征

成长案例

张同学是某大学二年级的一名男生。刚进校时，他情绪特别高昂，积极参加班级和学校组织的各项活动，并进入系学生会成为外联部干事，经常和同学们一起出去游玩，和同学们相处较好。大二时，系学生会开始换届竞选，他想要竞选副主席职务，因为没有进行充分的准备，在演讲时表现很差，结果落选了，张同学心情十分低落，以致后来情绪仍波动很大：心情不好时，寝室同学同他说话也不理睬；情绪好的时候，又会主动找同学聊天。同学们都感觉他很奇怪。后来，不只是在生活中，在学习上他也变得情绪不稳定，情绪不好的时候，看不进去书，有时课也不去上了，但看到周围的同学都很刻苦，他也只好硬着头皮去上课，但是老师讲的内容他也听不进去。

案例分析

张同学正在经历着情绪的波动，因而对学习也产生了不好的影响，应该及时进行情绪调整，寻求心理咨询。张同学的主要问题在于竞选失败后，对自我的怀疑，导致消极情绪持续过久。大学生情绪健康的标志是情绪稳定和心情愉快，正面情绪多于负面情绪，乐观开朗，富有朝气，对生活充满希望。

一、健康情绪的标准

拥有健康情绪的人能够以积极的心态面对并解决所出现的问题。健康情绪对我们而言是十分重要的。尽管心理学学者对情绪健康提出了不同的标准，但其实质都是相似的，即情绪自然、愉悦、稳定，有清醒的理智，有适度的欲望，自信、乐观、有主见，对人类有真挚的情感，有富于善意的幽默感。

1．健康情绪的标准

汪海燕在《高职高专学生心理健康指导》一书中对情绪健康的标准做了以下总结：

（1）能够恰当地表达情绪。

情绪反应的对象或指向非常明确，并能通过语言、神态、行为准确地传达自己的情绪，且能采用自己和社会都可以接受的方式去释放、表达或宣泄这种情绪。

（2）情绪是对刺激的适当和适度反映。

情绪健康的人，做出的情绪反应无论是积极的还是消极的，总是由刺激引发，是客观存在的，周围的人大多可感受到，而妄想、幻觉引发的情绪波动则是不健康的。健康情绪的反应强度与引起这种情绪的情境相符合，反应发生和持续的时间与反应的强度相适应，如中百万大奖与中5元钱带来的惊喜持续时间和强度应该是不一样的。

（3）积极情绪多于消极情绪。

我们并不否认消极情绪本身的存在价值及其合理性，但是，情绪健康的人积极性的情绪反应往往多于消极性的情绪反应，且消极情绪持续的时间较短，反应的强度较弱。

2．医学教育对健康情绪所设的标准

医学教育领域通常认为健康的情绪应符合下述四条标准：

（1）一致性。

一致性是指情绪反应与刺激保持一致。每种情绪的发生、发展都与相应的刺激有关。该喜则喜，该怒则怒。这种一致性还表现在反应的程度与刺激的强度上，强刺激引起强的情绪反应。情绪反应与刺激不一致的，或过强过弱的情绪反应，都是情绪不健康的表现。

（2）时间性。

健康的情绪在产生时往往比较强烈，但随着时间的推移会逐渐弱化。若反复出现某种情绪或发生情绪“固着”，则是不健康的。

（3）稳定性。

健康的情绪还表现出一定的稳定性。如果情绪反应波动太大，变幻莫测，比如无明显原因的忽喜忽悲，则是情绪不健康的表现。

（4）调控性。

调控性指能够把消极情绪转化为积极情绪，保持良好心态，充满热情地工作、学习和生活。这也是情绪健康的重要体现。

3．大学生情绪健康的具体表现

情绪健康的大学生其情绪的基调是积极、乐观、愉快、稳定的，对不良情绪具有自我调控能力，情绪反应适度；高级的社会情感（理智感、道德感、美感等）能得到良好的发展。总之，只要情绪由刺激引发，反应适时、适度，知道如何调控情绪，积极情绪多于消极情绪，这个人的情绪通常就是健康的。

二、大学生情绪的特征

除了具有常规的情绪特点外，由于大学生正处于心理发育逐渐走向成熟的时期，

因此情绪反映又具有特殊之处。国内的一些心理学研究人员对大学生的情绪特点进行了深入、细致的实践研究，总结出了大学生情绪的一些典型特点。

1．复杂性与矛盾性

大学阶段，学生开始面对一些不曾遇到的问题，所以各类情绪都会在他们身上有所显现。他们希望得到认可而又不得不接受自己还不够理想的现状，这是一种既矛盾又复杂的心理。

2．情绪波动大

尽管大部分大学生已步入成年，多年的学习使自我意识有了显著提高，认知水平也逐步形成了成人模式，但青春期后期的特点依然存在，对自己情绪的控制力还有待提升，体现为情绪上大起大落、大喜大悲的波动性和极端性。

3．情绪有时具有爆发性

大学生兴趣广泛，对于新事物有很高的热情，了解世界、走向社会的愿望通常非常强烈，但有时会表现得情绪敏感、易冲动，加之年轻人精力旺盛，遇事常缺乏必要的理智和控制力，有时会因情绪失控而造成冲动行为。过强的自我表现和自我保护往往是导致情绪失控的主要原因。

4．外显性和内隐性

受个性特点的影响，少数大学生有时也会表现出喜形于色的一面，但更多时候会掩饰和隐藏自己的想法，表现出内隐和含蓄的特点，这说明大学生的自我意识在增强。但个别大学生是由于心理闭锁而引起的上述现象，严重的可能会导致心理疾病，若出现此种状况，则应积极寻求心理辅导。

5．情绪体验丰富多彩

大学生正处于自我意识不断发展的阶段，对个人需要的强烈追求导致其在情绪体验上具有丰富多彩的特点。

6．持续性

受外界环境的影响，大学生的情绪通常比中学生具有更强的延续性，有时一件事所引起的情绪反应会长时间无法平复。

心理阅读

瓦伦达心态

瓦伦达是美国一位著名的高空走钢丝表演者，在一次重大的表演中，不幸失足身亡。他的妻子事后说，我知道这次一定要出事，因为他上场前总是不停地说："这次表演太重要了，不能失败，绝不能失败。"而以前每次成功的表演，他只想着走钢丝这件事本身，而不去管这件事可能带来的结果。

后来，人们就把专心致志做事而不去管这件事的意义，不患得患失的心态，叫作"瓦伦达心态"。

美国斯坦福大学的一项研究也表明，大脑里的某些图像会像实际情况那样刺激人的神经系统。比如，当一个高尔夫球手击球前一再告诉自己"不要把球打进水里"时，他的大脑里往往就会出现"球掉进水里"的情景，而结果则往往事与愿违——球大多都会掉进水里。这项研究从反面证实了瓦伦达心态。

小启示：事物的法则就是这样，如果太注重成功，结果往往会不理想。但倘若你注重事物本身的特点及规律，专心致志地去做，则往往会收到意想不到的效果。所以我们常说："心态最重要。"

心理测试

你的情绪稳定吗？

指导语：

请对下列题目作出"是"或"否"的回答。每道题选择"是"记1分，"否"记0分，全部答完后，把所得分值相加。

1．尽管发生了不愉快的事情，仍能毫不在意地思考别的事情。

2．不斤斤计较，通常保持坦率、诚恳的态度。

3．习惯于把担心的事情写在纸上并进行整理。

4．在做事情时，往往具体规定有可能实现的目标。

5．失败时会仔细思考，反省原因，但不会愁眉不展，整天闷闷不乐。

6．具有悠闲自娱的爱好。

7．常常倾听别人的意见。

8．做事会有计划地积极进行，遇到挫折也不气馁。

9．无路可走时，能够改变生活方式和节奏，以适应生活。

10．在学业上，尽管别人比自己强，但仍坚持"我走我的路"。

11．对自己的进步，哪怕只是一点点，都会高兴地表示出来。

12．乐于一点一滴地积聚有益的知识、习惯等。

13．很少感情用事。

14．尽管很想做某一件事，但自己觉得不可能时也会打消念头。

15．往往理智、周密地思考和判断问题，不拘泥于小节。

结果分析：

7~9分：情绪稳定性一般。

10~15分：情绪很稳定，往往比较擅长对事物进行思考、判断，并能进行恰当地处理。不拘泥于小节，能积极、大胆地处理一些事情，在各种困难面前毫不动摇。

第三节　大学生常见的情绪问题

成长案例

小李是某高职院校大二的一名男生，入学后在各方面一直都很努力，通过竞选成为班长，同时是系学生会的骨干。有一次，他在开班会布置老师安排的工作任务后，问同学们是否听懂了，有一位男生说没听懂，他便又重复一遍，那位男生仍然表示没听懂，他感到有点生气，觉得这位同学是存心找他麻烦，但还是单独对这位男生讲了一遍。结果这位同学却说："我就是听不懂！"小李认为他就是故意的，瞬间火冒三丈，并动手打了这位男生。后来，他因为打架被撤销了班长职务，还被取消了当年的评优资格。后来大家了解到，在小李竞选班长的时候，这位同学和小李都比较有竞争力，但没有竞选成功，两人之间便产生了隔阂，后来看到小李不仅成为班长，还进入了学生会，这位男生便对他越来越嫉妒，经常在小李安排工作时不配合，起初小李一直忍让，但最终还是忍无可忍，动手打了他。但是小李最后的行为带来了十分严重的后果，影响了自己的前途。

案例分析

情绪是影响大学生学习、生活的重要因素，而情绪又是情商的重要组成部分。那些乐观、积极的人总是让我们羡慕，并且实际上他们也往往能够成长得更快、走得更远，似乎是受到了上天眷顾而不会遭遇问题和挫折。然而事实上，他们并非没有负面情绪，只是不会被负面情绪所左右。而小李却因为被情绪所左右，导致了严重后果的发生。

一、大学生常见的情绪问题

1．抑郁

抑郁症状不仅仅指各种消极的感觉，还表现为某些情绪、认知以及行为特征。抑郁最明显的症状是压抑的心情，表现为仿佛掉入了一个无底洞或深渊之中，正被淹没或窒息。此外，还表现为容易愤怒，易产生负罪感等。抑郁常常伴随着焦虑，抑郁的人对所有活动都失去信心，渴望独居。抑郁也伴随着个体的改变，如变得注意力不集中、记忆力衰退或者很难做出决定，开始消极地看待世界、自我和未来，等等。因此，抑郁的人很难回忆起美好的记忆，常会不适当地责备自己，且对未来感到悲观。与此同时，抑郁还伴随一系列生理症状，如经常感到乏力，起床变得困难，更严重时睡眠方式都将改变（睡得太多，或者早晨醒得太早并且不能再次入睡）。抑郁还可能导致饮食紊乱，使人吃得过多或过少，进而导致体重激增或剧减。抑郁是一种持续时间较长的低落、消沉的情绪体验，常常与苦闷、不满、烦恼、困惑等情绪交织在一起。

一般来说，抑郁多发生在性格内向、孤僻、敏感多疑、依赖性强、不爱交际、生活遭遇挫折、长期努力得不到回报的人身上。比如部分不喜欢所学专业，或人际关系处理不当、失恋的大学生便可能会产生抑郁情绪。

2．自卑

自卑是一种消极的情绪体验，多数专家认为是个体由于认知偏差而导致的轻视自己的心理行为。产生自卑的原因很复杂，既有个人先天的遗传因素、家庭教育的影响，也可能是由于个体缺乏某些特长，或存在性格缺陷而导致的自我评价过低、自我轻视。长期感到自卑的人通常还会出现行为上的退缩。

自卑的学生通常难以承受打击，对事物敏感，常常掩饰自己内心活动，自我封闭，不主动与人交往，对自己的缺陷表现得过度关注，经常拿自己的不足与别人的优点相比较，因而愈发导致自我否定。此外，还常常表现出对他人的嫉妒和猜疑。

自卑的心理人人都有，但严重程度各不相同，适度的自卑能够激人奋进，过度自卑则会导致人丧失自信，进而造成严重心理问题。

3．嫉妒

嫉妒是在与人的比较时，认为他人在某些方面超过自己而导致的羞愧、愤怒、憎恶、猜嫌、屈辱、痛苦等情绪体验。大学生常见的嫉妒可分为七种类型：嫉妒别人政治上的进步，嫉妒别人学习成绩优秀，嫉妒别人生活条件优渥，嫉妒别人社交表现活跃，嫉妒别人仪表出众，嫉妒别人恋爱成功。嫉妒者往往不能容忍他人超越自己，害怕别人得到自己无法得到的成就、荣誉等，所以嫉妒有明显的指向性和强烈的攻击性。

西班牙作家塞万提斯说："嫉妒是万恶之源。"因为嫉妒不仅危害别人，同时会对自己的心理健康造成不良影响。善妒的人大多心胸狭窄，并常常因嫉妒而陷入苦恼中不能自拔，长期如此可能会导致自卑心理，严重者会造成对他人的伤害，因而造成人际关系破坏，使个人陷入恶劣的处境，最终造成身心疾病。

4．愤怒

愤怒是由于客观事物与人的主观愿望相违背时，人们内心产生的一种激烈的情绪反应。心理学研究表明，当愤怒发生时，可能导致心跳加快、心律失常、血压升高等躯体性疾病。同时，还会使人的自制力减弱甚至丧失、思维受阻、行为冲动，甚至会造成不可挽回的损失。

愤怒是大学生常见的一种消极情绪。血气方刚的青年学子，往往易激动、易动怒，如有的大学生会因一句刺耳的话或一件不顺心的小事而暴跳如雷，有的会因人际摩擦而怒不可遏、恶语伤人，有的会因别人的观点与自己相左而恼羞成怒，等等。如此种种遇事缺乏冷静的分析与思考，图一时之快、逞一时之勇的不良情绪特点，对大学生是极其有害的。因此有人说："愤怒是以愚蠢开始，以悔恨结束。"

5．孤独

一项对大学生孤独体验的调查研究表明，孤独的人更抑郁，并长期处于自我意识之中，对不愉快的体验更深刻。造成孤独的原因很复杂，既有生理因素的影响，也有成长环境等后天因素的影响。

虽然大学生活丰富多彩，人与人之间有着充分的交流机会，但孤独的人并非少数，他们焦虑、不安、失落、抑郁、紧张、痛苦，但又不能主动接纳周围的一切，执着于自我孤独的体验中，把自己封闭在美好的生活之外，因而给自己身心健康带来了极大的危害。

6．焦虑

焦虑是一种复杂的情绪体验，表现为紧张、担忧、恐惧等。中国科学院心理研究所对我国大学生进行的考试焦虑因子分析结果表明，我国大学生的考试焦虑是由对考试的紧张感、自信心缺乏、对考试结果的担忧、认知障碍等因素造成的。女生焦虑比例高于男生，且伴有生理反应，其表现是怀疑自己的能力，常常夸大自己的失败，心情常常抑郁等。焦虑产生的原因主要包括对未来的不确定性、学习压力、人际关系不当等等。此外，个人能力不足也是导致焦虑产生的一个重要原因。

研究表明，适度的焦虑对人是有益的，有利于人自主神经系统的激活，使人精神亢奋，提高工作效率，但持续和频繁的焦虑将导致食欲减退、睡眠障碍、躯体疲劳、惊慌、无助感加剧，严重的焦虑会使人丧失一切生活乐趣，甚至导致心理疾病。

二、大学生情绪问题产生的原因

据北京大学心理咨询中心1988~1991年资料统计，来访者中出现各种情绪问题的约占42%。其中，出现抑郁症状的占37.9%，列第一位，其余依次为自卑、焦虑、恐惧等。导致大学生产生情绪问题的原因包括：①对大学的学习和生活环境不适应；②情感需要得不到满足；③人际关系不和谐；④理想与现实距离过大；⑤感到未来充满不确定性；⑥与家庭成员的关系不和谐。

心理阅读

钉子的故事

有一个脾气很坏的男孩，一天他父亲给了他一袋钉子，并且告诉他，每当他发脾气的时候就钉一个钉子在后院的围栏上。第一天，这个男孩钉下了37颗钉子。慢慢地，每天钉下的数量减少了，他发现控制自己的脾气要比钉下那些钉子容易。终于有一天，男孩再也不乱发脾气了。他告诉父亲这件事情，父亲又说，现在开始每当他能控制自己脾气的时候，就去拔除一颗钉子。一天天过去了，最后男孩告诉父亲，他终于把所有钉子都拔出来了。

父亲握着他的手来到后院，并且说："你做得很好，我的好孩子。但是，看看那些围栏上的洞，这些围栏永远不能回复到从前的样子。你生气时说的话就像这些钉子一样会在别人心里留下伤痕。如果你用刀子捅了别人，不管事后说多少次对不起，那个伤口将永远存在，话语的伤害有时会像刀子一样令人无法承受。"

启示：人与人之间常常因为一些偏执的坚持，而造成永远的伤害。如果我们都能从自己做起，宽容地对待他人，相信一定能收到许多意想不到的改变。给别人开启一扇窗时，也能让自己看到更完整的天空。

心理测试

情绪类型测试

指导语：

你在多大程度上受理智的控制，又在多大程度上受"本能"情绪的支配？回答以下问题，将每题得分的总和与"结果分析"对照，从而可以确定情绪状态与类型。

1．如果让你选择，你更愿意：

A．同许多人一起工作并亲密接触

B．和一些人一起工作

C．独自工作

2．当为解闷而读书时，你喜欢：

A．读史书或秘闻、传记类图书

B．读历史小说、反映社会问题类小说

C．读幻想小说或荒诞小说

3．你对恐怖影片感受如何？

A．不能忍受　　B．害怕　　C．很喜欢

4．以下哪种情况更符合你：

A．很少关心他人的事

B．关心熟悉的人的生活

C．爱听新闻，关心别人的生活细节

5．去外地时，你会：

A．为亲戚们的平安感到高兴

B．陶醉于自然风光

C．希望去更多的地方

6．你看电影时会哭或觉得要哭吗？

A．经常　　B．有时　　C．从不

7．遇见朋友时，你通常是：

A．点头问好　　B．微笑、握手和问候　　C．拥抱他们

8．如果在车上有个讨厌的陌生人要你听他讲自己的经历，你会：

A．显示你颇有同感

B．真的很感兴趣

C．打断他，做自己的事

9．是否想过给报纸的“问题专栏”写稿？

A．绝对没想过　　B．有可能想过　　C．想过

10．被问及私人问题，你会：

A．感到不快和气愤，拒绝回答

B．平静地说出你认为适当的话

C．虽然不快，但还是回答了

11．在咖啡店里要了杯咖啡后，发现邻座有一位姑娘在哭泣，你会：

A．想说些安慰话，但却羞于启口

B．问她是否需要帮助

C．换个座位远离她

12．在朋友家聚餐后，朋友和其爱人激烈地吵了起来，你会：

A．觉得不快，但无能为力

B．立即离开

C．尽力为他们排解

13．送礼物给朋友时，你会：

A．仅仅在新年和生日时

B．全凭兴致

C．在觉得有愧或忽视了他们时

14．一个刚相识的人对你说了些恭维话，你会：

A．感到窘迫

B．谨慎地观察对方

C．非常喜欢听，并开始喜欢对方

15．如果你因家事而感到不快，上班时你会：

A．继续不快，并显露出来

B．工作起来，把烦恼丢在一边

C．尽量理智，但仍因控制不住而发脾气

16．一段重要关系破裂了，你会：

A．感到伤心，但尽可能正常生活

B．至少在短暂时间内感到痛心

C．无法摆脱忧伤之情

17．一只迷路的小猫闯进你家，你会：

A．收养并照顾它

B．扔出去

C．想给它找个主人，找不到就让它安乐死

18．对于信件或纪念品，你会：

A．刚收到时便无情地扔掉

B．保存多年

C．两年清理一次

19．是否会因内疚或痛苦而后悔？

A．是的，经常如此　　　B．偶尔后悔　　　C．从不后悔

20．同一个很羞怯或紧张的人谈话时，你会：

A．因此感到不安　　　B．觉得逗他讲话很有趣　　　C．有点生气

21．你喜欢的孩子的阶段是：

A．很小而且有点可怜巴巴的时候

B．长大了的时候

C．能同你谈话，并且形成了自己的个性的时候

22．爱人抱怨你花在工作上的时间太多了，你会：

A．解释说这是为了你们两人的共同利益，然后仍像以前那样去做

B．试图把时间更多地花在家庭上

C．对双方的要求感到矛盾，并试图使双方都满意

23．在一场特别好的演出结束后，你会：

A．用力鼓掌　　　B．勉强地鼓掌　　　C．鼓掌，但觉得很不自在

24．当拿到母校出的一份刊物时，你会：

A．通读一遍后扔掉

B．仔细阅读，并保存起来

C．不看就扔进垃圾桶

25．看到路对面有一个熟人时，你会：

A．走开

B．走过去问好

C．招手，如对方没反应便走开

26．听说一位朋友误解了你的行为，并且正在生你的气，你会：

A．尽快联系，作出解释

B．等朋友自己清醒过来

C．等待一个恰当的时机再联系，但对误解的事不做解释

27．你怎样处置不喜欢的礼物？

A．立即扔掉

B．认真地保存起来

C．藏起来，仅在赠者来访时才摆出来

28．你对示威游行、爱国主义行动、宗教仪式的态度如何？

A．冷淡　　B．感动得流泪　　C．感到窘迫

29．有没有毫无理由地觉得害怕过？

A．经常　　B．偶尔　　C．从不

30．下面哪种情况与你最相符？

A．十分留心自己的感情

B．总是凭感情办事

C．感情没什么要紧，结局才最重要

评分规则：

选“A”计1分，选“B”计2分，选“C”计3分，将得分填到表4-2中。

表4-2　情绪类型测试统分表

题号	1	2	3	4	5	6	7	8	9	10
得分										
题号	11	12	13	14	15	16	17	18	19	20
得分										
题号	21	22	23	24	25	26	27	28	29	30
得分										
统计	A：　个，　分； B：　个，　分； C：　个，　分								总分	

结果分析：

30~50分：理智型情绪。

你很少为什么事而激动，即使生气，也表现得很有克制力。你的主要弱点是对他人的情绪缺少反应，爱情生活往往比较乏味，而且可能会听到人们在背后说你是“冷血动物”。目前，你需要自我放松。

51~69分：平衡型情绪。

你时而感情用事，时而十分克制，即使在很气愤的状况下握起了拳头，但仍能及时从情绪中摆脱出来。因此，你很少与人争吵，爱情生活十分轻松、愉快，即使偶尔陷入情感纠纷，也能妥当处理。

70~90分：冲动型情绪。

你是个非常重感情的人。如果是女性，则容易多愁善感；如果是男性，则可能外表非常随和，但内心好强，且喜欢炫耀。你可能经常陷入短暂而热烈的爱情纠纷中，很难冷静下来。这里有必要提醒你：一定要控制好自己的情绪。

第四节　大学生的情绪管理

成长案例

炎炎是某高校大一新生，她来自一个经济条件比较宽裕的家庭，父母都很爱她。但是初中时发生的一次重大创伤性生活事件导致她不愿再相信任何人，也不再相信友谊、爱情等。她想通过努力学习考上理想的大学，离开原来的生活环境，开始新的生活。但是进入到大学后，看到其他同学都无忧无虑地生活着，炎炎慢慢开始心生嫉妒，后来愤怒的情绪也渐渐滋生，她很不喜欢这样的自己，但又不知道如何排解这种情绪。一段时间后，她甚至开始偷偷地把寝室同学的洗发水、书等改变位置或是藏起来，看到她们因此而着急的样子，炎炎感觉自己内心平衡了很多。

案例分析

炎炎在青少年阶段遭受到了挫折与伤害，但是没有及时进行创伤后心理干预，缺乏必要的心理辅导与心理支持。进入大学以后，她的心理问题仍没有得到及时解决，潜在的愤怒并没有得到缓解而是被压抑起来，因而导致最终通过不理智的行为进行发泄。如炎炎不能得到及时的情绪疏导和管理，则很可能会引发更为严重的后果。

在《情绪智商》一书中，戈尔曼提出，“情商管理就是掌握自我，调制个体、调节情绪，以及对生活中的矛盾等引起的反映适可而止地排解，并以乐观的态度、幽默的情绪及时进行缓解”。

一、情绪的自我管理

情绪管理的前提是对自己的情绪特点有所认知，而且还要对他人情绪进行识别，并能做出相应的反应。

1．情绪的自我认知

艾利斯认为，人们产生认识的过程需要三个因素：一是诱发情绪发生的事件（A）；二是人们对该事件所持有的态度和解释（B）；三是引发的人们情绪和行为的结果（C）。

其中，B是问题的根源，因为改变不良情绪的重点即改变人们对事件所持有的态度和解释。管理情绪的目的是培养健康情绪。

1）不合理认知的表现

思想片面是大学生中最普遍的一种不合理认知。例如认为自己上了大学，已经付出了努力，那么理所当然应当被认可；认为喜欢的人也应该喜欢自己；遇到麻烦时，认为他人应当帮助自己。绝对化和极端化的认知在人际交往及状况处理时表现得非常突出，即凡事喜欢按照自己的意愿进行预期判断，这在心理学中属于认知不合理的思维模式。

思维简单化也是大学生经常出现的不合理认知。其表现为只看到事物的一个方面，且带有明显的选择性，只看自己想看到的，歪曲事物的本来面目，不能正确、全面地看待问题。例如常因一次失败而否认自己的价值，因一件小事而片面地评论他人，等等。

部分大学生看待问题时常常出现思维定式，把自己的想象与主观臆断当作事实，或进行无事实根据猜测。久而久之，会对事物产生错误的认知及偏见，因此，这也是一种不合理的思维模式。

2）如何改变不合理认知

心理学家艾利斯认为，人的情绪困扰不是由于某个事件引起的，而是对事件非理性的解释与评价引起的。他总结出十条非理性认知，主要表现为对自己、对他人、对环境及事物的绝对化思维：

（1）自己必须要获得周围的人，尤其是重要人物的喜爱和赞许。

（2）自己必须是全能的，只有在人生道路的每个环节都有成就，才能体现自己的人生价值。

（3）世界上有许多无用的、可憎的、邪恶的人，应该歧视和排斥他们，并给予严厉的谴责和惩罚。

（4）当生活出现不如意时，就有大难临头的感觉。

（5）人生道路充满艰难困苦，人的责任和压力太重，因此要设法逃避现实。

（6）人的不愉快均由外在环境因素造成，因此人是无法克服痛苦和困扰的。

（7）对危险和可怕的事情应高度警惕，时刻关注，随时准备其发生。

（8）一个人以往的经历决定了现在的行为，而且这些行为是无法改变的。

（9）人需要依赖他人而生活，因此希望有一个强有力的人让自己依附。

（10）人应十分投入地关心他人，为他人的痛苦而伤心难过，这样自己的情感才能得到寄托。

2．优化个性

积极是一个具有价值导向的概念，积极是指主观上的感受，适用于一个人的认知、情绪和行为。任何人或事都不是完美的，承认不完美的同时，要以积极的态度努力完善自己的个性特征，改变自己胜过改变别人。

1）学会宽容

宽容不是纵容，是在原则基础上适时、适地、适度认识客观事物的豁达情怀，人们既是要接纳人和事的不完美，也应在出现问题时悦纳他人的批评和指责，从而宽容地对待一切。

2）树立自信心

并非人人都能做到相信自己，许多人喜欢将自己的缺点同别人的优点相比，这便导致自己在遇到困难时没有勇气去克服，从而给自己带来悲观、失望。其实，人与人之间不存在完全的可比性，因为彼此的成长环境及受教育程度，特别是对自己人生的理解和追求，不可能人人都一样。因此，只要做好自己，对社会、对家庭有意义，就是一个成功的人。自信来自对自己、对生活的深刻理解和不断努力。

3）培养广泛的兴趣爱好

大学阶段是培养良好情操的重要时期，而兴趣是培养情操的开始。例如唱歌有助于缓解学习压力，释放不良情绪，听音乐、下棋、打球等都是解除乏味、疲劳的有效方式，同时也是培养高尚情操的重要途径。

4）健康的生活方式

有研究者认为，情绪波动与我们的饮食有关，因为大脑活动的所有能量都来自我们所摄取的食物。养成好的饮食习惯，定时就餐，限制咖啡因和糖的摄入，每天至少喝6~8杯水，这些对于保持心情愉快是有所助益的。

经常运动能使人产生一系列生理变化，有利于人的身心健康。充足的睡眠也是保持健康情绪的有效方式。匹兹堡大学罗拉德·达尔教授的一项研究表明，睡眠不足对人们的情绪影响极大，他说："对睡眠不足者而言，那些令人烦心的事更能左右他们的情绪。"因此，科学的生活方式是健康情绪的前提和保证。

二、情绪的调节

一个人的情绪是其内心感受的表现，情绪的波动直接影响人们的行为方式。每个人都会既有积极向上的情绪，同时也会产生负面情绪，而过多的负面情绪必然产生消极的影响，导致消极的行为方式。所以，我们应该尽量避免负面情绪的不良影响。

1．提高情商

美国心理学家戈尔曼在其《情感智力》一书中，首次提出了"情商"这一概念。他认为："情感智商包括热忱、坚持以及自我鞭策的能力。"戈尔曼认为情商（EQ）是人类最重要的生存能力，其包括五方面内容：认识自己的情绪，管理自己的情绪，激励自己的情绪，认识他人的情绪以及处理人际关系。而当代的情商理念包括两个方面：一是智力因素（观察力、记忆力、思维能力、想象力等）；二是非智力因素（个性品质等）。有人认为成功取决于智力因素，也有人认为成功取决于非智力因素。在一项对成绩比较优秀的学生所做的调查中发现，学习较优秀的学生和成绩一般的大学生相比较，在智力水平上并没有显著的差别，他们的智力水平多为中等偏上，甚至有部分人属于中等偏下，但是学习优秀的学生在学习过程中情绪比较稳定，认知更积极。

心理学的研究总结：成功（100%）=智商（20%）+情商（80%）。即人一生的成功，20%由智商决定，80%由情商决定，高智商并非等同于高成就。相反，许多智力普通但情商较高的人却能取得很好的发展。情商是一个人管理情绪的能力，一个善于管理情绪的人其情绪往往是乐观的、积极的，并能接纳自己和他人，正确地把握和调节自己的负性情绪，对别人的情绪作出适度反应。

心理学家贝蒂·拉德曾说：“自知意味着你知道自己当前的感受。大多数人并不做深入的思考，因为我们整天都忙忙碌碌，所以就无暇顾及反省和自知。”自知是情商的基石，只有对自己的情绪有充分的认知，才能成为情绪的主宰。反之，不顾及自己情绪的变化，任由情绪发展，则必将成为情绪的奴隶。

我国宋代文学家范仲淹在其名篇《岳阳楼记》中曾写到“不以物喜，不以己悲”，意指不要为成功而过度高兴，也不要为失败、不如意而沮丧、悲伤，应理智地思考自己的得与失，用积极的态度去引导思维，当面对困难的时候，要善于调整、集中精力，使自己的情商发挥最大潜能。

今天，情商虽然已不是一个新鲜的概念，但高情商却一直是被社会各界所崇尚的素质之一。具有高情商的人被认为能够提高生产效率及工作中的心理健康水平。然而尽管这样，几乎所有的企业都有一个共同的困扰，即想雇佣到具有高情商的员工十分不易。为此，贝蒂·拉德一直强烈倡导将情商教育引入学校，她认为：“高情商与良好的情绪健康状况有关。”所以提高情绪健康状况是获得高情商的重要内容，这一点对于我们当代大学生而言尤为重要。

2．构建自我激励途径

人的一生不可能都在平坦的道路上前进，遇到问题时，人往往会产生负面情绪。这种负面情绪产生后，人们应学会通过合理的途径进行排解：

（1）承认负性情绪存在，并分析产生的原因，寻找适当的方法加以解决。

（2）挖掘适合自己的调节方法，如寻求家人、朋友、老师等的帮助，进行自我激励，读书并从中找出认为能激励自己的思想，等等。

（3）转移注意力，找一些其他感兴趣的事去做。

（4）改变环境，美丽的风景是医治创伤的良药。当负性情绪占据心灵时，应该去感受一下大自然，那充满生机的景致，会使我们消除不良情绪。

（5）合理宣泄是排解消极情绪的有效途径之一。不同的人有不同的宣泄方式，有人喜欢在情绪低落时运动，有人则喜欢听音乐，也有人选择向朋友倾诉。当不良的情绪宣泄出来后，人们往往会产生轻松感，思维变得更加积极。

（6）进行积极的自我暗示。积极的暗示法对人的心理及行为都有着奇妙的作用，是调节情绪、走向成功的催化剂。

（7）理性地升华。升华是把不良情绪暂时搁置，然后在不影响健康的前提下考虑其他的工作，通过转化的形式来消解不良情绪，或把消极的情绪转化为前进的动力。

3．树立正确的人生态度

1）善于发现自己的价值

当这个世界接纳自己时，就证明了你的价值的存在。所以，成功的人往往是自信的人，也往往是认为自己有价值的人。善于发现自己的长处并进行优化，使自己更加自信，并最终能够在社会上体现自己的价值。

2）爱与感激

一个人如果不曾怀有爱与感激之情，那么他将难以产生深刻的情感体验，难以体会到世界的美好。爱是建立在理解、给予、接纳的基础之上的，是人类的一种高级情感体验。因为有爱我们才会产生感激之情，因为感激才会使我们与周围的一切变得和谐。所以，爱是避免负面情绪的正能量。

3）对未来充满期待

生活的脚步不会因情绪的变化而停止，人生本应是快乐的，只是有时我们过于关注自己的不如意，因而忽略了自己本该感到高兴的事。拥有成功人生的一个重要前提便是要拥有积极、乐观的生活态度，只有我们对未来充满向往，才能正确地面对学习、生活和工作中种种不尽如人意的状况，并最终拥有我们想要的未来。

4．直面压力，构建积极情绪

人生没有永恒的快乐，也没有永恒的痛苦。压力有时总是以这样或那样的形式表现出来，比如学习的压力、升迁的压力、经济的压力，甚至是放学或下班后交通堵塞的压力，等等。对待压力的一个有效办法就是正视它的存在，并时常放下它，然后再精神抖擞地举起它，给自己积蓄精力的时间。大学生的压力主要来自学业、情感及就业，应对这些压力最好的办法就是“打一场有准备之仗”，具体地说，就是尽早对自己需要学习的知识进行规划，明确自己的强项和弱项，认清自己将来想要从事什么样的职业，了解就业的前景和环境，等等。

哈佛大学心理学博士丹尼尔曾说过：“越是艰难的工作，就越是需要以乐观的方式去思考，乐观是一种十分有效的工作方式。”所以，大学生们应该积极、主动地培养自己乐观的情绪，提升自己的修养，正确认识和塑造自我，从而铸就个人的幸福和成功。

5．寻求心理咨询

在我国，心理咨询是一个比较新的概念，人们一直以来都认为躯体的疾病比较严重，而对于心理问题则往往并不认为是疾病状态。这种错误观念导致许多存在心理障碍的人长期陷入痛苦之中无法自拔。近年来，我国已在许多城市设置了专门的医疗机构，但许多人对此仍持怀疑态度。尤其在大学校园里，许多大学生出现心理困扰后任由其发展，不想走进咨询室寻求老师的帮助。他们一方面认为心理困扰并不是疾病，过一段时间就好了；另一方面怕别人认为自己有病而歧视自己（总是把心理困扰与神经疾病联系在一起）。因此，有许多人在出现心理困扰后不能及时寻求帮助，最后转化成为严重的心理疾病。

因此，在如今这个生活节奏越来越快的时代，出现负面情绪是正常的，如果能够通过合理的、积极的途径进行宣泄，并恢复良好的心境，那将是非常好的。但是，如果无法依靠自己的力量走出不良情绪的怪圈，那心理咨询会帮助我们从不同的角度去认识自己和社会，建立新的认知观念，从而消除成长道路上的困扰，更好地发挥自身的聪明才智，实现健康成长的目的。

心理阅读

爱地巴跑圈

从前有一个叫爱地巴的人，每次生气或与他人发生争执的时候，他就以很快的速度跑回家去，绕着自己的房子和土地跑三圈，然后坐在田地边喘气。爱地巴工作非常努力，他的房子越来越大，土地也越来越多。但不管房、地有多大，只要与人争执，他便还是会绕着房子和土地跑三圈。爱地巴为何每次生气都绕着房子和土地跑三圈呢？所有认识他的人心理都起疑惑，但是不管怎么问，爱地巴都不愿意说明缘由。

直到后来，爱地巴年纪很大了，他的房子、土地面积也已经很大。每当生气的时候，他还是拄着拐杖艰难地绕着土地和房子，等他好不容易走完三圈，太阳都下山了，爱地巴独自坐在田边喘气。他的孙子在身边恳求他道：“阿公，您已经年纪大了，这附近也没有人的土地比您的更大，您不能再像从前，一生气就绕着土地跑啊！您可不可以告诉我这个秘密，为什么一生气就要绕着土地跑三圈？”爱地巴禁不起孙子的恳求，终于说出了隐藏在心中多年的秘密，他说：“年轻时，我若和人吵架、争论，就绕着房、地跑三圈，边跑边想，我的房子这么小，土地这么小，我哪有时间、哪有资格去跟人家生气？一想到这里气就消了，于是就把所有时间用来努力工作。”孙子问道：“阿公，那您现在年纪这么大了，又变成了如此富有的人，为什么还要绕着房子、土地跑？”爱地巴笑着说：“我现在还是会生气，生气时绕着房子、土地走三圈，边走边想，我的房子这么大、土地这么多，我又何必跟人计较呢？一想到这，气就消了。”

启示：劝君遇事莫生气，生气是用别人的过失来惩罚自己！

心理测试

自评焦虑量表

指导语：

自评焦虑量表（Self-rating Anxiety Scale，SAS）是由威廉于1971年编制的。SAS由20个问题组成、分为四个级别的自评量表，用于评定有无焦虑及其严重程度。评定时间范围为最近一周。

下面有20个问题，请仔细阅读每个问题，然后根据你最近一星期的实际情况对每个问题用“1”“2”“3”“4”进行打分。其中，“1”表示没有或很少有该问题中的症状；“2”表示小部分时间有该问题中的症状；“3”表示相当多的时间有该问题中的症状；“4”表示绝大部分时间或一直有该问题中的症状。但要注意，第5、9、13、17、19个问题为反向评分，即按4、3、2、1记分。将20个问题的得分相加，即得到总分。

1. 我感到比往常更加神经过敏和焦虑。
2. 我无缘无故地感到担心。
3. 我容易心烦意乱或感到恐慌。
4. 我感到我的身体好像被分成几块，支离破碎。
5. 我感到事事都很顺利，不会有倒霉的事情发生。
6. 我的四肢抖动和震颤。
7. 我因头痛、颈痛和背痛而烦恼。
8. 我感到无力且容易疲劳。
9. 我感到很平静，能安静地坐下来。
10. 我感到自己的心跳较快。
11. 我因阵阵的眩晕而感到不舒服。
12. 我有一阵阵要昏倒的感觉。
13. 我呼吸时进气和出气都不费力。
14. 我的手指和脚趾感到麻木和刺痛。
15. 我因胃痛和消化不良而苦恼。
16. 我必须时常排尿。
17. 我的手总是温暖而干燥。
18. 我觉得脸发烧发红。

19．我容易入睡，晚上休息得很好。

20．我会做噩梦。

结果分析：

总分超过40则可考虑筛查阳性，即可能存在焦虑，需进一步检查。分数越高，则表明焦虑程度越严重。

心理拓展

（一）情绪体验——抢椅子

【游戏目的】体验各种情绪。

【游戏道具】椅子（至少三把）。

【游戏场地】宽敞的室内或室外。

【游戏流程】

1．将椅子在台上围成圈摆放。

2．邀请同学上台，上台的人数比椅子多一个。

3．播放音乐，同学们伴着音乐围着椅子转圈，当音乐骤停时抢坐椅子，未坐到者淘汰（也可让其表演节目）；随后减一把椅子，剩下同学续前面的动作，不断循环该环节直到最后两人抢坐一张椅子，坐到者为胜。

【游戏分享】让每位成员谈一谈在游戏过程中自己的情绪体验和变化。

（二）情绪调节——放松训练

【游戏目的】学会如何在紧张时进行放松训练。

【活动场地】室内、室外均可。

【活动流程】

1．肌肉放松：

（1）双手在身体两侧微微张开，用力握拳，坚持坚持5秒后，张开双手，反复3~5次。

（2）用力将肩部上提，然后向下放松，反复3~5次。

2．平静心情：

（1）全体成员静坐在椅子上或站在操场上，闭上眼睛，按照从上到下、从躯体到四肢的次序放松，当进行到脚趾时，应当完全放松。

（2）在脑海中想象蔚蓝的天空、碧绿的草地，欣赏眼前的景色，让自己沉醉其中。

第五章
提高学习能力

心灵引导

未来的文盲不再是不识字的人，而是没有学会学习的人。

——托夫勒

学会求知，学会做事，学会生存，学会共处。

——《学习：财富蕴含其中》

一本书像一艘船，带领我们从狭隘的地方，驶向生活的无限广阔的海洋。

——凯勒

读史使人明智，读诗使人灵秀，数学使人周密，科学使人深刻，伦理学使人庄重，逻辑修辞之学使人善辩；凡有所学，皆成性格。

——佛朗西斯·培根

第一节 学习心理概述

成长案例

洋洋是某高校大学二年级的一名女生，她是家里的独生女，家庭条件优越，倍受父母宠爱。进入大学以后，她很不习惯大学里的集体生活，十分想念父母和家里舒适的生活条件，因此经常晚上睡不着觉，上课打瞌睡，做事也没有精神，加之录取的专业是调剂专业，洋洋并不感兴趣，导致她第一学期期末考试有三科不及格，她觉得非常丢脸，就经常谎称身体不舒服躲在寝室。后来她发现，自己不上课，老师也不经常点名，所以胆子就越来越大了，开始经常逃课，学习成绩也越来越差，甚至险些被学校劝退。

案例分析

洋洋的情况属于适应不良，同时伴有学习动力不足，这种现象在大学生中时有发生，并且人数持续上升。大学生应该了解学习的意义和大学的学习特点，增强学习动力，从而积极应对大学学习中的困惑。

一、学习的含义

学习自古以来便是人类持续开展的行为。在我国古代，“学”与“习”总是分开讲。《辞源》中指出，“学”指“仿效”，即获得知识；而“习”指“复习”“练习”，即复习巩固。最早把“学”与“习”联系起来的是孔子，《论语》中写道：“学而时习之，不亦说乎！”可见，我国历史上对“学”“习”二字有着深刻而独到的论述和理解。

学习的含义有广义与狭义之分。从广义上讲，学习是人和动物在生活过程中通过实践训练而获得的，并由经验引起的，相对持久的、适应性的心理变化。在这个定义中，体现出以下几个方面的内容：

（1）学习是动物和人共有的行为。虽然人的学习是相当复杂的，与动物的学习有本质区别，但不能否认动物也是可以进行学习的。

（2）学习不是本能活动，而是后天习得的。

（3）任何水平的学习都将引起适应性的行为变化，不仅是外显行为的变化，也有内隐行为或内部过程的变化，即个体内部经验的改组和重建，这种变化不是短暂的，而是长久的。

（4）不能把个体的一切变化都归为学习，只有通过学习活动产生的变化才是学习。

从狭义上讲，学习指人类在社会实践中，通过语言，有目的、有计划、自觉、主动地掌握个体经验的过程。

二、学习的类型

对学习的类型进行划分，有利于认识不同类型学习的特点及其特殊规律，便于提高学习效率。但是，由于学习本身具有复杂性，对其进行分类有一定困难，加之心理学家们对学习所持的观点和分类的角度不同，所以有各自的划分方案。

（1）潘菽，中国现代心理学奠基人之一，将学习分为下述四种类型：

①知识的学习，包括学习知识时的感知和理解等；

②技能和熟练的学习，主要指运动的、动作的技能和熟练过程；

③心智的、以思维为主的能力的学习；

④道德品质和行为习惯的学习。

（2）加涅，美国教育心理学家，将学习分为下述五种类型：

①言语信息的学习；

②智慧技能的学习；

③认知策略的学习；

④态度的学习；

⑤运动技能的学习。

（3）布卢姆，美国当代著名教育家和心理学家，布卢姆的学习分类可用于课程设计，因而以教育目标和教育任务为出发点，将教育目标分为认知、情感和动作技能三大领域。其中，认知领域的学习分为六类：

①知识，对知识的简单回忆；

②理解，对所学的解释、认识；

③应用，在特殊情况下使用概念和规则；

④分析，区别和了解事物的内部联系；

⑤综合，把思想重新综合为一种新的、完整的思想，产生新的结构；

⑥评价，根据内部的证据或外部的标准做出判断。

三、学习的重要性

学习是做好工作的基础和前提，也是提高自身素质的基本途径。知识是靠不断学习积累的，其重要性主要体现在下述几个方面：

（1）学习是生命意义的最高体现。

人是高级的生命体，其思维方式十分复杂。虽然存在固定不变的本能行为，但认识世界、改造世界、创造世界的能力一直在不断地通过学习而改变。学习可以使人更好地完善自己、了解世界，从而创造更美好的生活，体现生命的意义。

（2）学习是自我成长、进步的阶梯。

人的成长过程是一个不断学习的过程，随着年龄的增长，人的生理和心理会逐渐成熟，并能够通过学习武装自己、充实自己，从而达到不断成长和进步的目的。

（3）学习是提高素质的重要途径。

学习可以提高人的综合素质。一个现代社会的新型人才，必须通过不断的学习来使自己逐渐拥有渊博的学识、过硬的专业本领、高尚的品德、超凡的气质、敬业的精神及坚韧不拔的意志。

（4）学习是人类文明延续和发展的纽带。

人类社会的历史进程可划分为蒙昧时代、野蛮时代以及当今的文明时代。时代的过渡均需要人类通过学习所获得的生存和发展经验的推动。人们不断总结、不断积累、不断提高，形成知识和技能，传给后人；后代人在学习前人经验的基础上，进一步丰富和提高，以适应时代与环境的变迁。如此代代传递，才形成了一部人类文明延续发展的历史。可见，学习对我们人类文明的延续和发展具有至关重要的作用。

四、大学生学习的特点

学生的学习活动是人类认识活动的特殊阶段，它具有人类一般认识活动的特点，但又具有独特性。首先，它是在教师指导下进行的认识过程；其次，它以接受人类已经形成的历史经验和文化技能为主要目标；再次，它是学生掌握、形成和应用学习策略以及提高、健全学习心理素质的过程。

学生进入大学以后，由于学习内容的加深、学习环境的变迁以及学习要求的改变，使得该阶段的学习具有如下显著特征：

（1）学生成为学习的主体。

中、小学时期的学习以教师为主导，通过教师组织教学，学生则以被动接受知识为主。而大学生学习则主要是以教师为引导、以学生为主体的自主学习，这就决定了大学学习中出现了学生从客体到主体的巨大转变。

（2）对自主性提出更高要求。

大学阶段学习的内容安排、学习时间安排及方式选择等都更加强调个体在学习活动中承担的角色，注重学习的自觉性与能动性。大学生学习的能动性表现在两个主要方面：

一方面，大学生对学习内容具有较大的选择权，特别是随着高等教育改革的深化，大学的课程设置更加科学合理，既有公共必修课、专业基础课，也有辅修课及大量选修课，学生可以根据自己的专长、爱好、兴趣进行自由选择。大学生在选择课程时应充分考虑学科内容与职业规划的契合性、学科的实用性及个人兴趣等，如计算机、外语始终是学生学习的重点与热点课程，此外，大学生可以控制自己的学习时间、学习方法与学习内容；另一方面，高校更加重视所学知识的应用能力，这一点在课程设计、学年论文、毕业设计、毕业论文要求中均有体现，这也对学生的主观能动性提出了更高的要求。

（3）学习的专业性显著增强。

大学生的学习是在确定了基本专业方向后进行的，是为将来走上工作岗位、适应社会需要所进行的学习。所学内容紧密围绕专业领域知识、技能展开，因此具有很强的学业性。

（4）学习方式的更加多样化。

信息时代，教师已不再是教学过程的主体，其主要任务是引导学生利用信息网络载体获取知识，并尝试进行学习方式的优化。大学开放式的教学模式为学生提供了多样化的学习途径，除课堂教学外，课外实习、课程设计、科研训练计划、学年论文、专家讲座、学术报告会、社会实践、咨询服务等为大学生学习提供了更为广阔的平台。

（5）知识学习与素质培养并重。

目前正在进行的高等教育改革一再强调知识技能的学习与实践能力的培养，知识的学习必须应用到实践中，并得到实践的检验。只重视应试知识，忽视学生创造能力培养的教学理念是必须摒弃的。

（6）探索性与创新性突出。

大学生学习具有一定的探索性，即对书本之外的新观点、新知识进行深入的钻研与探索。大学学习不仅仅在于掌握知识，更在于掌握科学的研究方法，了解学科发展前沿，分析存在的问题并尝试提出解决思路。目前，高等学校普遍注重加强大学生创新能力培养，在课程设置、课程安排、课程衔接上突出学生的主体地位，突出学生实践环节，以期进一步提升大学生的创新能力。

心理测试

所罗门学习风格自测问卷

指导语：

下面有44道题目，每道题目有两个选项，请你快速阅读，在并在认为对的选项上画“√”。

1．为了较好地理解某些事物，我首先：

（a）试试看　　　　（b）深思熟虑

2．我办事喜欢：

（a）讲究实际　　　　　（b）标新立异

3．当我回想以前做过的事时，我的脑海中大多会出现：

（a）一幅画面　　　　　（b）一些话语

4．我往往会：

（a）明白事物的细节但不清楚其总体结构

（b）明白事物的总体结构但不清楚其细节

5．在学习某些东西时，我不禁会：

（a）谈论它　　　　　　（b）思考它

6．如果我是一名教师，我比较喜欢教：

（a）关于事实和实际应用的课程

（b）关于思想和理论方面的课程

7．我比较偏爱的获取新信息的渠道是：

（a）通过图画、图形等　（b）通过书面指导和言语信息

8．一旦我了解了：

（a）事物的所有部分，我就能把握其整体

（b）事物的整体，我就知道其构成部分

9．在学习小组中遇到难题时，我通常会：

（a）挺身而出，畅所欲言　（b）往后退让，倾听他人意见

10．我发现比较容易学习的是：

（a）应用性内容　　　　（b）概念性内容

11．在阅读一本带有许多插图的书时，我一般会：

（a）仔细观察插图　　　（b）集中注意文字

12．当我解答数学题时，我常常：

（a）思考如何一步一步求解

（b）先看答案，然后设法得出解题步骤

13．在我修课的班级中：

（a）我通常结识许多同学　（b）我认识的同学寥寥无几

14．在阅读非小说类作品时，我偏爱：

（a）那些能告诉我新的事实和教我怎么做的作品

（b）那些能启发我思考的作品

15．我喜欢的教师是：

（a）在黑板上画许多图解的人

（b）花许多时间讲解的人

16．当我分析故事或小说时：

（a）我想到各种情节并试图把他们结合起来去构成主题

（b）当我读完后只知道主题是什么，然后得回头去寻找有关情节

17．当我做家庭作业时，我比较喜欢：

（a）一开始就立即开始解答

（b）首先设法理解题意

18．我比较喜欢：

（a）确定性的想法　　　　（b）推论性的想法

19．我记得最牢是：

（a）看到的东西　　　　（b）听到的东西

20．我特别喜欢教师：

（a）向我条理分明地呈现材料

（b）先给我一个概述，再将材料与其他论题相联系

21．我喜欢：

（a）在小组中学习　　　　（b）独自学习

22．我更喜欢被认为是：

（a）对工作细节把控很仔细

（b）对工作很有创造力

23．当要我到一个新的地方去时，我喜欢：

（a）要一幅地图

（b）要书面指南

24．我学习时：

（a）总是按部就班，相信只要努力，终有所得

（b）有时完全糊涂，然后恍然大悟

25．我办事时喜欢：

（a）直接试试看　　　　（b）想好再做

26．当我阅读趣闻时，我喜欢作者：

（a）以开门见山的方式叙述

（b）以新颖有趣的方式叙述

27．当老师在课堂上展示一幅图，我通常会清晰地记得：

（a）那幅图　　　　（b）教师对那幅图的解说

28．当思考一大段信息资料时，我通常：

（a）注意细节而忽视概况

（b）先了解概况然后深入细节

29. 我最容易记住：

（a）我做过的事　　（b）我想过的事

30. 当我执行一项任务是，我喜欢：

（a）掌握一种方法　　（b）想出多种方法

31. 当有人向我展示资料时，我喜欢：

（a）图表

（b）概括其结果的文字

32. 当我写文章时，我通常：

（a）先思考和着手写文章的开头，然后循序渐进

（b）先思考和写文章的不同部分，然后加以整理

33. 当我必须参加小组合作课题时，我要：

（a）大家首先“集思广益”，共同参与

（b）各自分头思考，然后集中起来对各种想法进行比较

34. 当我要赞扬他人时，我说他是：

（a）很敏感的　　（b）想象力丰富的

35. 在聚会中与某人见过面后，我通常会记得：

（a）他的模样　　（b）他的自我介绍

36. 当学习新的科目时，我喜欢：

（a）全力以赴，尽量学得多、学得好

（b）试图建立该科目与其他有关科目的联系

37. 我通常被他人认为是：

（a）外向的　　（b）保守的

38. 我喜欢的课程内容主要是：

（a）具体的（事实、数据）

（b）抽象的（概念、理论）

39. 在娱乐方面，我喜欢：

（a）看电视　　（b）看书

40. 有些教师讲课时先给出一个提纲，这种提纲对我：

（a）有所帮助　　（b）很有帮助

41. 我认为只给合作的群体打一个分数的想法：

（a）吸引我　　（b）不吸引我

42. 当我长时间地从事计算工作时：

（a）我喜欢重复我的步骤并仔细地检查我的工作

（b）我认为检查工作非常无聊，我是在逼迫自己这么干

43. 画下曾经去过的地方对我而言：
（a）很容易且会相当精确
（b）很困难且没有许多细节
44. 在小组中解决问题时，我更可能是：
（a）思考解决问题的步骤
（b）思考可能的结果及其在更广泛领域的应用

评分规则：

1. 请按你所选择的选项在表5-1中适当的位置填上“1”（例如：你第3题的答案为a，则在第3题的a栏填上“1”；又如你第15题的答案为b，则在第15题的b栏填上“1”）。然后计算每列的总数并填在“合计”栏里。

2. 分别在“活跃型/沉思型”“感悟型/直觉型”等4栏中计算a、b的总数，然后将二者个数想减，记下差值（1~11）和数量较多的那个字母（a或b）。（例如：在“活跃型/沉思型”栏中，你选了4个a和7个b，则该栏在最后一行填写“3b”；又如在“感悟型/直觉型”栏中，你选了8个a和3个b，则在该栏最后一行填写“5a”）。

表5-1 所罗门学习风格自测问卷统计表

活跃型/沉思型			感悟型/直觉型			视觉型/言语型			序列型/综合型		
问题序号	选项		问题序号	选项		问题序号	选项		问题序号	选项	
	a	b		a	b		a	b		a	b
1			2			3			4		
5			6			7			8		
9			10			11			12		
13			14			15			16		
17			18			19			20		
21			22			23			24		
25			26			27			28		
29			30			31			32		
33			34			35			36		
37			38			39			40		
41			42			43			44		
总计			总计			总计			总计		
最终统计结果											

结果分析：

每栏的最终统计结果可能为"11a""9a""7a""5a""3a""a""11b""9b""7b""5b""3b""b"中的一种。其中，字母代表学习风格的不同类型，数字则代表程度的差异。若得到字母"a"，表示属于前一种学习风格，且"a"前的系数越大，则表明程度越强烈；若得到字母"b"，表示属于后一种学习风格，且"b"前的系数越大，则表明程度越强烈。(例如：在活跃型/沉思型一栏最终统计结果为"9a"，则表明测试者属于活跃型的学习风格，且程度很强烈；如果得到"5b"，则表明测试者属于沉思型的学习风格，且程度一般。在视觉型/言语型量表中得到"a"，则表明测试者属于视觉型的学习风格，且程度非常弱；如果得到"3b"，则表明测试者属于言语型的学习风格，且程度较弱。)

各学习风格类型特点分析如下：

活跃型/沉思型：从信息加工的角度看，活跃型学习者倾向于通过讨论、应用或解释等方式掌握信息，而沉思型学习者更喜欢安静地思考问题；活跃型学习者比倾向于独立工作的沉思型学习者更喜欢集体工作。

感悟型/直觉型：从信息感知的角度看，感悟型学习者喜欢学习事实，而直觉型学习者倾向于发现某种可能性和事物间的关系；感悟型学习者的比直觉型学习者更抵触在测验中出现课堂上没有讲过的内容；感悟型学习者对细节工作很有耐心，直觉型学习者则更擅于掌握新概念，更容易理解抽象的数学公式，同时也更具有创新意识；感悟型学习者不喜欢与现实生活没有明显联系的课程，直觉型学习者则不喜欢那些需要进行大量记忆的课程。

视觉型/言语型：从信息输入的角度看，视觉型学习者很擅长记住他们所看到的东西，如照片、表格、流程图、影片、演示中的内容等，言语型学习者则更擅长从文字的和口头的解释中获取信息。

序列型/综合型：从信息理解的角度看，序列型学习者习惯于循序渐进地理解问题，综合型学习者则习惯于大跨步地学习，大量获取新资料，并从中获取知识；序列型学习者倾向于按部就班地寻找答案，综合型学习者或许能更快地解决复杂问题，但他们却很难解释清楚其中的原理。

第二节 大学生常见的学习心理问题

成长案例

双双刚刚升入大学不久，但是进入大学后她便一直在为学习而苦恼，她觉得学习越来越没意思，并开始十分讨厌看书，明明有作业也不想做，宁愿抄同学的，上课时她注意力也不集中，总是浮想联翩。对双双来说，学习似乎已变得毫无乐趣。问其原因，她说："大学里高手如云，奖学金根本轮不到我，努力也没什么用，还不如轻轻松松地混日子。"

案例分析

双双的表现为明显的学习适应不良，缺乏学习动力，学习的主观能动性不足。大学学习要求学生提高自己的主观能动性，培养学习能力，使自己成为擅长学习且能终身学习的人。大学生带着追逐梦想的美好愿望开始大学生活，但现实中大学学习难度之大，对学习能力要求之高，给很多学生带来了巨大的压力和挑战。因此，许多大学生出现了学习方面的心理问题，如果这些问题得不到很好的解决，则很难从根本上改变大学生的精神面貌，甚至可能影响大学生的学业完成情况以及日后的职业发展。

一、学习焦虑及调节

学习焦虑是指大学生由于不能达到预期目标或不能克服学习障碍，致使自尊心、自信心受挫，或失败感、内疚感增加，从而形成的一种紧张不安、带有恐惧的情绪状态。心理学研究表明，学生在学习过程中，保持适当的焦虑是必要的，适度的紧迫感可以增强学习的效果，但过度的学习焦虑则会对学习产生非常不利的影响。

1. 学习焦虑的表现

学习压力大、精神长期高度紧张会导致思维迟钝、记忆力减退、注意力不集中、情绪不安、精神恍惚、学习效率下降。有的学习焦虑者尤其怕考试，在考试前后紧张、恐惧、心烦意乱、无精打采、肠胃不适，有的还会在考试时情绪过分激动、恐慌，出现心跳加快、呼吸急促、出汗、头昏、烦躁、记忆受阻、尿急、思维迟钝等现象，严重者全身发抖甚至发生晕厥。

2．学习焦虑的调节

（1）要正确地认识和评价自己的能力，调整自己的期望和目标，使之切合自身能力和客观实际。

（2）增强自信心和毅力，不怕困难与失败，勇于迎接学习中的挑战。

（3）加强心理调节，保持情绪愉快和稳定，探索、掌握切合自身特点的学习方法，遵循大学学习规律，逐步增进学习效果。

二、学习疲劳及其调节

学习疲劳是指长时间、持续性的学习后，在生理、心理方面产生劳累，因而导致学习效率下降，甚至影响身体健康的现象。

1．学习疲劳的表现

心理疲劳的症状是感觉器官活动机能降低、注意力涣散、思维迟钝、情绪躁动、忧郁、厌烦、学习效率下降；生理疲劳的症状主要是肌肉受力过久或持续重复伸缩造成的肌肉痉挛、麻木、眼球发疼发胀、腰酸背痛、动作不准确等。

2．导致疲劳的主要原因

（1）不注意科学用脑、劳逸结合。

（2）学习过分紧张，注意力高度集中。

（3）过度持久的积极思考与记忆。

（4）学习的内容单调乏味，缺乏学习的兴趣。

（5）睡眠不足或在气温不适、湿度异常、噪声过大或光线不足的环境中学习。

3．学习疲劳的调节

学习疲劳是一种身体的保护性反应，经过适当的休息即可得到恢复，这是合乎心理、生理规律的。但是如果长期处于疲劳状态，大脑局部持续保持兴奋，则会导致大脑兴奋和抑制过程失调，严重者会出现神经衰弱。学习疲劳的调节包括下述几方面的措施：

（1）劳逸结合，这是预防心理疲劳的重要措施，如放松训练、音乐疗法、散步聊天等，都是在学习之余放松身心的有益活动，可使身心得到充分调节。

（2）培养广泛的兴趣、爱好，使生活丰富多彩。

（3）保证充足的睡眠。

（4）学会科学用脑，找到自己高效学习的时间段。如有些人早上学习效率最高，有些人晚上学习效果最好，因此，应根据自身实际充分发挥自己的主观能动性，积极提高学习效率。

三、学习自卑心理及调节

大学生学习自卑心理的主要表现是自认为智力和能力不如其他同学，产生“处处有低人一等”的感觉，不愿与人交往，十分在意别人对自己的评价，感情脆弱，有时他人的一句玩笑都能长时间影响情绪。

1．自卑心理形成的主要原因

有的学生是由于挫折或失败导致自认为智力、能力不如他人，或儿童时期受到了过多的指责且没有及时倾诉，长期得不到重视，甚至受到过歧视；有的学生则是因为对自己的能力缺乏正确的认识，制定的目标过高，导致努力后依然没有完成既定目标，因而产生了自我怀疑。有的学生则是因为心理应激能力差，快速处理各种事物的能力较弱，主观能动性较差。

2．自卑心理的调节

（1）注意调整、降低目标，及时改进学习策略，用“局部成功”来激励自己。

（2）采用自我心理调适法，提高心理承受能力，积极、乐观地面对挫折和失败。

（3）用实际行动建立自信。尝试做自己害怕做的事，从而征服恐惧、战胜自卑、建立自信，直到获得成功。

此外，还可尝试以下几种自我调节方法：①突出自己，挑前面的位子坐；②睁大眼睛，正视别人，先跟别人打招呼；③昂首挺胸，快步行走；④练习当众发言，不要在意讲得好不好；⑤时刻保持微笑，微笑是最美的语言和行动。

四、缺乏学习动力及调节

缺乏学习动力主要表现为没有明确的学习目标和学习计划，不积极摸索和改进学习方法，无成就感，无抱负和理想，甚至逃避学习、厌倦学习。

1．学习动力缺乏的原因

（1）学习状态松懈。进入大学校门后，摆脱了高中时的沉重压力，思想上逐渐松懈，不再树立新的学习目标，学习的动力显著下降。

（2）没有树立远大的理想、抱负，上进心不足，把主要精力放在了娱乐等与学习无关的活动上。

（3）学习过程中满足于一知半解，不注意摸索学习规律，学习能力较弱。

（4）由于所学专业不理想，学习兴趣不大，因而总是处于被动接受的状态。

2．学习动力缺乏的调节方法

（1）确立学习目标。目标能对人的行动起到指导作用。对于大部分学生而言，进入大学，等于高中阶段的理想实现了，新的理想和目标还处于探索阶段。新目标的确立要从自身实际出发，将个人需求与社会责任联系起来，并且要注意把近期目标与长远目标相结合。

（2）培养学习兴趣。一个人如果对某件事情感兴趣，他就能够充满热情地、持久地去做这件事，力争达到预期目标。兴趣对于大学生而言，是求知的动力、热情的凝聚、行为的指向、成功的起点。但是，对学习的兴趣并非与生俱来，而是可以随着年龄的增长和实践活动的丰富逐渐培养和发展的。所以，在学习中，大学生要善于发现能够激发自己兴趣的事情，努力培养自己的学习兴趣。

五、学习适应不良及调节

新生经过2～3周的学习生活后，可能会在很多方面表现出不适应，部分学生还会因此感到失落和压力。

1．学习适应不良的主要原因

首先，与中学时期相比，大学的教学模式发生了显著变化，大学老师课堂上讲授的内容多，且有时会与教科书上有很大出入。其次，许多学生会感到对新环境不熟悉，人际关系较生疏，不能摆脱思念父母的心情，等等。这些因素都会给心理素质尚未成熟的大学生带来情绪上的波动，以致影响学习。

2．学习适应不良的调节方法

（1）培养自信心。由于大学是人才云集之处，难免使学生感动压力，许多人可能会因此产生自卑感，甚至丧失学习信心。在这种情况下，必须培养自己的自信心。

（2）应提高适应新环境的能力。现实生活中，每个人都要随着外界环境的变化不断地进行自我调整，使自己的需求和发展与环境相协调。对于大学生而言，随着学习环境的变化，要使自己进入新“角色”，在全新的生活中寻找自己的方位、确立新的目标，使自己成为环境的主人。

心理测试

记忆力测试

指导语：

请仔细阅读下列每项内容，并选出适合你的选项。

1．你能准确说出亲戚朋友的生日吗？

A．可以　　B．只记得其中几个　　C．记得住的很少

2．你能记住重要的日期吗？

A．是的，基本都能记住　　B．偶尔会忘记　　C．经常想不起来

3．你记忆关于数字的信息，比如电话号码等，通常使用什么方法？

A．使用联想等方法巧妙地记忆

B．记在记事本上

C．没想过用什么方法

4．你自己制订的计划，会忘记做吗？

A．从来不会发生这样的情况

B．偶尔会有

C．对我来说，这是家常便饭

5．你擅长记人名吗？

A．能马上记住新结交的人的名字

B．只能记住感兴趣的人名，比如明星等

C．记人名时常常混淆，或完全记不住

6．你能回忆起上周看过的电影或小说里的细节吗？

A．是的，基本上都能回忆起来

B．对于图像和声音的部分可以，文字上的稍差一些

C．基本上都没什么印象了

7．你在过马路的时候会注意到身边的小细节吗？

A．经常在马路上捡到钥匙或钱之类的东西

B．偶尔会注意一些身边的细节

C．从来不注意这些

8．在超市买完东西，你会：

A．在收款机旁检查完找回的零钱后再离开

B．看一眼收款条上的账目并在心里估算一下，大概差不多就离开

C．看都不看收款条，拿着东西就离开

9. 你是否能在大城市里，不靠别人帮动，找到仅去过一次的地方，例如办公楼或超市?

A. 这对我来说轻而易举

B. 不确定，如果不问路，可能找不到

C. 这对我来说是不可能的

10. 你在乘坐公交车或地铁的时候，是否曾因为聊天而坐过站?

A. 没有过

B. 有过一两次这样的经历

C. 经常会发生类似的事情

11. 如果在家里找不到你常用的某件东西，你会:

A. 坐下来仔细回想自己有可能遗忘的角落，并最终找到

B. 询问家里的人

C. 找不到就放弃了

12. 看完有趣的笑话，你会记住并且讲给其他人听吗?

A. 不用刻意去记，看过就马上可以讲给其他人

B. 需要反复记几遍，但到要讲的时候还是会忘记

C. 根本就没想过要记住

13. 你有没有出现过提笔忘字的情况?

A. 没有，还对经常提笔忘字而感到不可思议

B. 个别字会有

C. 经常感觉很多字都想不起来

14. 你在描述某件事物时，感觉词汇量够用吗?

A. 可以用大量的词汇去描述

B. 勉强可以描述出来

C. 明显感到自己的词汇量不够用

15. 当你在专心做某件事情的时候，如果周围有人说话，你会听到他们谈话的内容吗?

A. 根本就没注意到周围的事情

B. 知道有人说话，会听到一些内容

C. 完全安不下心来做事，会专心去听别人的谈话

评分规则:

上述各题选A得3分，选B得2分，选C得1分，将分值相加得总分。

结果分析:

36~45分: 记忆力非常好的人。此类人有超群的记忆力，读书和工作中会因为这一优

势而获得很好的收益。在人际交往中也往往给人认真、负责的形象，让别人觉得是个很值得信赖的人，能够委以重任。

26~35分：选择性记忆的人。此类人并不是记忆力不好，但是可能会认为用心记一件事是很伤神的事情，于是在纷繁复杂的信息中，往往仅选择自己认为重要的加以重点记忆，而认为不重要的就会远远地抛诸脑后了。这种选择性记忆的人在生活中大多属于得过且过的类型，可能会缺乏很高的追求。

15~25分：记忆力较差的人。此类人总是生活在“寻找”中，今天可能把钥匙丢了，明天可能忘记了和朋友的约会，生活经常会陷入混乱之中。

第三节 培养科学的学习方法

成长案例

小磊是一名大学一年级新生，中学期间学习成绩优异，进入大学后他学习仍然勤奋刻苦，严格要求自己，每天早晨五点半起床，晚上十点多才回到寝室。期末考试前，同学们都找他借笔记，认为他的成绩肯定会在专业名列前茅。但在期末考试中，他的高等数学和有机化学都没有及格。同学们感到十分惊讶，他自己也觉得非常意外，但却不知道自己的问题出在哪里。

案例分析

与高中相比，大学的学习方式发生了很大的变化，若仅仅注重教材内容的学习，而忽视了对知识的理解、拓展和应用，那么在考试中也很难取得理想的成绩。因此，掌握科学的学习方法是每个大学生都要面对的问题，它既是打开新的学习之门的钥匙，同时也是进入知识海洋的通行证。因此，小磊应寻求老师帮助，找到原因，及时调整自己的学习方法。

一、构建科学的学习观

1．树立远大的目标是学会学习的前提

目标是一个人前进的方向和动力。人生如果没有目标、没有理想，就像没有航向的船只，难以到达成功的彼岸。理想是一种精神力量，是大学生学习的内在驱动力。只有树立了崇高而伟大理想，才能树立远大的奋斗目标，从而产生强大的学习动力，激励自己锲而不舍、坚忍不拔、努力拼搏、奋勇向前。

2．树立自主学习的学习理念

所谓自主学习就是学生自觉、主动地学习。自主学习包括四个方面：首先，要对自身特点（包括智力、能力、兴趣爱好、性格特点、特长等）作出准确的评价；其次，在完成学校统一教学要求并达到基本培养标准的同时，能够根据自身条件，有所侧重地制定扩充某方面知识或提高某方面能力的计划，优化自己的知识结构；再次，按照

既定计划积极、主动地加强自我培养，并且不断探索适合自己的学习方法，提高学习能力和学习效率；最后，在实践中不断修正自己的学习目标，在时间上进行合理的分配和调节，在学习及思维方法方面注意经常反思和完善，从而达到最佳学习效果。

二、掌握科学的学习方法

掌握科学的学习方法是学会学习的关键。学习方法是学生在学习时所采用的方式和技巧。科学的是人们认识规律和发现规律的反映，它具有共同性和普遍性。同时，由于受到学习目的、学习内容、学习条件、教育者的个体特征（如教学方法、学识水平、教育教学思想）、学习者的个体特征（如年龄、文化基础、素质、个性）等因素制约，学习方法又呈现出多样性、个性化的特点。掌握科学的学习方法要从以下几个方面入手：

（1）要研究学习规律。

掌握了学习规律，就会自觉地遵循学习规律进行学习。符合学习规律的学习方法是科学的学习方法，它具有普遍意义。

（2）要重视借鉴前人的学习经验。

前人创造的科学的学习方法，是人类共同的智慧和财富。我们应当借鉴和汲取这些经验，使我们在探讨学习方法时少走弯路。

（3）要注意理论联系学习实际，研究具有针对性的学习方法。

学习活动作为一种认知活动，有其带有规律性的一些基本学习方法，但在研究具体的学习方法时，它又具有针对性，有各自的特点。专业性质或课程特点不同，学习方法往往也会有所差异；教学环节不同，教学形式不同，学习方法也必然不同。因此，学习方法要因课、因时而调整，针对不同的内容和要求，应采用不同的学习方法。

（4）要从个人实际出发，建立并采用适合自身特点的科学学习方法。

每个人的发展基础不同，智力和非智力因素有差异，学习习惯、特点也不同，因此，在采用科学的学习方法时，必须切合个人实际，切忌“千人一面”。最好的学习方法应当既是科学的，又是适合自己特点和实际的。

三、学会学习、善于自学

1. 善于自学是学会学习的基本途径

学习通常有两种基本形式，即教师讲授与自学。不管社会教育制度如何改革，终身教育如何发展，一个人知识的积累和更新主要还是依靠自学。正如华罗庚所说：“对一个人来讲，一辈子总是自学的时间多。”钱三强说:“自学是一生中最好的学习方法。”

自学是学会学习的基本途径，也是成才的必由之路。学会自学，应掌握自学的方法与技能。要学会利用图书馆和使用工具书，学会文献检索和资料查询，学会做学习笔记，学会积累和整理资料，学会对所学知识进行分析、归纳和总结。

2．学会学习，要改变学习方式，从“学会”转向“会学”

学习有两种方式：一是维持性学习或称适应性学习，其功能在于掌握已有的知识和经验，提高解决当前已经发生的问题的能力，即“学会”；二是创新性学习或自主创新性学习，其功能在于通过学习提高发现、吸收新知识、新信息和提出新问题的能力，迎接和处理未来社会发生的日新月异的变化，即“会学”。在农业经济和工业经济时代，科学技术发展和更新的速度相对缓慢，人们习惯于用已有的知识来解决当时的各种问题，形成了“维持性学习”为主的模式。而在知识经济时代，信息技术强化了已有知识的归类，加快了知识的传播速度，人们接触知识较以前更为容易，使得选择和有效利用知识的能力变得越来越重要。知识经济时代要求人们在学习方式上实现从“维持性学习”向“创新性学习”的转变。

3．创新学习手段，学会利用现代化学习工具

学习手段决定着人们获取信息量的大小和学习的模式，影响着学习的效率。农业经济时代，学习是以劳动者言传身教的方式传授简单的劳动技能和经验。工业经济时代，人们通过工业化的大信息量的群体化传播工具（如教材、网络、广播和电视等），从较大的范围里获取知识和各种信息。而在知识经济时代，计算机网络的发展和信息高速公路的出现，为学习开辟了广阔的道路。计算机已经成为信息收集、加工、存储、处理、传递、使用的强有力工具，信息网络已成为现代化的学习工具。网络学校的发展已经在我国风起云涌，并向双向交互方式扩展；国内众多高校的网络都已与国外网络相连接。互联网已逐步延伸向世界各个角落，为人们提供了一个取之不尽的巨大信息平台，来自全世界的学习资源都可以用来为个人的学习服务。信息的革命性变化为人们的学习展示了美好的前景，但同时也提出了更高的要求，大学生必须学会使用现代信息技术，才能充分利用现代信息网络，实现更好的自主学习。

心理阅读

阿基米德与酝酿效应

在古希腊，有一位国王让人做了一顶纯金的王冠，但他又怀疑工匠在王冠中掺了银子。但是，这顶王冠与当初交给金匠的一样重，谁也不知道金匠到底有没有从中“捣鬼”。国王把这个难题交给了阿基米德。阿基米德为了解决这个问题冥思苦想，他起初尝试了很多方法，但都失败了。有一天他去洗澡，坐进澡盆后，看到水往外溢，同时感觉身体被轻轻地托起，然后他恍然大悟，运用浮力原理解决了国王的问题——不管是科学家还是一般人，在解决问题的过程中，都可能会出现“把难题放在一边，一段时间后，才能得到满意的答案”这种现象。心理学家将其称为“酝酿效应”。阿基米德发现浮力定律就是体现了“酝酿效应”的一则经典故事。

日常生活中，我们常常会对一个难题束手无策，不知从何入手，这时思维就进入了“酝酿阶段”。直到有一天，当我们抛开面前的问题去做其他事情时，百思而不得的答案却突然出现，令我们忍不住发出类似阿基米德的惊叹，这时，“酝酿效应”就绽开了“思维之花”，结出了“答案之果”。古代诗词说“山重水复疑无路，柳暗花明又一村”正是这一现象的写照。心理学家认为，酝酿过程中，存在潜在的意识层面推理，储存在记忆里的相关信息在潜意识里组合，人们之所以会在休息的时候突然找到答案，是因为个体消除了前期的心理紧张，忘记了前期不正确的、导致僵局的思路，具有了创造性的思维状态。因此，如果你面临一个难题，不妨先把它放在一边，去和朋友散步、喝茶，或许答案真的会“踏破铁鞋无觅处，得来全不费功夫”。

半途效应

“半途效应”是指在激励过程中达到半途时，由于心理因素及环境因素的交互作用而导致的对于目标行为的一种负面影响。大量事实表明，人的目标行为的中止期多发生在“半途”附近，这是一个极其敏感和极其脆弱的活跃阶段。导致“半途效应”的原因主要有两个：一是目标选择的合理性，目标选择得越不合理则越容易出现“半途效应”；二是个人的意志力，意志力越弱的人越容易出现“半途效应”。行为学家提出了“大目标、小步子”的方法，对于防止“半途效应”的发生具有积极的意义。

超限效应

美国著名幽默作家马克·吐温有一次在教堂听牧师演讲。最初，他觉得牧师讲得很好，使人感动，准备捐款。过了十分钟，牧师还没有讲完，他有些不耐烦了，决定只捐一些零钱。又过了十分钟，牧师还没有讲完，于是他决定，一分钱也不捐了。到牧师终于结束了冗长的演讲，开始募捐时，马克·吐温由于气愤，不仅未捐钱，还从盘子里偷走了两元钱。这种因刺激过多、过强和作用时间过久而引起心理极不耐烦或反抗的心理现象，称为“超限效应”。“超限效应”在家庭教育中时常发生，如：当我们因不用心而没考好时，父母会再三地批评我们，使我们内心从内疚不安到不耐烦以致最后产生反感。被“逼急”了，就会出现“我偏要这样”的反抗心理和行为。因为我们一旦受到批评，总需要一段时间才能恢复心理平衡，受到重复批评时，我们心里会嘀咕：“怎么老这样对我？”我们被批评的心情就无法恢复平静，反抗心理就高亢起来。可见，我们对他人的批评不能超过限度，应对受教育者实施“犯一次错，只批评一次”的教育方式。如果非要再次批评，那也不应简单地重复，须换个角度，换种说法。这样，受教育者才不会觉得同样的错误被“揪住不放”，厌烦心理、逆反心理也会随之减低。

心理测试

意志品质自测简易量表

指导语：

下面共有20道题目，请逐题认真读一读，看看自己是否同意题目所说。如果你觉得很同意，该题就选择A；如果觉得比较同意，该题就选择B；如果觉得处在可否之间，就选择C；如果觉得不太同意，就选择D；如果觉得不同意，就选择E。

1．我很喜爱长跑、长途旅行、爬山等体育运动，但并不是因为我的身体条件适合这些运动，而是因为它们能使我更有毅力。

2．我给自己订的计划常常因为主观原因而不能如期完成。

3．如没有特殊原因，我能每天按时起床，不睡懒觉。

4．制订的计划应有一定的灵活性，如果完成计划有困难则随时可以改变或撤销它。

5．在学习和娱乐发生冲突的时候，哪怕这种娱乐很有吸引力，我也会马上决定去学习。

6．学习或工作中遇到难题时，我认为最好的办法是立即向师长、同学求援。

7．在练长跑中遇到生理反应，觉得跑不动时，我常常咬紧牙关，坚持到底。

8．我常因读一本引人入胜的小说而不能按时睡眠。

9．我在做一件应该做的事之前，通常能想到做这件事的结果，从而有目的地去做。

10．如果对一件事不感兴趣，那么不管它是什么事，我的积极性都不高。

11．当我同时面临一件该做的事和一件不该做却吸引着我的事时，我经过思想斗争后，通常会是前者占上风。

12．有时我躺在床上，下决心第二天要干一件重要事情（例如突击学习外语）后，到了第二天，这种劲头就消失了。

13．我能长时间做一件重要但枯燥无味的事情。

14．生活中遇到复杂情况时，我常常优柔寡断，举棋不定。

15．做一件事之前，我首先想的是它的重要性，其次才想它是否使我感兴趣。

16．我遇到困难情况时，常常希望别人帮我拿主意。

17．我决定做一件事时，常常说干就干，决不拖延或让它落空。

18．在和别人争吵时，虽然明知不对，我却仍忍不住说一些过头话，甚至辱骂对方。

19．我希望做一个坚强、有毅力的人，因为我深信“有志者事竟成”。

20．我相信机遇，许多事实证明，机遇的作用有时大大超过人的努力。

评分规则：

凡单数题，每道题从A到E依次记5分、4分、3分、2分、1分；凡双数题，每道题从A到E依次记1分、2分、3分、4分、5分。最后，将各题得分相加得出总分。

结果分析：

81~100分：意志很坚强。你是一个坚强的人，只要下定决心，就不言放弃，往往能取得成功。你只需更完善你的计划，使你的努力更具效率，就会很好。

61~80分：意志较坚强。你能为自己的发展确定明确的目标，也能为目标的实现倾尽全力，有时即使小有动摇，也能很快再将注意力转回正道。要尽可能完善你的计划，使实施过程更少受到挫折，让你的意志力可以更好地发展。制定计划时，要多考虑可能遇到的困难、波折，清醒地认识到它是可以克服的，也要充分考虑你自身具备的有利条件，认可你的能力与努力。

41~60分：意志品质一般。对于难度一般的事情，你能坚持得很好，容易半途而废的一般是那些难度大、持续时间长的任务。可以考虑将它们分成几个阶段性的小任务，分担难度、减少时间，使完成任务不至于变成折磨；另外，当完成某一个分任务时，给自己一些奖励，并告诉自己下一个任务也能做好。制定计划时，要考虑到各种困难，但也不必认为那是不可克服的。你完全可以依靠自己达成目标的！

21~40分：意志较薄弱。对于一般任务，你虽可能动力不足，但是仍能去做，不过，一旦遇到困难就会感到压力很大，想要放弃。因此，应该在行动前做好行动计划，思考工作中可能遇到的困难，分析谁可以为自己提供帮助，自己应怎么样克服困难，等等。

0~20分：意志很薄弱。当你感到自己缺少内在的动力时，请考虑："我究竟想要什么？为什么这个目标是现在值得追求的？"深入思考这两个问题，或许能使你重新获得动力。确定了要做什么后就开始计划行动，将活动时间安排在每天效率较高的时候，难度不要太大，注意把握进度。此外，要安排好每件事的顺序，明确先做什么后做什么。别忘了，每完成一件事，或告一段落时，给自己一些奖励。

心理拓展

感受时间

【游戏目的】让同学们意识到人的生命是由一分一秒组成的，感受生命中可以利用的时间还有多少，进而学会珍惜时间。

【游戏场地】教室

【游戏时间】30分钟

【游戏程序】

1．指导教师带领学生体会自己还有多少时间可以用来工作、学习。

首先，让每位同学拿出一张纸，撕成宽两厘米的长条，如果按80岁年龄来算，大学生平均年龄为20岁，则请学生们撕掉纸条的四分之一。由于60岁以后往往退出职场，安享晚年，因此，请学生们再撕掉剩下纸条的三分之一。由于一天中睡觉、吃饭的时间约占一半，因此，请学生们将剩下的纸条再撕去二分之一。由于在剩下的时间里每人每天用于发呆、各种等待、打电话、聊天的时间还要占去约一半，因此，请学生们再撕掉一半。由于剩下时间里每人用于休假、旅游、娱乐的时间可能还要占去约一半，因此须再撕掉一半。随后，请同学们看看自己手中的纸条还有多长，并提醒同学们："我们只有这些时间可以用来学习和工作，所以请珍惜每一分每一秒，提高学习效率。"

2．指导教师带领学生体验一分钟的价值。请指导教师先给学生讲如下故事：

有一位记者去采访某位成功人士，成功人士打开门后对记者说："先生，我只能给您一分钟时间。"这时，记者看到了成功人士身后奇乱无比的客厅，茶几上满是烟蒂、吃过的饭盒，地上也堆满了书籍、碟片。记者说："先生，我是想采访您成功的经验，可是一分钟时间不够干任何事情啊。"成功人士说："噢，这个问题啊，那一分钟后我来回答你。"于是成功人士回到房间里并且关上了门，一分钟后，成功人士重新打开了门，指着整洁一新的客厅，看看表对记者说："看，一分钟，这就是我成功的经验。"

然后指导教师请同学们想一想：人一分钟可以完成哪些事情？并选几位同学谈谈自己的看法，分享自己曾经在一分钟内完成某些事情的经验。

第六章
构建良好的人际关系

心灵
引导

世界上最宽广的是海洋，比海洋更宽广的是天空，比天空更宽广的是胸怀！

——雨果

如果我们想交朋友，就要先为别人做些事——那些需要花时间、体力、体贴、奉献才能做到的事。

——卡耐基

爱人者，人恒爱之；敬人者，人恒敬之。

——孟子

友谊能增进快乐，减轻痛苦，因为它能倍增我们的喜悦，分担我们的烦忧。

——爱迪生

第一节 人际交往概述

成长案例

陈某是一名大一学生，性格较为内向。进入大学后，她发现寝室的其他几位同学性格都比较活泼、开朗，大家聊天时自己总也插不上话，因而感觉和谁关系都不太亲密，有种受到排挤的感觉。而且其他几位同学比较喜欢听歌、打游戏，还经常组织聚餐吃饭，大多时候她都找理由拒绝参加，但是看到她们在一起那么开心，自己又感到很失落，所以内心很矛盾，想找辅导员老师调换寝室以改变这种状态。

案例分析

很明显，这位同学遇到了人际关系的困扰，但是仅仅调换宿舍并不能真正解决问题，因为人是组成社会的基本元素，多数的社会活动都是在多人参与的条件下进行的。因此，只有积极面对问题并加强沟通才是增进人与人、人与环境之间关系的有效方法。陈某确实应积极寻求心理辅导，以便尽快融入集体之中。

现实生活中，良好的人际关系是人生成功的重要保障。马克思曾经说过："人是各种社会关系的总和，每个人都不能孤立存在，他必定存在于各种社会关系之中。"如何理顺这些关系，并从而提高生活质量就涉及社会交往的问题。大学生进入学校的那一刻就已决定了其交往的需要，良好的人际交往能力以及良好的人际关系是生存和发展的必要条件。

一、人际交往的含义

人际交往人类社会生存的一个基本需求。良好的人际关系能够使大学生更好地了解自我，发现自己的不足，挖掘自己的潜能，不断进行自我完善，为走向社会打下基础。不良的人际关系则会使学生产生挫折感、嫉妒、自卑、社交恐惧等心理问题与困扰。

1．人际交往的定义

人际交往也称为人际沟通，指个体通过一定的语言、文字或肢体动作、表情等将某种信息传递给其他个体的过程。人际交往对于社会的发展和个性的成长有着相当重要的作用。

在现实社会中，人与人之间不断进行着物质和精神的交流，发生着各种各样的相互作用，建立着各种各样的相互关系，如家庭关系、生产关系、经济关系等。这些关系是通过某些交往来实现的，往往会受双方个性因素、环境因素或社会文化因素等的影响。处于青春期的大学生，思想活跃、感情丰富，人际交往的需求强烈，人人都渴望真挚友情，从而满足自己的精神需要。面对新的环境、新的交往对象和自主学习的大学氛围，大学生须不断调整、改变自己的交往方式，从而努力适应新的环境。

2．人际交往的意义

1）良好人际交往是维持人生理、心理健康的必要条件

心理健康的人应该是乐于与他人交往的人，愿意与他人分享自己的喜、怒、哀、乐，同时又能接受他人的行为习惯，从而与周围的人形成一种良好而和谐的人际关系。离群索居、人际关系紧张的人很容易产生孤独感、忧虑感，而长久的忧郁寡欢会导致人体发生生理变化。临床调查发现，许多疾病的发生都与精神抑郁有关。因此，人际交往是人的基本生活需要，且与人的健康密切相关。

2）良好的人际交往可以调整人的认知偏差

认知包括自我意识和社会觉察，自我意识是指个体对自己存在状态的认识，是通过良好人际交往而获得的。当人与他人建立良好的人际交往后，可以通过观察他人的行为或他人对自己行为的评价来完成正确的自我认知；而社会觉察的关键是对社会现象建立正确的认识和理解。社会认知也是个人对他人的心理状态、行为动机、意向做出推测和判断的过程，人们往往会根据自身的情况去认识他人的情况。良好的人际交往能够避免人带着过于浓厚的主观色彩去看待他人。

3）良好人际交往是成长、成功的前提

良好的人际交往可促进人与人之间的信息交流和共享。在信息激增的今天，掌握信息资源就等于加大了成功的砝码，而构建和谐的人际关系，则成为成功的又一必要条件。人际交往是人际关系建立的基础和前提，人际关系是人们在交往的过程中形成的。人际关系一旦建立，人们便可以直接感受到这种关系的存在，且人际关系是相对稳定的。而人际交往双方的社会角色也会影响彼此的人际关系。

二、人际关系的内涵

“人际关系”一词是20世纪初由美国人事管理协会率先提出的，人际关系也被称为人际关系轮。1933年，哈佛大学教授梅约创立了这个概念，并认为其包含三个方面的涵

义：一是体现人与人相互交往过程中心理关系的亲密性、融洽性和协调性；二是体现三种心理成分，即认知、情感和行为；三是通过彼此交往的过程建立和发展人际关系。

1．人际关系的定义

人际关系是指人与人在交往过程中所形成的心理关系，包括亲属关系、朋友关系、同学关系、师生关系、雇佣关系、战友关系、同事关系等。

2．人际关系的意义

豪斯顿认为：①良好的人际关系能够促进人们共同协作，现代化的社会需要团队精神，而团队协作是共同奋斗、完成工作的前提和保障；②和谐的人际关系是一种力量，可以使人产生乐观、自信、积极的精神面貌，从而勇敢迎接未来；③良好的人际关系是构建人生幸福的重要因素，人生幸福与否主要表现为人的生活态度和精神生活的满足程度，而人的生活态度又会影响人的幸福程度，因此，和谐、健康的人际关系能够使人保持积极的人生态度，从而感到幸福。

心理阅读

卡耐基的人际关系秘诀

戴尔·卡耐基是美国著名人际关系学大师，西方现代人际关系教育的奠基人，被誉为是20世纪最伟大的心灵导师和成功学大师。

卡耐基指出，跟别人交谈的时候，不要以讨论不同意见作为开始，要以强调而且不断强调双方所同意的事情作为开始，并不断强调你们都是为相同的目标而努力，唯一的差异只在于方法的不同，而非目的区别。

他还认为，要尽可能使对方在开始的时候说“是的，是的”，尽可能不使他说“不”。当一个人说“不”时，他的人格尊严，会要求他坚持到底。尽管也许事后他会觉得自己的“不”说错了，然而，考虑到宝贵的自尊后，他们会认为话既然说出了口，就得坚持下去。所以，一开始就使对方采取肯定的态度是最重要的。

当我们对对方的观点和行为有异议时，当面指责别人，往往会造成对方顽强的反抗；而巧妙地暗示对方注意自己的错误，则会收到令人满意的结果。

查乐斯·史考伯有一次经过自己经营的一家钢铁厂，他看到几个工人正在吸烟，而在他们头顶上正好有一大牌子写着“禁止吸烟”。史考伯没有指着那块牌子责问，“你们不识字吗？”他的做法是，朝那些人走过去，递给每人一根雪茄，并说：“诸位，如果你们能到外面去抽这些雪茄，那我真是感激不尽。”工人们立刻知道自己违犯了规则，但因为史考伯非但没有批评他们，反而给他们每人一根雪茄作为礼物，因此他们对史考伯更加尊重了。

对于那些不喜欢直接批评的人，间接地让他们去面对自己的错误，会有非常神奇的效果。玛姬·杰各在卡耐基的课程中提到其自己的一段经历。她曾要求一群懒惰的建筑工人在帮她盖完房子之后将周围清理干净。最初几天，杰各太太下班回家之后，发现满院子都是锯木屑子，但她并没有去指责工人们，因为他们工程做得很好。所以等工人走后，她与孩子们把这些木屑捡起来，并整整齐齐地堆放在屋角。次日早晨，她把领班叫到旁边说："我很高兴昨天晚上草地上这么干净，没有影响到邻居。"从那天起，工人每天都会把木屑捡起来并在一边堆好，领班也每天都来检查草地的状况。

卡耐基透彻地研究了人的本性，这是与人相处的基础。他认为，想要改变一个人而不伤感情，那么你的做法应该是：间接地提醒他人注意自己的错误。

心理测试

人际关系综合诊断量表

指导语：

大学生在人际关系上所存在的一些心理健康问题，主要表现为以自我为中心、多疑、害羞、孤僻、自卑、嫉妒、社交恐惧等。一些研究表明，人际关系不和谐的大学生，其个人成长及未来成就均会因此而受到严重的影响。及时采取必要的措施予以改变，是消除大学生人际关系障碍的有效途径。表6-1所示为郑日昌等编制的人际关系综合诊断量表，本量表共有28道题目，请在题目后适合自己的选项上画"√"。

表6-1　人际关系综合诊断量表

序号	问题	选项
1	关于自己的烦恼有口难言	A．是这样的　B．不是这样
2	和生人见面感觉不自然	A．是这样的　B．不是这样
3	过分羡慕或嫉妒别人	A．是这样的　B．不是这样
4	与异性交往太少	A．是这样的　B．不是这样
5	对连续不断的交谈感到困难	A．是这样的　B．不是这样
6	在社交场合感到紧张	A．是这样的　B．不是这样
7	时常伤害别人	A．是这样的　B．不是这样
8	与异性来往感到不自然	A．是这样的　B．不是这样
9	与一大群朋友在一起，常感到孤寂或失落	A．是这样的　B．不是这样
10	极易感到窘迫	A．是这样的　B．不是这样
11	与别人不能和睦相处	A．是这样的　B．不是这样
12	不知道与异性相处时如何把握分寸	A．是这样的　B．不是这样

续表

序号	问题	选项
13	当不熟悉的人对自己倾诉他的生平遭遇以求同情时，自己常感到不自在	A．是这样的　B．不是这样
14	担心别人对自己有什么坏印象	A．是这样的　B．不是这样
15	总是尽力使别人赏识自己	A．是这样的　B．不是这样
16	暗自思慕异性	A．是这样的　B．不是这样
17	时常避免表达自己的感受	A．是这样的　B．不是这样
18	对自己的仪表（容貌）缺乏信心	A．是这样的　B．不是这样
19	讨厌某人或被某人所讨厌	A．是这样的　B．不是这样
20	瞧不起异性	A．是这样的　B．不是这样
21	不能专注地倾听	A．是这样的　B．不是这样
22	自己的烦恼无人可申诉	A．是这样的　B．不是这样
23	受别人排斥与冷漠对待	A．是这样的　B．不是这样
24	被异性瞧不起	A．是这样的　B．不是这样
25	不能广泛地听取各种意见、看法	A．是这样的　B．不是这样
26	自己常因受伤害而暗自伤心	A．是这样的　B．不是这样
27	常被别人谈论、愚弄	A．是这样的　B．不是这样
28	与异性交往时不知如何更好地相处	A．是这样的　B．不是这样

评分规则：

选A记1分，选B记0分。然后将各问题得分相加，得到总分。

结果分析：

0~8分：说明你与朋友相处时遇到的困扰较少。你善于交谈，性格比较开朗，主动关心别人，你对周围的朋友都比较好，你愿意和他们在一起，他们也喜欢你。而且你能够从与朋友相处中得到许多乐趣。

9~14分：你与朋友相处的过程中存在一定程度的困扰，你的人缘一般。

15~28分：你在与朋友相处中的行为困扰较严重，你不善于交谈，可能性格孤僻或者盲目自大。

第二节 人际关系与人际吸引

成长案例

小艳是某高校电子专业大三的女生。她来自一个偏僻山村，父母均是农民，父亲在劳动时受伤，不能干重活，家中还有一个比她小三岁的弟弟，家庭比较贫困。进入大学后，面对同学，小艳感到很自卑，因为性格内向，不善言语，她总是独来独往，很少与人交往，常感到孤独无助。她也想融入班集体，却不知道该如何与人交往，也不知道该怎样处理宿舍同学之间、班级同学之间的关系。这使她很苦恼，经常无法入睡。因为长期得不到很好的休息，上课精力很难集中，学习效果很差，成绩也因此急剧下降。

案例分析

从案例中可以看出，小艳同学受到了人际关系的困扰。首先，她存在自我认知偏差，导致出现自卑心理，性格上的缺陷使她不善于表达自己，在人际交往中表现为消极应对，因而影响到了学习和睡眠。人与人的沟通、交往是需要一定能力的，小艳首先要在完善性格上下功夫，还要主动和同学交流，积极参加集体活动，在丰富多彩的社会实践中增长知识，锻炼社交能力，并且要善于学习别人性格方面的优秀品质，克服自身弱点，从而使性格不断得到改变。

一、人际关系的建立与发展

奥尔特曼认为，良好人际关系的建立与发展一般需要经历定向、情感探索、情感交流和稳定交往四个阶段。

1. 定向阶段

定向阶段包括注意、选择交往对象，与交往的人进行初步的交谈、沟通等。

2. 情感探索阶段

情感探索阶段，双方会探索彼此的共同点或相互吸引的特质，并建立情感联系。

随着双方这些特质的增多，他们的沟通也会逐渐加深。

3．情感交流阶段

这一阶段，双方的信任感开始建立，沟通的深度和广度也逐渐加深，这时双方会互相反馈一些真诚的信息。

4．稳定交往阶段

处于稳定阶段的交往双方彼此允许对方进入各自比较私密的空间，沟通会进一步加深，自我暴露逐渐增加。

二、影响人际吸引的因素

人际吸引是个体与他人之间情感上相互亲密的状态，是人际关系中的一种肯定形式。人之所以会喜欢别人或被别人喜欢，会受很多因素的影响和制约。其影响因素主要有以下几个方面。

1．外貌因素

外貌因素包括穿着、容貌、体态、行为举止、风度等，这些外在因素在人际交往中非常重要，特别是在交往的初期阶段，外貌漂亮会给人以良好的第一印象。针对这一现象，心理学家给出了四条解释：

（1）漂亮的人更容易得到爱。无论在电影还是其他的文学作品中，被爱的人通常是漂亮的，由此可见，美貌起到了增添个人魅力的作用。

（2）与漂亮的人在一起，在他人面前会显得更加荣耀和光彩。

（3）人们有时会认为漂亮的人在其他方面也比较优秀，例如长得漂亮的人成绩可能也会比较好，性格也会比较好等；

（4）漂亮的容貌令人感到赏心悦目，得到美的满足。

2．距离因素

距离上的远近是影响人与人之间相互吸引的重要因素。1950年，美国心理学家费斯延格在麻省理工学院做过一个关于17幢已婚学生住宅楼的研究。结果发现，居住距离越近的人，交往的次数越多，关系越密切。由此可以看出，距离的远近与交往的频率有直接关系，距离较近则有利于建立密切的人际关系。但是在日常生活中，会出现邻居、室友、同学、同事之间的人际关系反而比较紧张的现象，因此，较近的距离是良好人际关系建立的一个有利因素，而非决定因素。

3．能力因素

在其他条件相同的情况下，一个人越有能力则通常越会受到他人的喜欢，但也有例外情况。阿伦森等曾做过一个实验，让每一组接受实验者去试听一段录音。录音有四种，分别来自出四种不同能力水平的人：能力超凡的人；能力超凡但是犯过错误的人；能力平庸的人；能力平庸而又犯过错误的人（这里所犯的错误指较小的过错）。结果发现，最受人欢迎的并不是能力超凡的人，而是第二种，即能力超凡但是犯过错误的人；第一种人的受欢迎程度排在第二位；第三位的是能力平庸的人；最不受人喜欢的是能力平庸且犯错误的人。

通过这个实验我们可以看出，有能力但有弱点和缺点的人非但不会使他人对其好感度降低，反而会增加受人喜欢的程度，并认为他是实实在在生活在现实社会中的一员，而不是脱离普通人群的"特殊群体"。

4．相似与互补因素

研究发现，人们彼此之间的某些相似特征是人际吸引的重要因素，主要包括年龄、性别、兴趣爱好、生活环境等。互补因素表现为当两个人的某些特征可以互补且相互满足对方的需要时，两个人也可以达到相互吸引。

心理阅读

奇妙的第一印象

有这样一则故事：

在一次招聘会中，一位新闻专业的学生，急于找工作。他来到某报社前，递交了求职简历，对总编说："你们需要编辑吗？"

"对不起，不需要！"

"那么记者呢？"

"不需要！"

"那么排字工人、校对呢？"

"不，我们现在什么空缺也没有了。"

"那么，你们一定需要这个东西。"

说着，他从公文包中拿出一块精致的小牌子，上面写着"额满，暂不雇用"。总编看了看牌子，微笑着点了点头，说："如果你愿意，可以到我们广告部工作。"这位大学生通过自己制作的牌子展现了自己的才智和乐观心态，并给总编留下了美好的"第一印象"，引起了总编对他的关注，从而为自己赢得了一份满意的工作。这种第一印象的微妙作用，在心理学上称为"首因效应"。

“首因效应”是由美国心理学家洛钦斯首先提出的，也叫“第一印象效应”，指交往双方形成的第一次印象对今后交往关系的影响，也即“先入为主”带来的效果。

心理学研究表明，与一个人初次会面时，45秒内产生的第一印象至关重要。因为这个第一印象一旦形成，它就能在对方的头脑中占据主导地位，并持续较长时间。如果一个人在初次见面时给人留下了良好的印象，那么人们就愿意和他接近，彼此也能较快地相互了解，并会影响人们对他以后一系列行为和表现的认知。反之，对于一个初次见面就引起对方反感的人，即使不得不与之接触，人们往往也会对其很冷淡，在极端的情况下，甚至会在心理上和实际行为中产生与之对抗的状态。“首因效应”具有先入性、不稳定性、误导性，根据第一印象来评价一个人往往有失偏颇。其主要表现有两个方面：一是以貌取人，对仪表堂堂、风度翩翩的人容易形成良好的印象，而其缺点却很容易被忽视；二是以言取人，那些谈吐不凡者往往给人留下较好的印象。“首因效应”之所以会引起认知偏差，是因为认知是根据不完全信息而对交往对象作出判断的。俗话说“路遥知马力，日久见人心”，仅凭第一印象便妄加判断，往往会造成许多错误。

心理测试

人际交往类型测试

请对下列问题做出“是”或“否”的回答，最终结果将用于分析你在与人交往时属于哪种类型。

1．遇到熟人时，我会主动打招呼。

2．我常主动写信给友人表达思念。

3．旅行时，我常与不相识的人闲谈。

4．有朋友来访时，我从内心里感到高兴。

5．没人引见时，我很少主动与陌生人谈话。

6．我喜欢在群体中发表自己的见解。

7．我同情弱者。

8．我喜欢给别人出主意。

9．我做事总喜欢有人陪伴。

10．我很容易被朋友说服。

11．我总是很注意自己的仪表。

12．如果约会迟到，我会长时间感到不安。

13．我很少与异性交往。

14．我到朋友家做客从不会感到不自在。

15．与朋友一起乘公共汽车时，我不在乎谁买票。

16．我与朋友聊天时常诉说自己最近的烦恼。

17．我常能交上新的知心朋友。

18．我喜欢与有独特之处的人交往。

19．我觉得随便暴露自己的内心世界是很危险的事。

20．我对发表意见很慎重。

评分规则：

第1、2、3、4、6、7、8、9、10、11、12、13、16、17、18题，答“是”记1分，答“否”记0分；第5、14、15、19、20题，答“否”记1分，答“是”记0分，将各题得分相加得出总分。

结果分析：

（1）1~5题得分体现了交往中的主动性水平：

得分高者说明交往中偏于主动型，得分低者则意味着交往中偏于被动型。

（2）6~10题得分体现了交往中的支配性水平：

得分高者说明交往中偏于领袖型，得分低者则意味着交往中偏于依从型。

（3）11~15题得分体现了交往中的规范性程度：

得分高者说明交往中讲究严谨，得分低者则意味着交往中较为随意。

（4）16~20题得分体现了交往中的开放性程度：

得分高者说明交往中偏于开放型，得分低者则意味着交往中偏于闭锁型。

以上各题如果得分处于中等水平，则表明交往倾向不明显，属于综合型的社交者。

第三节　大学生人际交往

成长案例

小辉从南方来到北方一所大学读书，临行前父亲反复告诫他人际关系的重要性，让他好好和同学、老师相处。进校后，小辉一直记着父亲的忠告。但是他的寝室同学都是北方人，和小辉在饮食、观念等各方面相差甚远，小辉经常无法赞同他们的做法和想法，所以产生了一些摩擦，寝室关系变得紧张起来。几个月后，小辉开始对他们产生反感和不信任，进而形成怨恨和猜疑，只要有同学当着自己的面小声说话，他就认为是在说自己的坏话，心里因此十分苦闷。小辉感到无能为力的同时又十分伤心，一度产生了退学的念头。

案例分析

从案例中可以看到，人际交往的紧张使小辉心里充满了对他人的猜忌和反感。人际交往对大学生心理健康有着重要影响，提升人际交往能力是大学生实现社会化的重要前提。良好的人际交往可以让大学生更好地了解自己，发现自己的不足，从各方面来完善自我。因此，小辉需要认真地寻找自己身上存在的问题，改变自己的想法与做法，尝试理解和接纳别人。

一、大学生须培养人际交往能力的原因及大学生人际交往的特点

大学阶段是人生发展的重要时期，每位大学生在大学里不仅要学好专业知识，更重要的是培养自己的综合素质，为适应社会做好充分的准备，而努力培养自己的人际交往能力，是其中十分重要的一个环节。

1．大学生须培养人际交往能力的原因

1）环境发生变化，需要独自面对生活

大学阶段是大多数学生第一次离开家门独自生活，他们需要远离父母和熟悉的家乡，独自一人面对新的环境，过集体生活。这时，不可避免地会产生一些孤独感和失落感，有些时候由于事情处理不得当，还会产生许多烦恼。为此，他们时常需要找人倾诉，与他人交流，人际交往由此发生。

2）丰富知识，提高能力，为走向社会做准备

大学生在课堂上学到的知识可以提高其的理论水平和学业能力，但是还有许多其他知识是要通过与同学、老师交流而获得的。这些知识不仅对学习专业课程有帮助，还有助于大学生认识社会、了解社会、适应社会。

3）大学生社会化和事业成功的需要

随着我国经济的高速发展，大学生要在激烈的社会竞争中取得成功，除加强知识的学习和能力的培养外，还要学会自我营销。此外，社交能力在大学生的求职过程中也发挥着十分重要的作用。通过人际交往，大学生可以学习到许多知识、经验、处事方法，以便更好地适应社会需要。

2．大学生人际交往的特点

当代大学生的人际交往意识越来越强烈，范围越来越广泛，社交能力也在不断提高。但是，由于大学生还未完全走入社会，社会阅历较少，这便决定了大学生的人际交往具有一定的特点。

1）人际交往的迫切性

大学生活泼好动，思想比较活跃，自主意识逐渐加强。由于他们大都离开了原有的生活，来到了一个新的环境，因而往往有比较迫切的人际交往意愿。同高中时期对比，大学生对人际交往的关注程度显著升高，且十分渴望得到别人的理解和接纳。

2）交往对象及范围有限

大学生交往的对象主要包括老师、同学、同乡等，大多数学生在校期间接触到的只是学校范围内的交往对象，只有部分学生能够接触到大量社会人群。可见，大学生的交往范围还是比较有限的。

3）交往的内容丰富多彩

大学生交往范围内的朋友大多年龄相仿，他们思想活跃、兴趣广泛，对社会事物有很高的热情。通常情况下，他们交流的内容除涉及专业知识外，还会谈论政治、经济、文化、历史、文艺等众多话题。

4）从封闭型向开放型转变

随着当今社会信息化程度的逐渐加深，大学生的人际交往也越来越活跃，并逐渐由原来的封闭型向开放型转变。他们的眼界越来越开阔，适应社会的能力越来越强，且体现出包容、平等的趋势。

5）跨越地域与种族

全球化进程为国与国之间、民族与民族之间、人与人之间搭建了沟通的桥梁，大学校园里留学生、各少数民族同学所占比重越来越高，从而使大学生的人际交往也呈现出多样性、国际化等特点。

二、大学生人际关系的表现形式

在大学校园里，大学生之间通过人际交往建立了不同层次、不同形式的关系，主要表现为以下几种形式。

1）室友——生活中的主要交往对象

寝室是大部分大学生在校期间停留时间最长的地方，也是他们发生基本人际关系的地方。由于每位室友的个性、行为习惯、表达方式等都存在差异，如有的同学喜欢热闹、有的同学喜欢安静等，若大家都不能互相谅解，那么就很可能导致矛盾的发生。协调好室友之间的关系，建立良好的人际关系，将使我们的大学生活更加愉快、更加丰富多彩。一个人的寝室关系处理的好坏，也是其人际关系处理能力的体现。

2）学友——学业中的主要交往对象

大学中，有相同知识背景及兴趣爱好的同学之间通常会建立起联系，成为学友。他们在一起有共同的话题，可以进行一定的学术交流，从而形成良好的人际关系。这种人际关系相对稳定，持续时间也相对较长。

3）朋友——业余生活中的主要交往对象

朋友关系是超越基本同学关系的一种亲密关系，大学生交友主要有两种情况，一种是彼此间有某种共同点的人际关系，例如，大学生第一次离开家乡，对家乡有思念之情，因而与来自同一个省、市、县的学生间建立起“老乡式”的人际关系，这种交往在大学生活开始的阶段比较频繁，但随着与同学交往的增加，老乡间的交往可能会逐渐减少，同时，有共同志向、兴趣、爱好的学生会通过参加校园活动、社团活动等建立起稳定的人际关系；第二种是与异性间超越普通朋友关系的人际关系。随着年龄的增长，大学生异性间的交往变得更加坦然、放松，特别是以恋爱为前提的人际交往也逐渐增多。

三、影响大学生人际交往的因素

随着社会的发展，大学生为了适应日后的社会竞争，需要积极通过人际交往来锻炼自己，这也是大学生成长、成才道路上的“必修课”。大学生在人际交往的过程中主要会受到下述因素的影响。

1．个性因素

个性因素主要是指认知水平、认知态度、兴趣爱好、性格特征等因素。由于每个人的行为都存在一定的差异，因此对于同一件事情的看法和反应是不同的。心理学家研究表明，在一个团体中，不受欢迎的个性主要表现出不友善、自私、粗鲁、狭隘、猜疑、妒忌等特征，而受欢迎的人表现出的个性品质则与之相反。

2. 情绪因素

人际交往强调人与人之间的情感关系及心理距离。情绪因素是影响人际关系的主要因素之一，并会影响到人的认知和行为。情绪是心情的反映，大学生多是情绪化较为严重的群体，心情好时，与他人交往会比较愉快、顺利；心情不好时，则可能不愿与他人交往。

3. 家庭因素

家庭因素主要是指家庭的自然结构、家庭中的人际关系、家庭的教育方式、家庭的抚养方式以及家长的素质等均会对大学生心理产生直接或间接的影响。研究表明，大学生的不少心理问题都与不良的家庭环境有关。自小娇生惯养和被过分溺爱的孩子，进入大学后，更容易产生心理挫折。家庭贫穷、双亲不睦或单亲家庭的孩子，倘若父母对他们过分管制或放任不管，上大学后，有些人会表现得蛮横无理或做出一些违背社会规范的反常举动，另有些人会表现出内向、孤僻的性格，很少与人交往，不易表露感情，郁郁寡欢，也容易产生心理挫折。

家庭经济状况对大学生的心理也有着潜在影响，贫困大学生除了要面对个人发展问题与就业压力外，还往往面临着较大的生活压力和经济压力，因而可能会导致其产生较多的心理冲突，并产生挫折感。

4. 社会环境因素

我国正处于快速发展时期，人们的生活方式、价值观念、评价体系、行为模式等都发生着不断地变化，而这种变化在客观上对当代大学生的心理带来了一定程度的影响。首先，市场经济呼唤人的主体意识，承认个人利益的合理性，鼓励积极竞争和个人发展，要求人们锐意进取、开拓创新，原有的安贫乐道、知足常乐的观念正受到挑战。面对这种变化，如何处理个人与他人的关系、个体发展与社会发展的关系、合作与竞争的关系等，往往成为令成长中的大学生感到困惑的问题：一方面，原有的价值观还在对其产生着影响；另一方面，他们又希望张扬自己的个性，施展自己的才华。这种冲突会增加大学生的挫折感。其次，当代大学生身处东西方价值观并存且互相影响的复杂环境中，各种外来思潮的涌入直接影响大学生的价值选择。与此同时，由于大学生缺乏社会经验，因而会比较容易产生挫折感。

心理阅读

在人际交往中克服自卑心理

在人际交往中，我们常常会碰到自卑的情形，这种自卑心理对人的成长和发展是不利的，也有碍于与别人的正常交往。

有一位妇女，名叫瑟玛·汤普森，当说起自己在战争时期的经历时，她讲了这样一则故事：

我的先生驻守在莫嘉佛沙漠附近的陆军训练营里，我为了能和他离得近一点，便也搬到那里去住。我很讨厌那个地方，简直是深恶痛绝。我一个人住在一间狭小的破屋里，那里热得叫人受不了——即使是在大仙人掌的荫影下，也还有高达一百二十五华氏度的高温。

除了墨西哥人和印第安人之外，没有人可以和我谈话，而那些人又不会说英语。风不停地吹着，到处都是砂子！

我当时真是难过得一塌糊涂，写了封信给我的父母，告诉他们我受不了，要回家。我说我连一分钟也待不下去。父亲回信了，只有两行字："两个人从监狱的铁栏里往外看，一个看见烂泥，另外一个看见星星。"，我把这两行字念了一遍又一遍，自己觉得非常惭愧。我下定决心，一定要在当时的情形下找到让自己能"看到星星"的办法。

后来，我和当地的人交上了朋友，他们的反应令我十分惊奇。当我表示对他们所织的布和所做的陶器感兴趣的时候，他们就不肯再卖给观光客，而是把他们最喜欢的东西送给我作礼物。

我仔细欣赏仙人掌和丝兰迷人的形态，我学到了关于土拨鼠的知识，我看着沙漠的日落，还去找贝壳，想象在三百万年前，那一片沙漠曾是海洋。

是什么使我产生这样惊人的改变呢？莫嘉佛沙漠丝毫没有改变，那些印第安人也没有改变，可是我变了，我改变了我的态度。在这种变化之下，我把一些令人颓丧的境遇变成了生命中最刺激的冒险。我所发现的这个崭新世界使我感动，也使我兴奋，我高兴得为此写了一本名叫《光明的城垒》的小说……我从自己设下的监狱往外望，我找到了星星。

还有另外一则故事：

有一位电车车长的女儿，想要成为一名歌唱家，可是她长得并不好看，嘴巴很大，牙齿外突，每一次公开演唱的时候，她都会一直想把上嘴唇拉下来盖住自己的牙齿。她想要表演得"很美"，结果呢？她使自己大出洋相，似乎注定了失败的命运。

可是，有一位听这个女孩子唱歌的男子，却认为她很有天分。他很直率地说，"我一直在看你的表演，我知道你想掩藏的是什么，你觉得你的牙长得很难看。"这个女孩子非常窘迫，可是那位男子继续说道："难道说长了'龅牙'就罪大恶极吗？不要想去遮掩，张开你的嘴，观众看到你不在乎自己的牙齿的话，他们会更加喜欢你的。"

女孩接受了他的忠告，不再去在意牙齿。从那时候开始，她只想到台下的观众，她张大嘴巴，热情而高兴地唱歌，并最终成为一位十分优秀的歌唱家。

我们在人际交往中应不断增强自信心，多发掘自己的优势，从而将自身优势与自信之间形成良性的强化。久而久之，自卑心理会逐渐消除，从而形成积极的心态。

心理测试

人际关系测试

指导语:

请完成下列测试题，在适合你的选项上画“√”。

1．在人际关系中，我相信:

A．大多数人是友善的，可与之为友。（3分）

B．人群中有一半是狡诈的，一半是善良的，我选择与善良者为友。（2分）

C．大多数人是狡诈、虚伪的，不可与之为友。（1分）

2．最近我新交了一群朋友，这是:

A．因为我需要他们。（1分）

B．因为他们喜欢我。（2分）

C．因为我发现他们很有意思，令人感兴趣。（3分）

3．外出旅游时，我总是:

A．很容易交上新朋友。（3分）

B．喜欢一个人独处。（2分）

C．想交朋友，但又感到困难。（1分）

4．我已经约好要去看望一位朋友，但因为太累而失约了。在这种情况下，我感到:

A．这是无所谓的，对方肯定会原谅我。（1分）

B．有些不安，但又总是在自我安慰。（3分）

C．我很想了解对方是否对我有不满的情绪。（2分）

5．我的友情坚持的时间通常是:

A．数年之久。（3分）

B．不一定，合得来的朋友能长久相处。（2分）

C．时间不长，经常更换。（1分）

6．一位朋友告诉我一件很有趣的私事，我会:

A．尽量为其保密。（2分）

B．根本没有考虑过要继续宣传此事。（3分）

C．朋友一离去，我便会与他人议论此事。（1分）

7．当我遇到困难时:

A．通常是靠朋友解决的。（1分）

B．找自己可信赖的朋友商量此事。（2分）

C．不到万不得已决不求人。（3分）

8．当朋友遇到困难时，我觉得:

A．他们大多数喜欢来找我帮忙。（3分）

B．只有那些与我关系密切的朋友才来找我商量。（2分）

C．他们一般都不愿来麻烦我。（1分）

9．我交朋友的一般途径是：

A．通过熟人介绍。（2分）

B．在各种社交活动中结识。（3分）

C．必须经过相当长的时间才能交到朋友，而且还相当困难。（1分）

10．我认为朋友最重要的品质是：

A．具有能吸引我的才华。（3分）

B．可以信赖。（2分）

C．对我感兴趣。（1分）

11．我给人们的印象是：

A．经常会引人发笑。（2分）

B．经常会启发人们思考。（1分）

C．和我相处时他们会感到舒服。（3分）

12．在晚会上，如果有人提议让我唱歌或表演，我会：

A．婉言谢绝。（2分）

B．欣然接受。（3分）

C．直截了当地拒绝。（1分）

13．对于朋友的优缺点，我喜欢：

A．诚心诚意地当面赞扬他的优点。（3分）

B．会诚实地对他提出批评意见。（1分）

C．既不奉承也不批评。（2分）

14．我在结交朋友时：

A．只能结交那些与我的利益密切相关的人。（1分）

B．通常能和任何人相处。（3分）

C．有时愿与同自己投缘的人相处。（2分）

15．如果朋友们和我开玩笑（恶作剧），我总是：

A．和大家一起笑。（3分）

B．很生气并表现出来。（1分）

C．有时高兴，有时生气，依自己当时的情绪和状态而定。（2分）

16．当别人依赖我的时候，我是这样想的：

A．我不在乎，但我自己却喜欢独立于朋友之外。（2分）

B．这很好，我喜欢别人依赖于我。（3分）

C．要小心点，我愿意对一切事物持冷静、清醒的态度。（1分）

评分规则：将各题所选选项后的分数相加，得出总分，并与“结果分析”中的内容对照。

结果分析：

38~48分：与朋友相处很融洽，受人欢迎。

28~37分：与朋友的关系不稳定，许多的人不太喜欢你，如果你想得到朋友的认可，则需做出很大努力。

16~27分：与朋友的关系不融洽，社交圈子较小，有必要扩大你的社交范围。

第四节　提升大学生的人际交往能力

成长案例

小伟是某高职院校的一名计算机专业大学生，性格较为内向。进入大学后，他只想好好学习，不太与同学交往，也不参加活动，后来他发现大学的课程比较轻松，自己的业余时间较多，因此经常感到非常无聊，于是他开始重新规划自己的大学生活，锻炼自己的综合能力。正巧系学生会纳新，他就报名参加了竞选，但是因为竞选演讲表现一般，导致最终落选，为此他感到很失落。后来偶然的机会，有位学长推荐他加入了学校的大学生创业协会，进入社团后，他工作十分努力，得到了大家的认可，他也试着积极和大家交流。一学期下来，他在协会中交了不少好朋友，这使他感觉大学生活十分充实，对专业学习也越来越有兴趣。

案例分析

人际交往是人与人之间的一种互动，是人际关系的构成条件，也是人们获取知识和信息的重要途径。人际交往不但贯穿人的一生，而且制约着人的社会属性、家庭属性、环境属性等。小伟虽然性格内向，但进入大学后，能够认真思考和规划自己的大学生活，并努力参与各种能够锻炼自己的活动，最终获得了认可。

一、大学生人际交往的原则

1．平等原则

平等是人与人之间建立良好关系的前提，同学之间不要因为经济、家庭地位、经历、特长、能力等的差别而对他人另眼相看，不要因为他人的缺陷而取笑别人，更不能拿自己的优点、长处去与别人的短处相比。每个人都是平等的，都有获得平等相待的权利。

2．尊重原则

在社会生活中，每个人都是平等的，没有贵贱之分。如春秋战国时期，有“中山君分羊肉汤亡国”的事件：

中山国的国君，为了加强内部团结，便在王宫里摆下酒宴，宴请城里有名望的贵族、士大夫。可是事情并未按预期的方向发展。他在给宴会上的人分羊肉汤时，其他人都分了，唯独没有分给司马子期，这使司马子期感到在众人面前丢了面子，认为中山国君不尊重他，便一气之下跑到了楚国，劝楚国国王攻打中山国，楚国被说动，果然出兵进攻了中山国，中山君不敌楚国，只好狼狈逃亡。后来他十分后悔，认识到不该不尊重司马子期，伤了他的自尊心，丢掉了自己的疆域。

这则故事告诫我们，在与人交往过程中，不能自视清高，应尊重他人。

大学生正处于青春期，自尊心强，都希望别人尊重自己。而想要得到他人的尊重，首先要做到尊重他人，尊重他人的人格、感情，更要尊重他人的隐私。

3．真诚原则

真诚不仅是一种传统美德，还可以满足人们求实、求稳的心理需求。在交往中，双方怀着真诚的动机和态度，这样就能够使双方互相理解和信任，感情上也容易引起共鸣，进而使友谊得到巩固和发展。在这个过程中，如果不能真诚地对待对方，将可能会失去对方的信任，甚至会失去朋友。

4．宽容原则

宽容表现为对非原则性的事情不斤斤计较，宽容可以体现出一个人的修养。在大学生的交往中，由于家庭环境、经历等存在差异，难免会产生矛盾和摩擦，这是正常现象。从辩证的角度说，事物内部是充满矛盾的，没有矛盾的对立统一事物就不能发展。因此，在日常学习生活中，要以宽容的心看待对你提出反对意见的人。

5．互利原则

互利就是互相帮助，是一种加深人际交往的手段。如在人际交往的过程中，不能只是一味地想得到他人的帮助和给予。在大学生的交往中，同学间除了物质上的互助外，精神上的互相支持更重要，同学之间要学会分享快乐和分担悲伤。

二、大学生人际交往的技巧

大学生要建立良好的人际关系，只遵守人际交往的原则是不够的，还要掌握一些人际交往的技巧。

1．重视第一印象

第一印象是人心理效应的体现，对人的行为影响很大。通过对成功的人际交往案例进行分析可知，交往双方往往都能在第一次见面时给彼此留下很好的第一印象，从而建立融洽的关系并进一步加深交往。对于大学生而言，如何给他人留下良好的第一印象呢？首先，应注意仪表和行为举止。第一次见面时，在仪表和行为举止等方面给对方留下的印象最为深刻。仪表不仅指容貌，还包括衣着、姿态、风度等构成的整体形象。穿着打扮须符合大学生的身份，要有自身的特点，不要衣着怪异。其次，要遵守社交礼仪，应热情大方、彬彬有礼，恰当使用称谓。再次，还要注意提高自身的素质和修养。

2．培养交谈技巧

交谈是双方在交往过程中最基本、最常用的方式，交谈过程中要注意以下几个方面：

（1）语言要运用得当。

说话要平易近人，让人感到你的亲切和真诚。一般要用清晰、流利、文雅的词语表达自己的观点和意见，用词要准确。

（2）称呼要得当。

在交往的过程中，称呼得当可以拉近交往双方的距离，对长辈的称呼要体现尊敬，同学、同事之间则可以直呼其名。

（3）声调要恰当。

在人际交往中，可以通过声调的起伏表达出不同的意思，如柔和的声调表示坦率、友好，缓慢、低沉的声调表示同情等。

3．肢体语言的运用

在人际交往的过程中，人在举手投足之间，便可以表达出一定的态度，例如与他人握手时，应目视前方，除拇指外，其他四指并拢。你的目光会让他人感到温和、亲切、拘谨、戒备、仇恨等多种情感。

4．适当运用幽默

幽默是一种风趣、理智、健康的心态，多体现在语言上。幽默可以调节和活跃气氛，消除人们的忧郁和疲劳，增添欢乐。交往中可以运用“一语双关”、“反正话”、谐音字、“假戏真做”等技巧来制造幽默，但是在运用幽默时要把握分寸，注意场合。

心理阅读

刺猬法则

“刺猬法则”可以用这样一个有趣的现象来形象地说明：两只困倦的刺猬由于寒冷而相拥在一起，可怎么也睡不舒服，因为各自身上都长着刺，紧挨在一起，反而无法睡得安宁，几经折腾，两只刺猬拉开距离，尽管外面寒风凛冽，可它们却感到舒适、温暖。

"刺猬法则"就是人际交往中的"心理距离效应"。管理心理学专家的研究认为：领导者要有效开展工作，则应与下属保持比较亲密的关系，但这应该是"亲密而有间"的关系。只有保持适当的距离，才能维持融洽而长久的人际关系。

定势效应

有一位农夫丢失了一把斧头，他怀疑是邻居偷的，于是便观察他走路的样子，脸上的表情，感觉他的言行举止十分像偷斧头的贼。但是，后来农夫找回了丢失的斧头，这时他再看邻居，竟觉得他的言行举止中再没有一点偷斧头的模样了。这则故事描述了农夫在心理定势作用下的心理活动历程。所谓定势效应是指人们在认知活动中用"老眼光"——已有的知识经验来看待当前的问题的一种心理反应倾向，也叫思维定势。

在人际交往中，定势效应表现在人们用一种固定化了的思想去认知他人。例如：我们往往默认老年人大都思想僵化，墨守成规，跟不上时代；而他们则往往认为年轻人，缺乏经验，"嘴巴无毛，办事不牢"；与同学相处时，我们会认为诚实的人始终不会说谎，而一旦我们认为某人心术不正，那么即使他主动表示好感，我们也会认为这是"黄鼠狼给鸡拜年——没安好心"。心理定势效应常常会导致偏见和成见，阻碍我们正确地认知他人，所以，我们要做到客观、理性地看待他人。

心理测试

人际交往能力测试题

指导语：

请你根据自己的实际情况，认真考虑下列问题，并选出最符合自己的选项。

1．每到一个新的场合，我对那里原来不认识的人，总是：

A．能很快记住他们的姓名，并成为朋友。

B．尽管也想记住他们的姓名并成为朋友，但很难做到。

C．喜欢一个人消磨时光，不大想结交朋友，因此不注意他们的姓名。

2．我结交朋友的动机是：

A．我认为朋友能使我生活愉快。

B．朋友们喜欢我。

C．朋友们能帮助我解决问题。

3．我的友情维持的时间通常是：

A．很久。

B．有长有短。

C．不断地弃旧更新。

4．你对曾在精神、物质等诸多方面帮助过你的朋友总是：

A．心存感激，并时常向朋友提及此事。

B．认为朋友间互相帮助是应该的，不必客气。

C．时过境迁，抛在脑后。

5．在我生活中遇到困难或发生不幸的时候：

A．了解我情况的朋友，几乎都曾安慰、帮助我。

B．只是那些很亲密的朋友来安慰、帮助我。

C．几乎没有朋友给予帮助或安慰。

6．你和那些气质、性格、生活方式不同的人相处的时候总是：

A．适应比较慢。

B．几乎很难或完全不能适应。

C．能很快适应。

7．对那些异性朋友、同事，我：

A．只是在十分必要的情况下才会去接近他们。

B．几乎和他们没有交往。

C．能同他们接近，并正常交往。

8．你对朋友、同事们的劝告、批评总是：

A．能接受一部分。

B．难以接受。

C．很乐意接受。

9．对待朋友的生活、工作等方面我喜欢：

A．只赞扬他们的优点。

B．只批评他们的缺点。

C．既要赞扬他的优点，也要批评他的缺点。

10．在我情绪不好、工作很忙时，朋友请求我的帮助，我通常：

A．找个借口推辞

B．表现出不耐烦并断然拒绝。

C．表示有兴趣，尽力而为。

11．我在编织自己的人际关系网时，只希望让哪些人加入？

A．上司、有权势者。

B．诚实、心地善良的人。

C．与自己社会地位相同或低于自己的人。

12．当我在生活、工作中遇到困难时，我：

A．向来不求助于人，即使无能为力时也是如此。

B．很少求助于人，只是确实无能为力时才请朋友帮助。

C．事无巨细，都喜欢向朋友求助。

13．你结交朋友的途径通常是：

A．通过朋友介绍。

B．在各种场合的接触中结交。

C．经过较长时间的相处后才结交。

14．如果你的朋友做了一件使你不愉快或使你伤心的事，你通常会：

A．以牙还牙地报复。

B．宽容、原谅。

C．敬而远之。

15．你对朋友们的隐私总是：

A．很感兴趣，热心传播。

B．从不关心此类事情，甚至想都没想过，即使了解也不告诉旁人。

C．有时感兴趣，偶尔传播。

评分规则：

第1~5题，选A、B、C分别记1、3、5分；第6~10题，选A、B、C分别记3、5、1分；第11~15题，选A、B、C分别记5、1、3分。计算各题得分，并得出总分。

结果分析：

15~29分：人际交往能力强。

30~57分：人际交往能力一般。

58~75分：人际交往能力较差。

心理拓展

1．“无敌风火轮”团体游戏

【游戏目的】培养学生团结一致、密切合作、克服困难的团队精神，培养学生的计划、组织、协调能力，增强学生之间的相互信任和理解。

【游戏规则】每组10人，所有人都站到“风火轮”中（图6-1），共同完成15米的路程，若中途有人踩到地面或者摔倒，算作犯规，裁判当即要求该组暂停5s，然后继续进行比赛。

图6-1 “无敌风火轮”游戏示意图

【活动场地】室外平整、空旷处。

【参与人员】除参赛学生外，每组另须配一名计时员、两名裁判。

【游戏时间】20分钟。

2．“能量传输”团体游戏

【游戏目的】激发个人潜能，增强团队凝聚力。

【游戏规则】每组10人，一同上场。每人一截轨道，依次传递小球，如果途中球落地，则重新开始，全程25米（图6–2）。最后完成的组接受惩罚。

图6–2 “能量传输”游戏示意图

【参与人员】除参赛学生外，每组另须配裁判两人，计时员一人。

【游戏时间】20分钟。

3．“同心协力”团体游戏

【游戏目的】使学生了解团队协作的重要性，增强团队成员的归属感，激发学生的奋斗精神。

【游戏规则】

（1）先派出两名学生上场，背靠背坐在地上。两人双臂相互交叉，合力使双方一同站起。

（2）增加一人，三人仍背靠背坐好，依次手臂交叉，然后彼此借力一同站起。

（3）以此类推，每次增加一人，如果尝试失败则需再试一次，直到成功后才可再加一人。

【游戏时间】5分钟。

【游戏讨论】

（1）你能仅靠一个人的力量就完成起立的动作吗？

（2）如果参加游戏的同学能够保持动作协调一致，这个任务是不是会更容易完成？ 为什么？

（3）你们是否曾想过一些办法来保证同学之间动作协调一致？

第七章

维护恋爱心理健康

心灵引导

人的需要涉及给予和接受爱，我们必须懂得爱，必须能教会爱、创造爱、预测爱。

——马斯洛

爱在本质上应该是给予，是一种奉献的激情，这种奉献的激情不是出于观念，不是出于伦理道德，不是出于责任，完全是出于感情。

——周国平

当失去心爱的人时，我们抛洒悲苦的眼泪，那是因为我们想起了过去没有好好地深爱他们。

——梅特林克

爱情的时光长出了翅膀，离别时，它们是我们的精神支柱。

——西柏

第一节　爱情概述

成长案例

小欣是某高校一名大学一年级的女生。有一次，在小欣参观学校舞蹈社纳新时，一位大三学长小轩主动和她打招呼，并说她形象好、气质好、身材好，特别适合学习跳舞。被学长这样一夸，小欣心里乐开了花，就报名加入了舞蹈社。参加了几次社团活动后，小轩开始疯狂地追求她，很快他们便确定了恋爱关系。几个月后，小欣搬到了小轩租的房子里，两人开始了同居生活。大一下学期，小欣认识了一位学姐，碰巧这位学姐是小轩的同学，得知小欣的男朋友是小轩后，这位学姐告诉她小轩为人很不可靠，他用同样的方式追求过好几位女生，现在和他们班里的一位女生还保持着“情侣”关系。小欣听后又气愤又伤心，便提出了分手。但是小轩不断给她打电话、发信息，请求她的原谅，并表示日后一定会改过自新。小欣内心很是矛盾，不知道是否该继续这段爱情。

案例分析

小欣之所以因对方赞美、追求自己就贸然开始恋爱，是因为她还没有具备识别爱的能力，不了解什么才是真正的爱情。人在进入青春期以后，对异性的兴趣不断增加，在与异性的交往中便会产生友情和爱情。但小欣应该认识到，爱情是须以彼此深入的了解、信任和忠实为前提的。

从根本上说，爱是一种精神层面的活动。莎士比亚曾说：“爱情不是树荫下的甜言，不是桃花源中的密语，不是轻绵的眼泪，更不是死硬的强迫，而是建立在共同基础之上的心灵沟通。”因此，在恋人选择上最重要的条件应该是思想品德、事业理想、生活情趣等大体一致。大学生作为国家未来的接班人，其恋爱观应该是理想、道德、责任、义务和事业的有机结合。

一、爱情的内涵

爱情是人与人之间强烈的依恋、亲近、向往，是一种无私、专一的情感。在我国古代文化里，爱情具有亲密、情欲和承诺的属性，恋爱双方对彼此感情的长久性持有信心，也能够与对方分享私生活。在爱的情感基础上，爱情在不同的文化环境中也发展出不同的特征。对大学生来讲，爱情已成为一个不可避免的话题，爱与被爱是大学生正常的情感需要。

1．爱情的含义

爱的含义十分丰富，有朋友之爱、亲人之爱、邻里之爱、恋人之爱等。恋人之爱古往今来均被称为美醇佳酿，人们一直热烈地探讨着这个话题，并赋予了爱情越来越多的内涵。

英国哲学家休谟认为："爱情是人的自然本性，是美貌、肉欲、好感三种情感的结合。"德国哲学家黑格尔认为："爱情是男女双方心灵和精神上的统一。"别林斯基说："爱情是生活中的诗歌和太阳，但是在我们这个时代，如果想把幸福大厦仅仅建立在爱情之上，并在内心指望自己的一切意愿都得到充分满足，那将是不幸的。"人本主意心理学家罗杰斯说："爱是深深的理解和接受。"著名的教育学家苏霍姆林斯基曾经教导儿子："要记住，爱情首先意味着你对爱侣的命运、前途承担责任，爱意味着献给，把自己的精神力量献给爱侣，为他（她）缔造幸福。"

爱情是一对男女基于一定的社会基础和共同的生活理想，在各自内心形成的互相倾慕，并渴望对方成为自己终身伴侣的一种强烈、纯真、专一的感情。而性爱、理想和责任是构成爱情的三个基本要素。

2．爱的心理成分

处于恋爱中的人们的表现往往是很复杂的，有的激情澎湃，有的平静似水；有的难舍难分，有的若即若离；有的天长地久，有的转瞬即逝。为什么每个人爱情的表现有如此大的差异？通过学者的分析研究，就会让我们对爱有更加深入的理解。

耶鲁大学的斯腾柏格教授提出了"爱情三因素论"，他认为爱情包括三种成分：

（1）动机成分。

动机主要有性动机或性驱动。性动机或性驱动的产生，除了生理上的需求（即性欲）外，还有外在的诱因，即恋爱者个体并无内在的性欲要求，仅凭外在的恋爱对象本身的刺激，也会引发动机成分，如异性之间身体、相貌的彼此吸引等。

（2）情绪成分。

情绪成分指由刺激引起的身心激动的状态，如喜、怒、哀、惧、爱、恶、欲等，这七种情绪都是爱情中常见的情绪。爱情中除了爱与欲外，可能还夹杂着其他的感受，例如，经过爱情的人往往都曾体会到"酸、甜、苦、辣"的滋味。

（3）认知成分。

认知成分是爱情中的理智层面，对情绪和动机具有控制作用。斯腾柏格的"爱情三因素论”，表明两性间的爱情形成因人而异，处于恋爱阶段的亲密关系和热烈程度表现各不相同，但都围绕这三种元素不等量的配合而发生和变化。

爱情作为人类心理上一种多彩的世界，每对恋人自己所调出的“色泽”如何，取决于他们如何处理自己的动机、情绪及认知。

斯腾柏格又进一步分析了动机、情绪和认知三个因素各自单独作用时所产生的两性关系与恋爱情感，分别称之为亲密、热情和承诺，即以动机为主的两性关系表现为亲密；以情绪为主的两性关系表现为热情；以认知为主的两性关系表现为守约、重承诺。

“爱情三因素论”让我们对爱情本质有了更多的了解：

（1）爱情的动机成分表明爱情以人的生理成熟为基础，是由性驱动所致，包括身体、容貌。

（2）爱情会让人产生强烈的情绪体验——幸福、痛苦、悲伤等。情绪体验会有变化，有时激情澎湃，有时平淡安稳。

（3）爱情有理性的一面，它不仅仅存于情感的层面，承诺、责任感是爱情的重要组成部分。由于每个人在动机、情绪、认知三种成分方面的侧重不同，因而使我们所体会到的爱情多姿多彩。

此外，还有许多学者也对爱情的成分进行了研究，弗洛姆认为爱的基本成分是：给予、关心、责任心、尊重和了解。英国心理学家斯宾塞尔认为爱由九种不同因素组合而成：生理上的冲动，美的感觉，享受，钦佩和尊重，喜欢受人称许的心理，自尊，所有权的感觉，因人之间隔阂的消除而取得的一种扩大的行动和自由，各种情绪作用的高涨和兴奋。吉克鲁宾认为爱情至少包括四种成分：需要、关心、责任和宽容。

二、爱情的理论

1．约翰·李的爱情理论

加拿大社会学家约翰·李将爱情分成六种形态成分：

（1）情欲之爱。其属于一见钟情式，建立在以外在美的感受为前提的浪漫的、有激情的爱情，这种爱情往往是非理性的，需要靠激情来维持。

（2）游戏之爱。这通常是不具有真情实感，只重视过程而非结果的恋爱关系。这类关系中，双方往往不会对爱承担责任，视爱情为异性间的游戏，重在寻求刺激和新鲜感。

（3）友谊之爱。其属于一种长久的、稳定型的爱。这种情感往往以友情为基础，是富于理性的、要求共同成长的爱。

（4）依附之爱。这是一种占有欲和控制欲较强的情感。恋爱中常表现出依附、占有、猜疑、狂热等特征，对情感的需求强烈而偏执。

（5）现实之爱。这种爱情带有非常现实的态度，认为物质条件是爱情的基础，理性高于情感。

（6）利他之爱。拥有此类情感的人大都持有为了爱情不惜牺牲自己、奉献一切的态度，是自我牺牲型的爱情。这种爱情观通常只讲奉献不求回报。

2．马斯洛的爱情观

人本主义心理学家马斯洛认为，爱和归属是人类最基本的情感需求。这种需求得到满足，人就会感受到心灵的快乐，如果这种需求得不到满足，人们就会产生焦虑、孤独的情绪，内心充满不安和恐惧。

马斯洛对爱的定义为：爱就是要主动将自己的情感指向别人，让自己和别人的精神联在一起；而归属则是让自己（包括精神上）属于他人，只有感受到自己被别人接纳、喜欢和爱的时候，才会产生安全感和归属感。可见，爱和归属表面看来是自己和他人相互依存的关系，实际上是爱与被爱的和谐和统一。

3．爱情地图理论

“爱情地图”这一理论是由美国医学心理学和儿科教授约翰提出的，指预先设置在我们头脑中的一组描述好恶的信息，这组信息显示了我们对声音、气味、身材、肤色等的偏好，也决定了吸引我们的个性是热情外向的，还是稳重内向的。我们会爱上那些最符合自己大脑中“爱情地图”的人，而这张图在儿童时期就大致确定了。关于“爱情地图”，主要有以下认识：

（1）母亲为我们绘制了“爱情地图”中很重要的部分，尤其是对儿子有重要的影响。年幼时母亲是孩子关注的中心，孩子也是母亲关注的中心，母亲的性格为孩子留下了十分深刻的印象，因此，孩子长大后时常会被与母亲这样的人吸引。

（2）父亲主要影响子女与异性交往的方式。父亲对孩子的个性发展和婚姻幸福起着巨大的作用，尤其是对女儿有重要影响。

（3）“爱情地图”中的好恶信息有程度之分。我们很可能只因为对方某一个特征而被其深深吸引，从而宽容了其另外的缺点。正是由于每个人的“爱情地图”不一样，对某些特点的好恶程度不同，因而在爱情中会出现各种组合现象。

4．爱情风格依附理论

爱情风格依附理论认为，个体婴幼儿期与成人建立的依附关系，会使个体形成持久且稳定的人格特质，这项特质会在与异性建立亲密关系时自然流露出来。成人的爱情依附风格，可能是从婴幼儿时期就开始发展的一种人际关系取向。

哈杉等将成人的爱情关系视为一种依附过程，即伴侣间建立爱情联结的过程，与婴幼儿与父母建立依附性情感联结的过程相似。爱情依附风格有三种类型：

（1）安全依附型：与伴侣的关系良好、稳定，能彼此信任、互相支持，该类型约占56%。

（2）逃避依附型：害怕且逃避与伴侣的亲密关系，该类型约占25%。

（3）矛盾依附型：经常具有情绪不稳定、极端反应的现象，容易产生妒忌，并且希望跟伴侣的关系是互惠的，该类型约占19%。

5．亲密关系发展的SVR理论

1987年，默斯特因提出了亲密关系发展的SVR理论，他认为爱情这种亲密关系的发展，可依据当事人接触次数和频率分为刺激、价值、角色三个阶段：

（1）刺激阶段。通常是当事人首次接触过程中的互相吸引，这种吸引往往依赖于某些外在因素，如相貌、身材等。

（2）价值阶段。一般来说，双方经过第二次到第七次接触，将体验到彼此情感上的一种依附，其前提是彼此价值观和信念上的相似。

（3）角色阶段。双方通常在第八次接触后，便转入角色阶段，双方的密切程度，主要取决于当事人能否成功扮演好对方所要求的角色。

心理阅读

苏格拉底和失恋者的对话

苏格拉底：孩子，你为什么悲伤？

失恋者：我失恋了。

苏格拉底：哦，这很正常。如果失恋了没有悲伤，恋爱大概就没有什么味道了。可是，年轻人，我怎么发现你对失恋的投入甚至比对恋爱的投入还要多呢？

失恋者：到手的葡萄给丢了，这份遗憾，这份失落，您非事中人，怎会知道其中的酸楚啊。

苏格拉底：丢了就是丢了，何不继续向前走去，鲜美的葡萄还有很多。

失恋者：不，我要等待，等到海枯石烂，直到她回心转意向我走来。

苏格拉底：但这一天也许永远不会到来。你最后会眼睁睁地看着她向另一个人走去的。

失恋者：那我就用自杀来表示我的诚心。

苏格拉底：但如果这样，你不但失去了你的恋人，同时还失去了你自己，你会蒙受双倍的损失。

失恋者：那么，我踩上她一脚如何？我得不到的别人也别想得到。

苏格拉底：可这只能使你离她更远，而你本来是想与她更接近的。

失恋者：您说我该怎么办呢？我真的很爱她。

苏格拉底：真的很爱？

失恋者：是的。

苏格拉底：那你当然希望你所爱的人幸福？

失恋者：那是自然。

苏格拉底：如果她认为离开你是一种幸福呢？

失恋者：不会的！她曾经跟我说，只有跟我在一起的时候她才感到幸福！

苏格拉底：那是曾经，是过去，可她现在并不这么认为。

失恋者：这就是说，她一直在骗我？

苏格拉底：不，她一直对你很忠诚。当她爱你的时候，她和你在一起，现在她不爱你，她就离去了，世界上再没有比这更大的忠诚。如果她不再爱你，却还假装对你很有情谊，甚至跟你结婚、生子，那才是真正的欺骗呢。

失恋者：可我为她所投入的感情不是白白浪费了吗？谁来补偿我？

苏格拉底：不，你的感情从来没有浪费，根本不存在补偿的问题，因为在你付出感情的同时，她也对你付出了感情，在你给她快乐的时候，她也给了你快乐。

失恋者：可是，她现在不爱我了，我却还苦苦地爱着她，这多不公平啊！

苏格拉底：的确不公平，我是说你对所爱的那个人不公平。本来，爱她是你的权利，但爱不爱你则是她的权利，而你却想在自己行使权利的时候剥夺别人行使权利的自由。这是何等的不公平！

失恋者：可是您看得明明白白，现在痛苦的是我而不是她，是我在为她痛苦。

苏格拉底：为她而痛苦？她的日子可能过得很好，不如说是你为自己而痛苦吧。明明是为自己，却还打着别人的旗号。年轻人，德行可不能丢哟。

失恋者：依您的说法，这一切倒成了我的错？

苏格拉底：是的，从一开始你就犯了错。如果你能给她带来幸福，她是不会从你的生活中离开的，要知道，没有人会逃避幸福。

失恋者：可她连机会都不给我，您说可恶不可恶？

苏格拉底：当然可恶。好在你现在已经摆脱了这个可恶的人，你应该感到高兴，孩子。

失恋者：高兴？怎么可能呢，不管怎么说，我被人抛弃了，这总是叫人感到自卑的。

苏格拉底：不，年轻人的身上只能有自豪，不可自卑。要记住，被抛弃的并非就是不好的。

失恋者：此话怎讲？

苏格拉底：有一次，我在商店看中一套华贵的西服，可谓爱不释手，营业员问我要不要。你猜我怎么说，我说“质地太差，不要！”其实，我之所以不要，是因为口袋里没有钱。年轻人，也许你就是这件被遗弃的西服。

失恋者：您真会安慰人，可惜您还是不能让我从失恋的痛苦中走出来。

苏格拉底：是的，我很遗憾自己没有这个能力。但是，我可以向你推荐一位有能力的朋友。

失恋者：谁？

苏格拉底：时间，时间是人最伟大的导师，我见过无数被失恋折磨得死去活来的人，是时间帮助他们抚平了心灵的创伤，并重新为他们选择了梦中情人。最后，他们都享受到了本该属于自己的那份快乐。

失恋者：但愿我也有这一天，可我第一步该从哪里做起呢？

苏格拉底：去感谢那个抛弃你的人，为她祝福。

失恋者：为什么？

苏格拉底：因为她给了你份忠诚，给了你寻找幸福的新机会。

说完，苏格拉底便起身离开了。

心理测试

大学生的恋爱观测试

指导语：

本测试由16道题组成，每道题有4个备选答案，请选择最符合自己心理状态的答案，不要在某一道题上花费太多时间。

1．我对爱情的幻想是：

A．满足自己神秘的欲望和需求。

B．令人心花怒放，充满欢乐和诗意。

C．通往自己远大理想的阶梯，使人振奋向上。

D．没有想过。

2．我希望自己开始谈恋爱是因为：

A．由于一次偶然的相遇结下了一段美妙的姻缘，彼此追求。

B．由于两人青梅竹马，情深意长，最终发展为爱情。

C．在工作和学习中产生爱情。

D．无法回答。

3．我认为爱情是：

A．男女间的性爱。

B．男女间的一种最纯洁的感情。

C．异性间的相互爱慕，是渴望对方成为自己伴侣的感情。

D．不清楚。

4．我希望我的恋人：

A．待人和蔼可亲，相貌较漂亮，有权有势。

B．有漂亮的容貌、健美的身材，待人接物周到，举止优雅。

C．长相一般，体贴自己，为人忠厚老实。

D．无法回答。

5．我对所爱的人关于美的要求是：

A．外貌美。

B．姿态、仪表、发式美。

C．心灵美。

D．拒绝回答。

6．我想象中的家庭业余时间是这样度过的：

A．各人干各人的事，互不干涉。

B．有共同的事业，共同商讨，不断进取。

C．虽然自己对某事没兴趣，但还是愿意陪伴对方去做。

D．不想回答。

7．我对“爱情”这个词的解释是：

A．男女之间友谊的高级形式。

B．有爱并不一定有情，而有情必定有爱。

C．“爱情”一词是不能拆开的，这是男女之间的感情。

D．没想过。

8．我喜欢的爱情格言是：

A．“爱情，这疯狂的字眼，为了你还有什么不能办到呢？”

B．“生命诚可贵，爱情价更高；若为自由故，两者皆可抛。”

C．“痛苦中最高尚、最纯洁和最无私的乃是爱情的痛苦。”

D．都有点喜欢。

9．恋爱后自己新结交一位异性朋友时，我认为：

A．没有必要告诉伴侣，这是自己的自由权利。

B．要让伴侣知道，但不允许对方干涉自己。

C．要让伴侣知道，并且在对方同意的前提下才与异性朋友继续交往。

D．不能回答。

10．我认为幸福的爱情是：

A．一切故事和传说中，美好的婚姻都是幸福的。

B．以共同的思想和社会活动作为基础。

C．互相尊重对方，包括尊重对方的感情。

D．无法回答。

11．我认为追求高傲的异性的办法是：

A．作出一些与自己的想法相反的行为。

B．大献殷勤，做对方要求做的事情。

C．自己也变得很高傲。

D．不愿意回答。

12．我认为：

A．人是因为美丽才可爱。

B．美丽与可爱是同时产生的。

C．人不是因为美丽而可爱，而是因为可爱才美丽。

D．没想过。

13．一旦发现恋人变心时，我会：

A．把爱转变成恨。

B．无所谓，只当自己看错了人。

C．认为可以从中吸取教训。

D．不知如何是好。

14．下面的八个字中，我最喜欢的是：

A．郎才女貌，爱如鱼水。

B．形影不离，心心相印。

C．志同道合，忠贞不渝。

D．不知道。

15．我对离婚的看法是：

A．认为很平常，一旦发现更值得爱的人就该抛弃原来的伴侣。

B．感到很惊讶，坚信自己的婚姻不会这样。

C．认为离婚很正常，不过离婚者的爱情是不幸的。

D．不知如何回答。

评分规则：

选A得1分，选B得2分，选C得3分，选D得0分。然后将各题得分相加，得出总分。

结果分析：

35分以上：恋爱观非常正确，值得坚持。

25～35分：恋爱观基本正确，有部分需调整之处。

25分以下：恋爱观存在问题，应树立健康、正确的恋爱观。

如果选D的个数为6个以上，则说明恋爱观尚未确立，建议尽快确立自己的恋爱观。

第二节　大学生恋爱心理特点

成长案例

小凯是某高校的一名大二男生，喜欢一名叫炎炎的女同学，他的朋友们建议他进行一次浪漫的表白，于是小凯买了一束很大的玫瑰花，在女生寝室楼外下跪地“求爱”，大喊“炎炎我爱你”。炎炎在寝室面对这种情况，感到十分为难，只能让室友告诉小凯先不要喊了，自己需要先考虑一下。小凯为此也感到很尴尬。

案例分析

小凯在追求爱情时一味追求所谓的勇敢和浪漫，忽略了相互了解、循序渐进的重要性，因而让对方感到了压力和恐慌，这样不仅不会拉近两人的距离，还可能导致两人关系的彻底破裂。因此，学会正确地处理恋爱问题，对于大学生的健康发展是十分重要的。

一、大学生爱情心理的影响因素

大学校园里面优秀者众多，学子们满怀激情，学生组织、学生社团和各种各样的学生活动又为爱情提供了适宜的土壤，因此，恋爱对于很多大学生而言已成为一种必然，恋爱心理便成为大学生不能回避的一个问题。

1．心理需求

谈恋爱是双方感情的交流，能满足大学生爱与被爱的需要。步入大学校园的年轻人，远离父母和曾经的好朋友，面对新的生活、学习环境，难免会产生迷茫和寂寞心理，这也促使他们更加向往恋爱的温暖。

2．性生理发育成熟

现阶段，我国在校大学生通常为18~25岁，根据生理学研究，这个阶段的青年正处于青春期，性生理的成熟促使他们开始关心性的知识，对异性兴趣增加，并产生恋爱意识和要求。这一时期渴望与异性交往、恋爱，一旦遇到自己理想的异性便会寻找机会进行追求，是大学生恋爱行为的正常体现。

3．从众心理

目前，大学生中谈恋爱的现象比较普遍，有一部分学生看到别的同学都在谈恋爱，就会产生羡慕或从众心理，部分学生会在双方了解不深的情况下急于确定恋爱关系，这容易导致恋爱挫折和精神创伤。因从众心理而谈恋爱是大学生心理不成熟的一种表现。

二、大学生恋爱的特点

大学生的心理发育尚未成熟，阅历相对较浅，心理变化比较剧烈，因此在恋爱方面会表现出比较鲜明的阶段特征。

1．理想中不乏现实

现实生活对大学生的恋爱观影响越来越显著，现在部分大学生比较重视经济基础，把自己的爱情建立在物质基础之上。而与之相反的是另一部分大学生的理想主义恋爱观，他们在恋爱时完全沉浸在花前月下、卿卿我我的世界里，对未来的生活缺乏规划性。

2．重视过程，轻视结果

一些大学生把恋爱当作一种及时行乐的体验，希望通过恋爱来满足精神空虚，其实质是不想承担爱情中的责任，只强调获取爱的权利。

3．恋爱观在改变

目前，部分学生中出现了学习动力不足、安于享乐的风气，在这种价值观的影响下，个别大学生选择通过谈恋爱来弥补精神空虚。而当代大学生爱情的“透明度”比较高，他们一改过去的内敛、含蓄，表达爱的方式比较直接，有的同学甚至对婚前性行为采取比较宽容的态度。由此可见，在逐渐开放的外来文化思潮的影响下，大学生的恋爱观正在发生一系列的变化。

4．恋爱的盲目性

部分大学生在恋爱时不考虑未来的婚姻问题，恋爱的动机完全是爱和被爱的需求，这种情况下，恋爱双方往往不能承担恋爱中的责任，无法合理约束自己的行为，甚至可能会因此给对方造成伤害。还有一些大学生仅把在校期间的恋爱视为一种生活经历，甚至出现了互相攀比的现象，这种盲目的恋爱行为是不可取的。

三、大学生恋爱的类型

大学生的恋爱，能够在一个程度上体现出每个人不同的理想、信念、人生观、价值观及世界观，同时也会受到家庭环境，特别是父母教育理念的影响。大学生恋爱主要可以分为下述几种类型。

1．理想型恋爱

理想型恋爱的大学生往往缺乏理性思考，对爱情充满了幻想，一旦认定某位异性是自己理想中的伴侣，就不顾一切地去追求。对于爱情的理想化认识决定了其情感的脆弱性，一旦遭遇挫折就会痛苦不堪，甚至可能造成心理疾病。

2．慰藉型恋爱

处在青春期后期的大学生，正值心理的“断乳期”，这一时期的青年渴望被理解、被关爱。当周围的一切不能满足心理需求时，有的学生就会借助恋爱的方式来排遣自己孤独和惆怅，这种恋爱即慰藉型恋爱。

3．友情型恋爱

恋爱的双方彼此熟识，互相是中学同学、老乡或曾经的朋友，经过长期交往之后，逐渐发展成为稳定的恋爱关系，即友情型恋爱。

4．志趣型恋爱

志趣型恋爱建立在共同理想基础之上，双方彼此尊重，具有道德感，注重思想的交流，对对方的理想、品德、能力具有较高的要求，恋爱双方往往能正确地处理恋爱与学业的关系。

5．功利型恋爱

功利型恋爱是实用主义的恋爱类型。恋爱对象关注于对方的物质条件，看重对方家人的名誉、地位，并以谋取某种利益作为恋爱的目标。

6．情欲型恋爱

一些大学生在恋爱中缺乏端正的态度，逢场作戏，并以此来满足自己追求刺激的心理。这种行为的出现固然受社会因素的影响，但同时也表明个别大学生存在一定的心理问题。

7．占有型恋爱

占有型恋爱模式下，恋爱双方（或其中一方）有强烈的占有欲，要求对方对自己忠贞不渝。有这种恋爱行为的人常存猜忌和防备心理，一旦恋爱失败，常表现出对对方的仇视，甚至会采取极端方式处理感情问题。

心理阅读

郑玄的爱情故事

相传郑玄20岁时，曾护送麒麟，从齐国出发前往长安。太尉很赏识他，想把孙女嫁给他，但郑玄没有应允。太尉因此怨恨郑玄，说："你看不起老朽的门第吗？恐怕只有齐王、赵王的公主才配得上你吧！"郑玄稽首道："我没有这个打算啊！怎么敢轻视阁下呢？"

后来，郑玄去河北平叛，赵王也非常赏识郑玄，说："听说你还没有妻室？"郑玄拜谢道："这是我的私事，不敢劳烦大王。"赵王非常生气，说："郑玄这个小子太无礼了！"

齐王反叛，郑玄率军平叛，遭遇惨重失败，独自一人在山林中行走。一个女子看到他，对他说："你受伤了，不要勉强行走，坐在这里，我找人来帮助你。"郑玄认为她是想通知叛军来捉拿自己，却又不忍心杀掉她，就坐在地上，把佩剑递给她说："我的首级值几千万钱，你不要错过啊。"女子笑道："都说你是名满天下的郑玄，为什么这样不会看人呢？我是萱，不会加害你的。"

郑玄在萱家中休息了三天后，对萱说："你和我一起回关中吧。"萱说："你回关中，不是羊入虎口吗？皇上肯定会杀了你以示惩罚。你不如收拾残兵，向皇上请求援军，皇上肯定会答应你。"郑玄惭愧地说："还是你说得对。"离行前他给萱留了一封信，信上只写了八个字："如切如磋如琢如磨。"

在平叛的过程中，郑玄一直留心寻找萱，却始终寻找不到。直到攻克齐国都城临淄，萱才到他的营帐来求见。郑玄惊喜地问："你为什么在这里？"萱答道："我的父亲是齐国的上卿啊！他已经被你的军队杀死了。不过，我不会责怪你的！"郑玄无言以对。

郑玄和萱一起回到长安，没过多久，发生了十月政乱，郑玄又带着萱连夜出逃，跋涉几千里，逃到吴国。路上，郑玄三次对萱说："我对你没有任何恩德，反而害得你这样颠沛流离，你离开我吧！"萱说："你这样说话，不像是郑玄啊！我们还是快走吧，除非你想离弃我。"郑玄流着泪说："苍天眷顾于我，我怕没有什么来报答你。"萱答道："这就是最好的报答。"

后来，郑玄成为吴国相国，与燕国、齐国争衡。燕王派出刺客刺杀郑玄，但郑玄不在，刺客就刺杀了萱。萱中了两刀，死前蘸着自己的血在地上写了八个字："今我来思，雨雪霏罪。"

萱的死讯传来，郑玄正在朝堂上会见楚国的使臣。听说萱被刺杀，郑玄仍然神色自若，非常圆满地完成了整个朝会礼节。朝会结束后，郑玄回到厅后的房间里，呕血，昏倒在地。从此，郑玄再也不回自己的府第，而是在王宫附近的小房子住下。他也不允许任何人动自己府第里的东西，说："这是萱喜欢的摆设，你们不能改变。"

郑玄后来又担任吴国相国40多年，最后甚至被封为王，显赫一时，但始终没有再立妻室，也没有子嗣。

郑玄与萱相知相爱，但世间之事常常是不完美的，萱的离开，给郑玄带来无限的悲伤。但是他依然完成自己的事业，把对萱的爱深埋于心。

心理测试

情景测试（一）

指导语：

在你心里，可能会不知不觉刻画出一个理想中的他（她）的模样，缘分会带他（她）在哪里与你见面呢？让我们来测试一下。

如果有一天，让你选择在旅游活动中为来宾赠送礼品，你会选择赠送：

A．糖果礼盒　　B．书籍

C．有纪念意义的艺术品　　D．旅游节的设计图徽

结果分析：

选择A：你对于爱情的幻想停留在梦想城堡中，有旋转木马的游乐场是你和TA邂逅的最佳地点。

选择B：你盼望在学习之余，与心爱之人邂逅。你一定很希望在图书馆里隔着书架看到那个他（她）吧？

选择C：你喜欢自由，不喜欢被束缚，很看重生活品质。有品位的画廊、街角的咖啡店将是你和他（她）碰撞出火花的好地方。

选择D：你是个循规蹈矩的人，你的他（她）往往就出现在你的身边，想想看，你的同学里是不是有自己喜欢的人呢？

情景测试（二）

指导语：

想知道你和情人彼此间的内心距离吗？以下的心理测验，杯子代表男性，盘子代表女性，通过两者的组合、盛装的食物或饮料，可以测知两人的心灵契合度。

假设有一天，伴侣突然拿出一个盒子要送你，你打开后发现里面是餐具组合，你认为会是什么组合?

A．咖啡杯和拖盘

B．啤酒杯和玻璃盘

C．汤碗与小木盘

结果分析：

选择A：心灵契合度99%。你们感情很好，也很有默契，只要一个小动作能猜中对方的心思。

选择B：心灵契合度25%。你们的沟通不足，有时根本不懂对方在想什么，可能一言不合就会发生争执。

选择C：心灵契合度70%。你渴望关系更加亲密，希望可以天天在一起，不过如果太过亲近，可能会忽略其他的事。在一起并不代表彼此了解，还是需要加强沟通。

第三节　培养健康的恋爱观

成长案例

小嘉是个聪明、爱学习、爱思考的女孩，学习成绩优异，喜欢读书，平时大部分时间都在自习室里。后来她交了一个男朋友，人长得也帅气，喜欢打球，每次打球的时候都让小嘉去看，然后一起吃饭，还经常一起旅游，小嘉在享受爱情的甜蜜的同时，也觉得浪费了很多时间。有时小嘉叫他一起去自习，他却不去，宁愿在寝室里打游戏。时间长了，小嘉感觉到很苦恼，认为两人的追求和志向都不同，在一起看不到未来，不知道还要不要继续这段恋情！

案例分析

很多大学生既渴望爱情，又感到十分迷茫。小嘉喜欢读书、学习，遇到了爱情后，便希望对方能像自己一样，当两个人的追求和志向不同时，便陷入了矛盾之中。因此，恋爱中的两个人应该有共同的理想和追求，否则，便容易产生分歧。向往爱情是大学生正常的心理需求，只有能够正确引导和释放这种心理需求，才能获得美好的、志同道合的爱情。

一、大学生恋爱心理相关调查

2016年，有学者对北京、天津、贵州、广东的8所高校共1711名大学生（男生850名，女生861名）进行了心理状况调查，以下为对“选择爱人的条件”这道题目的回答进行的统计结果。

男生选择爱人的条件及在调查对象中所占比例如下：

（1）温柔贤惠：93%；

（2）漂亮、性感：83%；

（3）聪明：81%；

（4）擅长做家务：63%；

（5）有才干：30%；

（6）家中有钱、地位显赫：27%。

女生选择爱人的条件及在调查对象中所占比例：

（1）正直、诚恳：93%；

（2）体贴：93%；

（3）有才干：90%；

（4）英俊潇洒：60%；

（5）高大强壮：59%；

（6）有较强的经济实力：57%。

从调查结果可以看出，无论是男生还是女生，都比较看重对方的性格品质。尽管大学生在年龄上尚不十分成熟，但大部分学生在对未来伴侣的选择方面表现的是比较成熟的。但是，部分大学生也暴露出了一些标准上的偏差，例如有的学生对对方家庭条件要求过高，有的男孩过分在意对方的长相，等等。正确的择偶标准应该更加重视对方得道德水平、情趣修养、价值观及个性品质，且须使自身的实际情况与恋爱标准相适应。完全不考虑文化程度、年龄相貌、经济状况的择偶标准也是不现实、不客观的。

二、大学生常见的恋爱心理

1．审美心理

对美的追求也是大学生的恋爱动机之一。由于爱情是以彼此间的吸引为基础的，因此，恋爱双方对美的看法在很大程度上反映的是“生理效应”。例如部分男生喜欢线条柔和、体态丰满、五官清秀的女孩；部分女生喜欢体魄强健、肌肉结实、轮廓分明的男孩。然而，审美存在鲜明的个性差异，比如一位男生认为某位女生很美，其他人则可能认为很普通。所以审美是因人而异的。恋爱中的大学生，不考虑外形的现象非常少见，但仅注重外在美而不注重心灵美和行为美的做法，也是不可取的。

2．嫉妒心理

嫉妒心理在恋爱中比较常见。大学生的嫉妒心理总体表现为两种情况：正常性嫉妒和异常性嫉妒。

正常性嫉妒是以爱情为目的的。如果一个人明知自己的恋爱对象与其他人有不当的亲密关系而不为所动，那很可能不是健康的爱情。异常性嫉妒看似也是以爱情为目的，但实际上是与爱情背道而驰的，带着这种嫉妒会产生无端的猜疑，对恋人充满敌意和报复心里，最后势必导致感情破裂。

3．从众心理

大学恋爱中的从众心理是指恋爱活动受周围人的评价和行为所影响心理特征，这种现象表现在恋爱过程中的每个阶段。有的大学生原计划进入大学后认真学习，在达到一定能力前不考虑恋爱问题。但当看到周围的同学都在谈恋爱时，便开始动摇，很快就也成为恋爱大军中的一员。

这种从众心理是造成大学生恋爱在个别寝室或班级比较集中的主要原因。此外，从众心理还表现为对恋爱对象评价的反复无常。例如，在恋爱初期，评价对方时会给予更多的赞美，但如果周围同学的看法都和自己的感受不一致，久而久之则可能会改变自己对伴侣的评价。大学生在恋爱时如果过分受他人观点的影响，可能会对恋爱产生阻碍作用。

4．自卑心理

恋爱中的自卑心理的产生往往有两种原因：一种是对恋爱挫折归因不当；另一种是自我评价不当。许多同学因对自己的体貌特征、经济状况、家庭背景等不满意，因而会对自己的爱情品质评价过低。部分学生会因为自己没有恋人而自卑，认为别人会因此而看轻自己，因而更不敢大胆地与异性交往，为了保护自尊心而极力掩饰自己内心深处的痛苦与失落。

恋爱中的自卑心理是比较常见的，大学生要客观地分析和面对。一方面应积极地与异性交往；另一方面应经常参加集体活动，使自己身心得到锻炼。

5．晕轮效应

晕轮效应在恋爱中表现为认知片面，如看到长相漂亮的异性就一见倾心，忽视了其他品质；相反，当发现恋人某些方面有所欠缺时，又可能会因此而忽视其他方面的优点。由此可见，晕轮效应很容易造成判断偏差，是心理不成熟的表现之一。

三、影响大学生恋爱的因素

1．性格因素

大学生的恋爱行为主要受心理反应的影响和支配，其认知活动、情感状态、意志品质和人格特征等都会对恋爱产生不同程度的影响。

（1）认知活动是大学生恋爱的感性基础，例如，听觉、触觉会引起恋爱双方“触电”的心理体验等。认知活动对大学生的恋爱心理活动起着感应唤起和引导向的作用。

（2）情感状态扩展了大学的恋爱体验。但由于大学生情绪波动大、情感转化快，因此可能会导致大学生恋爱心理的不稳定性。

（3）良好的意志品质能够对恋爱中的认知与情感起到调控作用，缺乏主观意志力则可能破坏爱情的发展，甚至使自己产生心理障碍。

（4）人格特征是大学生恋爱活动的重要心理基础。恋爱中，性格内向者大多表现为被动、冷静、悲观和谨慎，但情感体验比较深刻；而性格外向者则通常表现为开朗、冲动、主动和狂热。此外，气质类型也会对大学生恋爱心理的发展产生一定的影响。

2．家庭因素

父母是孩子的第一任老师，一个人对于异性的了解、认知以及对婚姻、家庭等的理解和认识，都带有家庭影响的烙印。父母的个性品质、父母之间的关系及家庭成员间的感情等都会影响大学生对恋爱对象的选择。婚姻专家研究发现，导致婚姻破裂的因素之一就是个人成长过程中得不到完全的发展。也就是说，婚姻的失败一定程度上是由于不成熟的个体造成的，而心理不健全的人很大程度上受到了家庭因素的影响。问题家庭会影响孩子人格的健康发展，以至其在寻找配偶时也会或多或少地留有家庭烙印。

3．社会因素

社会环境会通过网络、电视、广播、图书、报刊、影视作品等途径影响大学生的恋爱方式。大学生正值青春期后期，心理尚不十分成熟，这一时期的年轻人很容易受外界的干扰，如果不能正常地处理两性间的关系，则很容易在外因作用下出现心理失衡。

四、大学生恋爱能力的培养

1．爱的能力的含义

弗洛姆曾说：“爱是人的一种主动能力，一个突破把人和其他同伴分离之围墙的能力，一种使人和他人相联合的能力；爱使人克服了孤独和分离的感觉，但他允许自己成为他自己，允许自己保持自身的完整性。”

爱的能力是指和他人建立亲密关系的能力，可以引导一个人真正地爱他人，也真正地爱自己，能真正体验到爱给人带来的快乐和幸福。

大学生恋爱的过程是培养爱的能力的过程。爱的能力首先要看内心储存了多少爱可以给予，如果一个人内心是枯竭的，没有爱可以付出，也就缺乏爱的基础。

2．大学生爱的能力的组成

1）表达爱的能力

大学生恋爱首先要有表达爱的能力，爱的表达需要勇气和信心。要学习表达爱的方式，掌握表达爱的技巧。许多恋人之间矛盾不断，并非因为缺乏爱，而是缺乏爱的表达艺术。在追求爱时，要勇于、善于表达爱，使自己的爱得到真正的体现。

2）接受爱的能力

当期望的爱来到身边时能够勇敢地接受，这就是接受爱的能力的表现。很多人没有充分的心理准备，当爱突然来临时，显得惊慌、不知所措，不敢接受属于自己的爱，以致造成终生的悔恨，因此，要学会勇敢地接纳他人的爱。

3）拒绝爱的能力

大学生必须学会如何拒绝，对追求者及时给予明确的态度，清楚的拒绝也是对他人尊重。在自己不希望得到的爱情来临时，一定要勇敢地说“不”，优柔寡断或委曲求全都是不明智的。爱情关系到人一生的幸福，来不得半点的勉强和将就，所谓“强扭的瓜不甜”，不要因一时的勉强，造成终生遗憾。拒绝爱要掌握适当的拒绝方式，每个人都有爱和被爱的权利，有接受爱和拒绝爱的权利。要尊重每一份真挚的感情，这是对他人的尊重，也是对自己的尊重，要学会用恰当的方式来维护他人和自己的尊严。

4）鉴别爱的能力

大学生必须学会鉴别好感、喜欢和爱情。首先，要懂得爱是什么，什么是健康的爱，要了解自我，知道自己喜欢什么、需要什么、适合什么；也要了解他人，了解他人的兴趣、爱好；更要学会如何主动关爱他人、帮助他人，把握给予他人爱的时机。

5）解决爱的冲突

爱需要包容、理解和体谅。大学生在面对失恋的心理压力时，应学会正确认识得失，合理解决爱的冲突。

心理阅读

恋爱中的心理学效应

恋爱中有很多心理学效应，了解这些效应，并在恋爱过程中巧妙地运用，也许会帮助我们收获更美满的爱情。

1. 多看效应

对越熟悉的东西越感到喜欢的现象，心理学上称为“多看效应”。20世纪60年代，心理学家查荣茨做过这样一个实验：

他向参加实验的人出示一些人的照片，让他们观看，有些照片出现了二十几次，有些出现了十几次，而有些则只出现了一两次。之后，请看照片的人评价他们对照片的喜爱程度。结果发现，参加实验的人看到某张照片的次数越多，就越喜欢这张照片。他们更喜欢那些看过二十几次的熟悉照片，而不是只看过几次的照片。

这个实验表明观看次数的增加加深了喜欢的程度。这也如同大学里的恋情，与某位异性同学接触得多了，自然会产生好感。

2. 互补定律

人与人在某些方面的互相满足，会产生强烈的人际吸引，这就是互补定律。研究表明，团体中若全都是性格相近的人，则容易产生内部的不和谐，容易发生争执。在恋爱中也存在互补定律，即在性格、能力等方面互补的人，往往会产生对彼此的吸引，进而发展为恋人。

心理测试

恋爱态度测试

指导语：

下列题目均有A、B、C、D四个选项，每个选项后的括号内有该项的得分（0~3分），请在每题中选择你认为最适合的选项。

1.（男性选择）你对未来恋人最主要的要求是：

A．擅长处理家务，利落能干。（2分）

B．容貌漂亮，体态优美。（1分）

C．人品不错，能体贴帮助自己。（3分）

D．温柔、顺从。（1分）

2.（女性选择）你对未来恋人最主要的要求是：

A．潇洒大方，有男子气概。（1分）

B．有钱有势，社交能力强。（1分）

C．为人诚实正直，有进取心，待人和蔼可亲。（3分）

D．只要他爱我，其他都不考虑。（2分）

3．你认为完美的结合应是：

A．门当户对。（1分）

B．郎才女貌。（1分）

C．心心相印。（3分）

D．情趣相投。（2分）

4．认为最佳的恋爱时间是：

A．自己已成熟，懂得人生的意义和爱情的内涵，已确定事业的主要发展方向。（3分）

B．随着年龄的增大，自会遇到贤妻或好丈夫。（2分）

C．先下手为强，越早越有主动权。（0分）

D．还没想过。（1分）

5．你希望自己是怎样结识恋人的：

A．青梅竹马，情深意长。（2分）

B．一见钟情，难舍难分。（1分）

C．在工作和学习中逐渐产生恋情。（3分）
D．经熟人介绍。（1分）
6．你认为推进爱情的良策是：
A．极力讨好、取悦对方。（1分）
B．尽力使自己变得更完美。（3分）
C．百依百顺，言听计从。（2分）
D．无计可施。（0分）
7．你希望婚前恋爱的时间是：
A．越短越好，最好是“闪电式”的。（1分）
B．时间依进展而定。（3分）
C．时间要拖长些。（2分）
D．自己无主张，全听对方的。（0分）
8．谁都希望完整、全面地了解对方，你觉得了解他（她）的最佳途径是：
A．精心布置特殊状况，连连对恋人进行考验。（0分）
B．坦诚相待地交谈，细心地观察。（3分）
C．通过朋友打听。（2分）
D．没想过。（1分）
9．你十分倾心的恋人，随着时间的推移，暴露出了一些缺点和不足，这时候你：
A．采取委婉的方式告知对方并帮助其改进。（3分）
B．感到无所谓。（1分）
C．嫌弃对方，犹豫动摇。（0分）
D．内心十分痛苦。（2分）
10．当你刚刚踏进爱河之中，另一位条件更好的异性对你表示爱慕时，你会：
A．对这位追求者说明实情。（3分）
B．对其态度冷淡，但仍维持朋友关系。（2分）
C．瞒着恋人和其交往。（0分）
D．听之任之。（1分）
11．当你向倾慕已久的一位异性表达爱意，却发现他（她）另有所爱时，你会怎么办？
A．静观待变，进退自如。（2分）
B．参与角逐，穷追不舍。（1分）
C．抽身止步，成人之美。（3分）
D．不知道。（0分）
12．恋爱的过程很少会一帆风顺，你对恋爱中出现的矛盾怎样看？
A．最好平顺些，但出现矛盾也是好事，正好趁此机会了解和考验对方。（3分）

B．感到伤心难过，认为这是不幸。（2分）

C．疑虑顿生，就此提出分手。（1分）

D．没有对策。（1分）

13．由于性格不合或其他原因，你们的恋爱搁浅，对方提出分手，这时候你：

A．千方百计缠住对方。（1分）

B．到处诋毁对方。（0分）

C．说声“再见”，各奔前程。（3分）

D．不知所措。（1分）

14．当你十分依赖的恋人背信弃义、喜新厌旧而离开你，你怎么办？

A．认为是自己看错了人。（2分）

B．你不仁，我不义。（0分）

C．吸取教训，重新开始。（3分）

D．痛苦得难以自拔。（1分）

15．如果你爱途坎坷，多次恋爱均告失败，随着年龄增长进入“老大难”的行列，你：

A．一如从前，宁缺毋滥。（1分）

B．随便找一个人恋爱并结婚。（1分）

C．反思择偶标准是否实际。（3分）

D．叹息命运不佳，从此绝望。（0分）

16．你认为恋爱作为人生一个十分重要的环节，其最终所达到的目的应当是：

A．找到一个情投意合的爱侣。（3分）

B．成家过日子，抚育儿女。（2分）

C．满足性的饥渴。（0分）

D．只是觉得新鲜有趣，没有明确的想法。（1分）

结果分析：

将你所选字母后的分数相加，若总分在42分（含）以上，说明你的恋爱观正确；总分为33～41分，说明你的恋爱观基本正确；总分在32分（含）以下，则说明你的恋爱观需要调整。

心理拓展

体验心灵默契

【游戏目的】学会表达与沟通。

【参与人员】全班同学。

【游戏场地】教室内。

【游戏程序】

1．教师课前准备好5~100张卡片，A4纸大小，在上面写上词语，可以是动物、水果，也可以是运动项目等。

2．每两位同学一组，站在台前，一位同学面向台下同学，一位面向台上，老师每组抽五个词语，面向台上同学看到词语后通过肢体语言或是不包含词语中文字的语言描述该词，另一位同学猜词。

3．用时较短的组获胜。

4．也可以改为限时1分钟，比较哪组猜出的词最多。

第八章

大学生常见心理问题及心理调适

心灵引导

保持一生健康的真正方法是延长青春的心。

——柯林斯

我要微笑着面对整个世界，当我微笑的时候全世界都在对我笑。

——乔吉拉德

一个人能达到的最高境界，是意识到自己的情绪和思想，是认识他自己。

——歌德

第一节　心理问题概述

成长案例

小晴是一名建筑工程专业的大一女生，来自一个偏僻的农村，家庭贫困，父母身体不好，家中还有一个弟弟和一个妹妹。小晴进入大学后学习一直很努力，希望能获得奖学金，可不知道为什么，考试成绩始终不理想。由于她业余时间还要参加勤工助学赚取生活费，和同学们没有太多交集，更没有知心朋友倾诉苦恼，因此心理压力非常大。有一天，母亲打电话说父亲生病了，希望她能辍学工作贴补家用，小晴为此感到压力更大了。她想去学校的心理咨询室，寻求帮助，但又怕被同学们看到，因而只能偷偷在寝室痛哭，不知如何面对现实。

案例分析

很多大学生认为接受心理辅导的都是有心理疾病的人，这样的想法不但使自己在需要帮助时无法及时得到心理疏导，还会给其他寻求心理咨询的造成很大的心理压力。小晴由于家庭贫困，内心自卑又敏感，而缺乏来自亲人和朋友的关怀和鼓励，也是导致她心理压力得不到排解的重要因素。

一、心理问题概述

所谓心理问题就是指人们在心理上出现的问题，如情绪消沉、心情低落、焦虑、抑郁、恐惧等。心理的“正常”和“异常”之间没有严格的界限，人的心理及行为是一个由“正常”逐渐向“异常”，再由“异常”到“正常”，两种状态相互依存、不断转化的动态过程。

二、心理问题等级划分

心理问题普遍存在，只是每个人程度不同。心理从健康状态到疾病状态一般可分为四个等级：健康状态，不良状态，心理障碍，心理疾病。从严重程度来分，可分为一般心理问题、心理障碍和心理疾病。

1．健康状态

心理健康状态与非健康状态的区分标准一直是心理学界讨论的热点话题，不少国内外心理学者根据自己的研究结果提出了许多心理健康标准。总体来说，心理健康的人表现为各种心理与行为无异常，心理活动与周围环境相协调，能保持持续稳定的心理状态，社会适应良好，能适应周围的环境，并能在一般社会环境下充分发挥自身能力，并利用现有条件（或创造条件）实现自我价值。

2．不良状态

不良状态又称“第三状态”，是介于健康状态与疾病状态之间的一种状态，是正常人群中的一种常见亚健康状态，它通常是由于消极的性格特质（如过于好胜、孤僻、敏感、多疑等）、消极生活事件（如工作压力过大、晋升失败、被上司批评、婚恋挫折等）、不良身体状况（如过度疲劳、疾病）等因素所引起的。其特点是：

（1）时间短暂。持续时间较短，一般在一周以内能得到缓解。

（2）损害轻微。此状态对社会功能影响较小，处于该状态的人一般都能完成常规的工作、学习任务，只是感觉到的愉快感小于痛苦感。“很累”“无聊”“不高兴”“应付”是他们常说的词汇。

（3）能自己调整。处于此状态者大部分可通过自我调整（如休息、聊天、运动、旅游、娱乐等放松方式）使自己的心理状态得到改善。

3．心理障碍

心理障碍是因为个人或外界因素所造成的心理状态某一方面（或几方面）发展超前、停滞延迟、退缩或偏离等现象。其特点是：

（1）不协调性。有心理障碍的人其心理活动的外在表现与生理年龄不相称，或反应方式与常人不同，如成人表现出幼稚状态（停滞、延迟、退缩），儿童出现成人行为（不均衡的超前发展），对外界刺激的反应方式异常（偏离），等等。

（2）针对性。有心理障碍的人往往对障碍对象（如敏感的事、环境等）有强烈的心理反应（包括思维及动作行为），而对非障碍对象可能表现得很正常。

（3）伤害较大。心理障碍对社会功能影响较大，它可能使当事人不能按常人的标准完成某项（或某几项）社会功能，如社交焦虑（又名社交恐惧）者不能完成社交活动，锐器恐怖者不敢使用刀、剪刀，性心理障碍者难以与异性正常交往，等等。

（4）需求助于心理医生。此状态者大部分不能通过自我调整和非专业人员的帮助而解决问题，必须寻求心理医生的指导。

4．心理疾病

心理疾病是由于个人或外界因素引起的强烈心理反应，通常伴有明显的躯体不适感，是大脑功能失调的外在表现。其特点是：

（1）具有强烈的心理反应。此状态者会出现思维判断上失误、思维敏捷性的下降、记忆力下降、头脑黏滞感、空白感、强烈自卑感及痛苦感、精力缺乏、情绪低落、紧张、焦虑、行为失常（如重复动作、动作减少、退缩行为等）、意志减退等现象。

（2）具有明显的躯体不适感。由于中枢控制系统功能失调可引起所控制人体的各个系统功能失调，如影响消化系统可出现食欲不振、腹部胀满、便秘或腹泻（或便秘、腹泻交替）等症状，影响心血管系统可出现心慌、胸闷、头晕等症状，影响内分泌系统可出现女性月经周期改变、男性性功能障碍，等等。

（3）伤害很大。心理疾病患者不能或勉强完成其社会功能，缺乏轻松、愉快的体验，痛苦感极为强烈，"哪里都不舒服""活着不如死了好"是他们真实的内心体验。

（4）需要心理医生的治疗。心理疾病患者一般不能通过自身调整和非心理科专业医生的治疗而康复。心理医生对此类患者的治疗一般采用心理治疗和药物治疗相结合的综合治疗手段。在治疗早期，通过情绪调节药物快速调整情绪，中后期则结合心理治疗解除心理障碍，并通过心理训练达到社会功能的恢复，提高其心理健康水平。

心理阅读

走出失败的阴霾

世上没有绝境，只有对处境绝望的人。决定成功的关键因素是一个人如何对待失败。而对待失败最好的方法就是忘记失败，能够从失败的阴霾中走出的人必定会取得巨大的成功。

渴望成功的人必须有永不言败的决心，并找到战胜失败继续前进的法宝。不然，失败必然导致失望，而失望可能会使人一蹶不振。

有些人害怕失败，是因为他们害怕失去信心，他们试图将自己置于万无一失的位置。不幸的是，这种态度也把他们困在了一个不可能做出杰出成就的牢笼中。还有的人惧怕失败，是因为他们害怕失去第二次机会。在他们看来，万一失败了，就再也得不到第二次争取成功的机会了。然而如果他们知道，多少成功人士在奋斗初期都曾失败过，那么他们可能会重拾希望。

艾柯卡曾任职汽车行业的"领头羊"福特公司。由于其卓越的经营才能，地位节节高升，直至坐到福特公司的总裁。然而，就在他的事业如日中天的时候，福特公司的老板福特二世却出人意料地解除了他。原因很简单——艾柯卡在福特公司的声望和地位已经超越了福特二世，他担心自己的公司有朝一日会归艾柯卡所有。

此时的艾柯卡可谓是跌入了人生的低谷，他坐在不足十平方米的小办公室里思绪良久，终于果断地下定决心：离开福特公司。

在离开福特公司之后，有很多家著名企业向他抛来橄榄枝，但都被艾柯卡婉言谢绝了。因为他心中有了一个目标，那就是“从哪里跌倒的，就要从哪里爬起来”。他最终选择了当时美国第三大汽车公司——克莱斯勒公司，这不仅是因为克莱斯勒公司的老板曾经“三顾茅庐”，更重要的原因是此时的克莱斯勒已是千疮百孔、濒临倒闭，而艾柯卡要向福特二世和所有人证明：我艾柯卡不是一个失败者，而是一个真正有实力的人！

加入克莱斯勒公司之后，艾柯卡进行了大刀阔斧的整顿和改革，终于带领克莱斯脱离了破产的边缘，艾柯卡拯救克莱斯勒公司已经成为一个著名的商业案例。

这个故事告诉我们，一个人对待失败的态度是决定其成功与否的关键因素。如果一个人内心认为自己失败了，那他才是永远的失败了。

诺尔曼·文森特皮尔曾说：“确信自己被打败了，而且长时间有这种失败感，那失败可能会变成事实。”而如果不承认失败，只认为眼前的困境是人生一时的挫折，那终究会有成功的一天。

（资料来源：《听心理学家讲故事》，文成蹊编著，有改动。）

心理测试

自测健康评定量表（SRHMS）

指导语：

本量表由48个问题组成，涉及你过去4周内的有关情况。每个问题下面有一个划分为10个刻度的标尺，请逐条在你认为标尺上适当的位置以“*”号作出标记。（请注意，每个标尺上只能作一个“*”号，该量表结果分析须在专业人员指导下完成。）

例如：你的睡眠质量怎么样?

非常差0—1—2—3—4—5*—6—7—-8—9—10非常好

“0”表示睡眠质量非常差；“10”表示睡眠质量非常好；在0~10间，越靠近“0”表示睡眠质量却差，越靠近“10”表明睡眠质量越好。示例中标出的*于5处，表示睡眠质量一般。

下面请你逐条阅读并认真作出回答。

1．你的视力怎么样?

非常差0—1—2—3—4—5—6—7—8—9—10非常好

2．你的听力怎么样?

非常差0—1—2—3—4—5—6—7—8—9—10非常好

3．你的食欲怎么样?

非常差0—1—2—3—4—5—6—7—8—9—10非常好

4．你的胃肠经常感到不适（如腹胀、拉肚子、便秘等）吗?

从来没有0—1—2—3—4—5—6—7—8—9—10一直有

5．你容易感到累吗?

非常不容易0—1—2—3—4—5—6—7—8—9—10非常容易

6．你的睡眠质量怎么样?

非常差0—1—2—3—4—5—6—7—8—9—10非常好

7．你的身体有不同程度的疼痛吗?

根本不疼痛0—1—2—3—4—5—6—7—8—9—10非常不疼痛

8．你自己穿衣服有困难吗?

根本做不到0—1—2—3—4—5—6—7—8—9—10无任何困难

9．你自己梳洗有困难吗?

根本做不到0—1—2—3—4—5—6—7—8—9—10无任何困难

10．你承担日常的家务劳动有困难吗?

根本做不到0—1—2—3—4—5—6—7—8—9—10无任何困难

11．你能独自上街购买一般物品吗?

根本做不到0—1—2—3—4—5—6—7—8—9—10无任何困难

12．你自己吃饭有困难吗?

根本做不到0—1—2—3—4—5—6—7—8—9—10无任何困难

13．你弯腰、屈膝有困难吗?

根本做不到0—1—2—3—4—5—6—7—8—9—10无任何困难

14．你上、下楼梯（至少一层楼梯）有困难吗?

根本做不到0—1—2—3—4—5—6—7—8—9—10无任何困难

15．你步行半公里有困难吗?

根本做不到0—1—2—3—4—5—6—7—8—9—10无任何困难

16．你步行三公里有困难吗?

根本做不到0—1—2—3—4—5—6—7—8—9—10无任何困难

17．你参加能量消耗较大的活动（如剧烈的体育锻炼、田间体力劳动、搬重物移动等）有困难吗?

根本做不到0—1—2—3—4—5—6—7—8—9—10无任何困难

18．与你的同龄人相比，从总体上说，你认为自己的身体健康状况如何?

非常差0—1—2—3—4—5—6—7—8—9—10非常好

19．你对未来乐观吗?

非常不乐观0—1—2—3—4—5—6—7—8—9—10非常乐观

20．你对目前的生活状况满意吗？

非常不满意0—1—2—3—4—5—6—7—8—9—10非常满意

21．你对自己有信心吗？

根本没信心0—1—2—3—4—5—6—7—8—9—10非常有信心

22．你对自己的日常生活环境感到安全吗？

根本不安全0—1—2—3—4—5—6—7—-8—9—10非常安全

23．你有幸福的感觉吗？

从来没有0-—1—2—3—4—5—6—7—8—9—10一直有

24．你感到精神紧张吗？

根本不紧张0—1—2—3—4—5—6—7—8—9—10非常紧张

25．你感到心情不好、情绪低落吗？

非常不紧张0—1—2—3—4—5—6—7—8—9—10非常紧张

26．你会毫无理由地感到害怕吗？

从来没有0—1—2—3—4—5—6—7—8—9—10一直有

27．你对做过的事情须经反复确认才放心吗？

从来没有0—1—2—3—4—5—6—7—8—9—10一直有

28．与别人在一起时，你也感到孤独吗？

从来没有0—1—2—3—4—5—6—7—8—9—10一直有

29．你感到坐立不安、心神不定吗？

从来没有0—1—2—3—4—5—6—7—8—9—10一直有

30．你感到空虚无聊或活着没有什么意义吗？

从来没有0—1—2—3—4—5—6—7—8—9—10一直有

31．你的记忆力怎么样？

非常差0—1—2—3—4—5—6—7—8—9—10非常好

32．你容易集中精力去做一件事吗？

非常不容易0—1—2—3—4—5—6—7—8—9—10非常容易

33．你思考问题或处理问题的能力怎么样？

非常差0—1—2—3—4—5—6—7—8—9—10非常好

34．从总体上来，你认为自己的心理健康状况如何？

非常差0—1—2—3—4—-5—6—7—8—9—10非常好

35．对于在生活、学习和工作中发生在自己身上的不愉快事情，你能够妥善地处理好吗？

完全不能0—1—2—3—4—5—6—7—8—9—10完全可以

36．你能够较快地适应新的生活、学习和工作环境吗？

完全不能0—1—2—3—4—5—6—7—8—9—10完全可以

37．你如何评价自己在工作、学习和生活中担当的角色？

非常不称职0—1—2—3—4—5—6—7—8—9—10非常称职

38．你的家庭生活和睦吗？

非常不和睦0—1—2—3—4—5—6—7—8—9——10非常和睦

39．与你关系密切的同事、同学、邻居、亲戚或伙伴多吗？

根本没有0—1—-2—3—4—5—6—-7—8—9—10非常多（10个以上）

40．你有可以与你分享快乐和忧伤的朋友吗？

根本没有0—1—2—3—4—5—6—7—8—9—10非常多

41．你与你的朋友或亲戚在一起谈论问题吗？

从来不谈0—1—2—3—4—5—6—7—8—9—10经常交谈

42．你与亲朋好友经常保持联系（如互相探望、电话问候、通信等）吗？

从不联系0—1—2—3—4—5—6—7—8—9—10一直联系

43．你经常参加一些社会活动、集体活动（如党团活动、工会活动、学生会活动、宗教活动、朋友聚会、体育比赛、文娱活动等）吗？

从不参加0—1—2—3—4—5—6—7—8—9—10一直参加

44．在你需要帮助的时候，你在很大程度能够依靠家庭吗？

根本不能0—1—2—3—4—5—6—7—8—9—10完全可以

45．在你需要帮助的时候，你在很大程度能够依靠朋友吗？

根本不能0—1—2—3—4—5—6—7—8—9—10完全可以

46.在你遇到困难时，你会主动寻求他人的帮助吗？

从不主动0—1—2—3—4—5—6—7—8—9—10非常主动

47．与你的同龄人相比，从总体上来，你认为你的社会功能（如人际关系、社会交往等）如何？

非常差0--1—2—3—4—5—6—7—8—9—10非常好

48．与你的同龄人相比，从总体上来说，你认为你的健康状况如何？

非常差0—1—2—3—4—5—6—7—8—9—10非常好

1．SRHMS的构成

本量表由10个维度、48个条目组成，涉及个体健康的生理、心理和社会三个方面（表8-1）。其中，第1~18个条目组成自测生理健康评定子量表，第19~34个条目组成自测心理健康评定子量表，第35~47个条目组成自测社会健康评定子量表。

表8-1　SRHMS维度及其条目分布

维度	条目数	条目在SRHMS中的分布
身体症状与器官功能	7	1，2，3，4，5，6，7
日常生活功能	5	8，9，10，11，12
身体活动功能	5	13，14，15，16，17
正向情绪	5	19，20，21，22，23
心理症状与负向情绪	7	24，25，26，27，28，29，30
认知功能	3	31，32，33
角色活动与社会适应	4	35，36，37，38
社会资源与社会接触	5	39，40，41，42，43
社会支持	3	44，45，46
健康总体自测	4	18，34，47，48

2．SRHMS的评分

量表中有11个反向评分条目，37个正向评分条目。健康总体自测维度中的4个条目不参与子量表分和总量表分的计算，将以分类变量的形式进行独立分析（如效标关联效度研究等）。维度分、子量表分、量表总分是基于48个条目的重新评分计算的，具体计算方法见表8-2。

表8-2　SRHMS评分计算方法

<table>
<tr><th>维度</th><th>条目数</th><th>重新评分</th><th>维度分的计算</th><th>子量表分</th><th>量表总分</th></tr>
<tr><td>身体症状与器官功能</td><td>7</td><td>正向记分：1，2，3，6；
反向记分：4，5，7</td><td>1，2，3，4，5，6，7</td><td rowspan="3">自测生理健康子量表：1~17</td><td rowspan="9">3个健康子量表分数之和</td></tr>
<tr><td>日常生活功能</td><td>5</td><td>正向记分：8，9，10，11，12</td><td>8，9，10，11，12</td></tr>
<tr><td>身体活动功能</td><td>5</td><td>正向记分：13，14，15，16，17</td><td>13，14，15，16，17</td></tr>
<tr><td>正向情绪</td><td>5</td><td>正向记分：19，20，21，22，23</td><td>19，20，21，22，23</td><td rowspan="3">自测心理健康子量表：19~33</td></tr>
<tr><td>心理症状与负向情绪</td><td>7</td><td>反向记分：24，25，26，27，28，29，30</td><td>24，25，26，27，28，29，30</td></tr>
<tr><td>认知功能</td><td>3</td><td>正向记分：31，32，33</td><td>31，32，33</td></tr>
<tr><td>角色活动与社会适应</td><td>4</td><td>正向记分：35，36，37，38</td><td>35，36，37，38</td><td rowspan="3">自测社会健康子量表：35~46</td></tr>
<tr><td>社会资源与社会接触</td><td>5</td><td>正向记分：39，40，41，42，43</td><td>39，40，41，42，43</td></tr>
<tr><td>社会支持</td><td>3</td><td>正向记分：44，45，46</td><td>44，45，46</td></tr>
</table>

第二节 大学生常见心理问题

成长案例

小美是某大学大二的一名女生，其母亲是一名中学教师，父亲常年在外工作，家中还有一个姐姐，家庭经济条件较好。由于她从小体弱多病，父母和姐姐对她很溺爱。但由于母亲在学习上对她要求很严格，所以小美学习成绩一直很好。由于在温室中长大，小美的占有欲、自尊心都很强，对自己要求比较高，做事一丝不苟，也很讲原则。进入大学后，虽然成绩很好，但由于什么事情都要自己做，小美感觉压力很大，非常想念在家里的生活，而且她发现寝室有两位同学很不讲规矩，经常乱用或是乱动别人的东西，有时还会随手把衣服放到她的床上。为此，小美感到非常郁闷，每当遇到这种情况，就表现得很不满，时间长了，她有种被大家排斥的感觉，为此十分心烦、焦虑，明显影响了学习成绩和睡眠质量。

案例分析

离开家庭进入大学后，大学生面临着各种精神层面、物质层面的信息与选择，在家庭、学业、生活、职业、前途等问题的交织中，各种问题与矛盾会逐渐显现出来，因而对大学生的心理产生了巨大的冲击。由于大学生正处在生理、心理的成长时期，任何心理不良反应，都可能会造成心理问题和心理障碍。小美虽然成绩优秀，但面对各种各样的人际问题也产生了巨大的心理压力，因此，小美需要在心理辅导老师的帮助下，努力调整自己。

一、大学生常见心理问题

1．适应不良

新的环境带来了许多新的问题。尽管在大学里，独立自主的生活是大部分学生所向往的，但当面对要独自处理的各类问题时，难免会感到无所适从。大学生通常需要面对的问题包括怎样适应大学的学习，怎样学会理财，怎样安排自己的业余生活，等等。

2．学习压力大，缺乏动力

大学学习方式与中学有所区别，学生必须积极培养自主学习的习惯。当前社会对复合型人才的需求要求大学生不但要学习本专业的知识，还要涉猎其他相关知识。此时，部分学生可能出现对知识的渴求增强，想学的知识太多，但却又无从下手的感觉；另外一些学生则可能出现学习缺乏规划与动力，面对学习只是疲于应付的现象。

3．人际不协调

部分大学生具有青春期特有的封闭、羞怯、敏感、冲动等特点，因而直接影响了与他人的正常交往，导致他们既不能很好地接纳别人，又不善于了解自我，或在与人交往中希望别人尊重自己，却又缺少对他人的尊重，从而使部分大学生难以同别人相处，并因此感到孤单，缺少来自同伴的心理支持。

4．不能处理好恋爱与性的关系

处于青春期的大学生对异性产生好感是非常正常的，但由于不能正确地认识交友、恋爱，因而导致对爱情产生怀疑、迷茫。也有个别学生认为恋爱与性密不可分，这种片面的观念会导致其对性问题的偏见，从而出现了恋爱与性的尖锐冲突，导致心理失衡。

5．择业与求职的压力

在选择职业时，部分大学生缺乏自己坚定的想法。一方面，是由于长期依赖父母的决定，对于所选择的专业缺少兴趣；另一方面，是由于对自己的兴趣缺乏清醒的认识，导致在择业问题上呈现无所适从的被动局面。这种矛盾心理直接导致学生学习动力不足，求职时更觉得缺乏自信。此外，由于缺乏对自己的了解和认识，缺少对未来职业的规划，导致部分大学生产生了心理压力，给择业与求职带来了一系列的困扰。

6．经济难以独立

现阶段，我国大部分大学生尚未依靠自己实现经济独立。同时，由于受当前社会风气、家庭环境、个人观念等的影响，大学生的经济需求逐渐增长，而经济来源又非常局限，因而使部分大学生产生了一定的经济压力。所以，有些大学生陷入了“校园贷”等陷阱之中，会对自身造成了极大的心理压力及心理困扰。

7．家庭关系与个性发展的困扰

个性的发展与家庭关系密不可分。良好的个性是大学生成长成才的重要条件，几十年的家庭教育使得我们的个性带有浓厚的家庭特征，这其中有些是积极的，有些也体现出现消极的一面，会对大学生的个性发展造成困扰。

二、大学生常见心理障碍

为了使大学生认识到心理问题的危害，提高自身心理素质，增强维护心理健康的能力，本小节结合心理学专家、医学专家等对心理障碍的论述，简要介绍其心理障碍的种类，从而增强大学生对心理问题的预见性，做到积极预防心理问题，并在出现问题时及时寻求专业帮助。

1．人格障碍

人格障碍主要指因认识能力、情绪反应和意志行为的不协调，使人格特征明显偏离正常，个体一贯的生活习惯、处事风格和行为标准出现异常，社会功能不能行使、职责不能完成、社会环境适应不良，并使个体为此感到痛苦。人格障碍多产生于童年或青少年时期，如得不到矫正，则可能会导致严重后果。

1）依赖型人格障碍

表现为缺乏自理能力，总是求助他人，依赖性强，并表现出幼稚、顺从，很少有积极的一面。

2）回避型人格障碍

表现为自卑、退缩、不能面对挑战，对问题感到无能为力，缺乏自信，面对批评常感到自尊心受到伤害，害怕一切社会活动。

3）反社会型人格障碍

表现为以自我为中心、对他人漠不关心、无视社会规范条例和规定，对事情不负责任，易于责备他人，易被激怒。

4）偏执型（妄想型）人格障碍

表现为敏感多疑、心胸狭隘、自我评价过高、不能接受批评、行为固执易冲动、有攻击性且情感不稳定。

5）分裂型人格障碍

表现为与社会隔绝、情感疏远，行为古怪，多疑，缺乏情感体验，对人冷漠，存在特异的信念或与文化背景不相称的行为。

6）强迫型人格障碍

表现为对任何事情要求完美，做事按部就班，拘泥于细节，对自己要求严格，无安全感，缺少人际往来。

7）情感型人格障碍

表现为交替性的情绪兴奋与低落。兴奋时，自我评价过高，有夸大认知倾向，性格急躁；低落时，对任何事都缺乏兴趣，遇到困难感觉悲观、无望。

8）自恋型人格障碍

表现为妄自尊大，幻想自己是世界上最优秀的，认为自己应享有特权，他人都应该为自己服务；渴望被持久关注和赞美，缺乏必要的同情心，有很强的嫉妒心。

9）疾病型人格障碍

又称为表演型人格障碍，或戏剧型人格障碍，多见于女性。表现为通过戏剧性行为，引人注意，高度以自我为中心，富于幻想，情绪波动大，易被激怒。

10）冲动型人格障碍

又称爆发型人格障碍或攻击型人格障碍，是青少年中比较常见的。表现为情绪非常不稳定，面对微小的刺激就能爆发强烈的愤怒情绪且自己不能控制。

2．神经质症的常见症状

神经质症的特点是症状的形成原因是非器质性的，无论是心理症状还是生理症状都是由心理因素引起的，症状会影响到正常的生活和工作，本人要求治疗的意愿强烈，并努力克服症状。常见的神经质症状有下述几种类型。

1）恐怖症状

患者对某些事物或特殊情景会产生很强烈的恐惧感，患者本人也知道这种恐惧是不合理的，但无法控制。其中，常见的恐怖症状表现有对人恐（视线恐、表情恐、赤面恐、容貌恐）、不洁恐、不祥恐、罪恶恐、不完善恐、口吃恐、广场恐、登高恐、动物恐等。

2）强迫症状

所谓强迫观念就是不由自主地出现某种想法，本人也认为这种想法是不该有的、没有用的，但又没有能力摆脱它们，因而很苦恼。例如，写一封普通的信也总怀疑自己写错了而反复检查，把信投进信箱后又总怀疑是否真的把信投进了信箱里。所谓强迫行为就是不由自主表现出的行为，自己明知这样做没有意义，但若不做就会感到很不安。如强迫记数、强迫洗衣、强迫性意识动作等。

3）焦虑症状

又称为焦虑性神经症，是神经症类疾病中较为常见的一种，以焦虑行为体验为主要特征。可分为慢性焦虑（广泛性焦虑）和稳定性焦虑（惊恐障碍）两种，主要表现为无明确客观对象的紧张担心、坐立不安，还有职务神经症状，如心悸、手抖、尿频等，严重的伴有长期失眠、手脚发冷、颤抖等。

4）失眠症状

出现该症状的人往往因为害怕失眠而导致自己处于失眠恐怖之中，为了摆脱失眠，他们会想尽办法来增进睡眠，例如睡前洗热水澡、喝牛奶，使用特殊的枕头，吃安眠药或很晚上床，等等，且会把可能妨碍睡眠的物品搬走，如钟表、灯光等。患者认定如果睡不好，第二天就会疲劳、精神不振、难以工作，但可会因为害怕失眠而愈发失眠。

5）肠功能障碍

主要表现为胃部不适、呕吐、腹泻、腹胀、便秘等。这种神经质症患者对自己的胃肠系统十分关注，对饮食问题高度敏感。患者越注意、越害怕，胃肠功能就越容易发生紊乱，从而导致胃肠功能低下。

3．神经质症的形成

森田正马认为神经质症状的产生属于主观因素所致，而不是客观原因的产物。神经质的症状是疑病素质和由它引发的精神活动过程中的精神交互作用所致。基于这种认识，森田正马不把神经质作为一种疾病来看待。他的学生高良武久认为，神经质症是神经症中的一部分，森田疗法只适用于治疗神经质症，而不能用于治疗所有的神经症。

1）疑病素质

所谓疑病素质就是一种担心患病的精神上的倾向性。具有疑病素质的人精神活动过于内向，内省力强，对自己的心身活动状态和异常表现得非常敏感，往往被自我内省所束缚，由于过于关注自我，因而总是过分担心自己的心身健康。森田正马认为，疑病素质是神经质症的共同特征，同时也是神经质症发病的基础。

根据森田的理论，患神经质症的人都是生存欲望极强的人，他们不是生来就患有神经质症的，而是随着生存欲望的发展，希望过超过常人的生活，但由于某种情况诱发了疑病体验，使精神活动的能量由外界转向了内部。过高的生存欲望往往同时伴随强烈的死亡恐惧，而这种死亡恐惧通常与惧怕失败、害怕疾病等心理活动相联系。例如，过高的成功欲望同时会产生对失败的恐惧，这可能会导致强迫观念或强迫行为；过强的保持健康的欲望同时会伴随对疾病的恐惧，这可能会导致疑病症状的产生。死亡恐惧是人最根本的恐惧，当生的欲望过于强烈的时候，就会对自己或事物提出过高的要求，但又担心达不到这样的要求，结果就很容易产生死亡恐惧。在这种情况下，若有某种诱发的契机出现，就可能把正常的生理现象当作病态现象（如心动过速），且为了消除这种“病态”的表现，会减少对外界的关心，形成精神活动的内向性，即疑病素质，进而导致神经质症的出现。

2）神经质症

神经质症患者在性格上往往有一些共同的特点：内省、理智、追求完美；有感情抑制性，很少感情用事；具有敏锐的感受性；好强、上进、不安于现状，容易产生内心冲突；执着、固执，具有坚持性。

神经质症状的最大特点是主观性。高良武久指出，神经质症患者往往不能冷静、客观地对待与自己有关的事情。特别是对于症状，患者被劣等感所支配，加之具有不安的情绪，因而往往会做出明显失误的判断。例如，对人恐惧的患者在乘坐电车时总认为大家都在注意自己，对面有人在谈论什么，也认为是在说自己的坏话，即使别人咳嗽一下，也认为是在讽刺自己。这种把与自己无关的事情硬与自己联系起来，并做出对自己不利的解释的情形，称为牵连观念，是一种人际关系的过敏。这种主观判断根本没有客观事实依据，但病人对此却坚信不疑，并陷入不可解脱的思想矛盾之中。

3）精神交互作用

森田认为，所谓精神交互作用“就是指因某种感觉，偶尔引起对它的注意集中和指向，那么，这种感觉就会变得敏锐起来，而这一敏锐的感觉又会越来越吸引注意力进一步固定于它。这样一来感觉与注意彼此促进，交互作用，致使该感觉越发强大起来”，这种精神活动过程就是精神交互作用的过程。

神经质症患者因有疑病素质，容易把面临诸如考试引起的紧张不安或偶尔出现的心跳加剧，当成异常现象而给予特别关注，从而引起了对这种感觉的恐惧和预期不安，进而逐渐形成症状。此时，精神活动逐步指向内心，这就更容易产生预期的不安与恐惧，更使其注意力固着在症状上不能自拔。因此，精神交互作用对神经质症症状的发展起着决定性作用。

三、大学生常见心理疾病

1．焦虑症

焦虑性神经症（简称焦虑症），是以焦虑为主要特征的神经症。表现为没有事实根据也无明确客观对象的情况下而产生恐惧不安的心情，植物神经症状，肌肉紧张以及运动性不安。焦虑症可分为惊恐障碍和广泛性焦虑两种形式。

1）大学生常见焦虑症分类

焦虑症多发生于中青年群体中，诱发的因素主要与人的个性和环境有关。就人的个性而言，焦虑症多见于那些内向、羞怯、过于神经质的人群；就外界环境而言，焦虑症通常与激烈的竞争、超负荷工作、长期脑力劳动、人际关系紧张等密切相关。亦有部分患者诱因不典型。临床上，医生常把焦虑症分为急性焦虑和慢性焦虑两类，每种焦虑症又可细分为多种类型。

（1）考试焦虑症。

考试焦虑症表现为在考场上思路混乱，原本已掌握的内容也想不起来了，急得浑身出汗、心慌意乱，并可能导致考试失败。以考试焦虑为中心的心理障碍，常伴有睡眠障碍。该焦虑类型主要是由于心理负担太重所致。

（2）就业焦虑症。

就业焦虑症往往与毕业焦虑症密切相关。通常情况下，大学生在就业过程中产生一些焦虑、抑郁的情绪是正常的。轻度的焦虑有一定的积极作用，可以激发潜能，使自身产生紧迫感，从而更努力地寻找就业机会。但是专家指出，一旦焦虑过度，上升到焦虑症时，就应该求助心理医生及时给予关注和心理干预，以免导致病情加重，甚至产生过激行为。

（3）社交焦虑症。

与社会接轨的大学校园就像一个小型的社会，生活在大学校园的每个学生都成为性格鲜明的独立个体，学生们的接受能力和应变能力因此而受到考验。一旦出现超出心理承受能力的问题，便可能引发各种精神困扰。例如，大学生社交焦虑恶化后便可能发展为社交焦虑症或社交恐惧症，表现为情绪上的紧张、不安，还伴随植物神经功能紊乱的情况，如心跳加快、出汗、脸红、发抖、呼吸困难、尿频、尿急等生理症状，行为上还伴有回避倾向。

2）焦虑症状特点

（1）广泛性焦虑症。

广泛性焦虑症是经常或持续发生的，无明确对象或固定内容的紧张不安，或对现实生活中某些问题出现的过分担心或烦恼。这种紧张不安、担心或烦恼与现实很不相称，且常伴有植物神经功能亢进，运动性紧张和过分警惕。

（2）惊恐发作。

惊恐发作表现为反复出现强烈的惊恐状态，伴有濒死感或失控感，亦可伴有严重的植物神经症状。焦虑症患者通常一个月内至少惊恐发作三次，每次发作不超过两个小时，且会明显影响日常活动。

3）心理治疗

心理治疗由医生向病人系统地讲解焦虑症的医学知识，使病人对焦虑症有充分的了解，从而能分析自己得病的原因，并寻求对策，消除疑病心理，减轻焦虑和烦恼，打破恶性循环。把治疗过程中使用的方法给患者进行具体讲解，能够使患者主动配合，充分发挥治疗作用。个别心理治疗是在集体或小组治疗的基础上针对个别患者的具体情况进行心理辅导。其中，森田疗法主张顺应自然，是治疗神经衰弱的有效方法。

4）引发大学生焦虑症的原因

（1）就业压力。

从某种意义上说，大学生患焦虑症是对未来失去信心的表现。近年来，由于社会竞争的加剧及信息技术的飞速发展，大学生就业形势愈发严峻，就业压力极大。而且大学生对职业的心理预期比较高，当与现实的落差比较大时，便会产生较大的精神压力，因焦虑、自卑而失去安全感，许多心理问题也随之产生。

（2）经济压力。

有些大学生家境比较贫穷，家庭对其物质方面的支持能力有限，部分学生需要利用业余时间打工赚取生活费，这样的学生往往有较大的心理压力，若自我调节能力较弱，则容易产生焦虑。此外，不良生活风气的出现也会给学生造成一定的心理压力。

（3）情感因素。

大学生对爱情有着美好的向往，但与此同时，恋爱中出现的许多心理问题也常常困扰着他们，影响着他们的学习和生活。比如，有的学生因找不到适合的恋爱对象而感到孤独，有的学生因一厢情愿而陷入“单相思”，还有的大学生在面对数个追求者时感到难以取舍。在面对这些问题时，部分大学生会因为心理尚不成熟、无法正确应对而产生焦虑。

（4）其他影响因素。

社会舆论、高等教育机制、大学生自身的适应能力、家庭环境等因素也会对大学生的心理产生各种各样的影响，其中一些负面的影响必然会使部分大学生感到压力，进而可能导致焦虑心理。

2．抑郁症

抑郁症是一种常见的精神疾病，主要表现为情绪低落，兴趣降低，悲观，思维迟缓，缺乏主动性，自责自罪，饮食、睡眠差，担心自己患有各种疾病，感到全身多处不适，严重者可出现自杀念头和行为。多数病例有反复发作的倾向，大多数发作可以缓解，部分可有残留症状。精神疾病治疗专家崔海岩表示，近年来，高校大学生因学习、生活、就业等压力的增大，以及失恋、心理失衡等原因，抑郁症的发病率明显上升，并且多次发生因抑郁症发作而行为失控的恶性事件。目前，抑郁症已成为高校大学生心理健康方面的主要疾病。

1）抑郁症的主要表现

（1）情绪低落。

主要表现为显著而持久的抑郁、悲观，轻者闷闷不乐、无愉快感、兴趣减退，重者痛不欲生、悲观绝望、度日如年。典型患者的抑郁心境有晨重夜轻的节律变化。在心境低落的基础上，患者会出现自我评价降低，产生无用感、无望感、无助感和无价值感，常伴有自责自罪，严重者出现罪恶妄想和疑病妄想，部分患者可出现幻觉。

（2）思维迟缓。

患者思维联想速度缓慢、反应迟钝、思路闭塞，自觉“脑子好像是生了锈的机器”“脑子像涂了一层糨糊一样”。临床上可见主动言语减少、语速明显减慢、声音低沉、对答困难，严重者无法顺利进行交流。

（3）意志活动减退。

患者意志活动呈显著、持久的抑制状态。临床表现为行为缓慢、生活被动、疏懒，不愿和周围人交往，或整日卧床、闭门独居，严重者蓬头垢面、不修边幅，甚至发展为不语、不动、不食，称为“抑郁性木僵”。伴有焦虑的抑郁症患者，可出现坐立不安、手指抓握、搓手顿足或踱来踱去等症状。严重的患者常伴有欲自杀的观念或行为，认为“结束自己的生命是一种解脱”“自己活在世上是多余的人”，这是抑郁症最危险的症状，应引起患者及医生的警惕。

（4）认知功能损害。

研究认为，抑郁症患者存在认知功能损害，主要表现为近事记忆力下降，注意力障碍，反应时间延长，警觉性增高，抽象思维能力差，学习困难，语言流畅性差，空间知觉、眼手协调性及思维灵活性等能力减退。认知功能损害可能会导致患者社会功能障碍。

（5）躯体症状。

主要表现有睡眠障碍，乏力，食欲减退，体重下降，便秘，身体某些部位疼痛，性欲减退，等等。躯体不适的体征亦可涉及各脏器，如恶心、呕吐、心慌、胸闷、出汗等，自主神经功能失调的症状也较为常见。睡眠障碍主要表现为早醒，一般比平时早醒2～3个小时，醒后不能再入睡，这对抑郁发作具有特征性意义；也有的表现为入睡困难，睡眠不深；少数患者表现为睡眠过多；部分患者还表现为食欲减退，体重减轻；少数患者可出现食欲增强，体重增加的现象。

2）抑郁症形成的原因

（1）遗传、生化因素。

大样本人群遗传流行病学调查显示，与抑郁症患病者血缘关系愈近，患病概率愈高，且一级亲属患病的概率远高于其他亲属，这与遗传疾病的一般规律相符。

目前已知的最有可能造成抑郁症的基因为5-HTT，这种基因可分为一长一短两种类型。一项人体实验显示，如果某人带有两长型的5-HTT基因，则在遇到压力时有17%的可能性会感到抑郁；如果其带有的基因类型为一长一短，那么容易感到抑郁的可能性就增加至33%；如果其不幸同时带有两份短型基因，那么患病的可能性则上升到了43%。这一研究说明，遗传因素虽然不足以使人患上抑郁症，但能够影响人类应对危机时的自控能力。

（2）心理、社会因素。

各种突发重大生活事件，或长期存在会引起强烈或持久不愉快的情感体验，均可能导致抑郁症的产生。迄今为止，抑郁症病的发病机制还不明确，通常认为是生物、心理、社会（文化）因素相互作用的结果。

3）大学生抑郁症

大学生抑郁症是一种常见的心境障碍，可由各种原因引起，以显著而持久的情绪低落为主要临床特征，且情绪低落程度与其处境不相称，严重者可出现自杀念头和行为。多数病例有反复发作的倾向，多数发作可以缓解，部分可有残留症状或转为慢性抑郁症。大学生因学习、生活、就业等压力的增大，抑郁症的发病率近年来明显上升。大学生抑郁症表现在以下几个方面。

（1）情绪低落。

遇事缺乏信心，无精打采，不论对学习还是生活都兴趣索然，常常逃课，不愿与人交流思想；谈及前途时心情黯淡，对生活没有信心；思维抑制，反应迟缓，上课时精力不集中，常常走神；行为被动，自我封闭；凡事缺乏主动性，不愿参加集体活动，有沉默和独倾向；个人卫生懒于管理。

（2）不合群。

来自家长的严重溺爱可能会使孩子失去了自我，这些孩子到了大学以后，一旦遇到挫折可能会不知所措，在长时间的失望、焦虑中会突然产生怪异的想法及反社会行为。长时间的严重个性压抑最终往往会导致悲剧的发生。

（3）要求换环境。

患者对于所处环境感到压力重重，经常心烦意乱，郁郁寡欢，不能安心学习、工作，迫切要求父母为其想办法，调换班级甚至学校。然而当真的到了一个新的地方，患者的状态也并没有随之好转，反而会另有理由和借口认为环境不尽人意，反复要求改变。

4）大学生抑郁症的预防与治疗

大学生抑郁症的预防和治疗应从下述几个方面着手。

（1）适度运动。

大学阶段通常是人体生理活动十分旺盛的时期，学生应多参加学校举办的活动，多参加体育运动，从而既能增强体质又能抒发心中的沉闷和忧郁，并能够有效预防抑郁症的发生。

（2）自我调整。

大学阶段对于大部分学生而言都是十分美好的时光，大学生要善于捕捉生活和学习中令人快乐的元素，学会自得其乐。大学也是人生的熔炉，是世界观、价值观形成的重要阶段，应学会正确地认识自我，克服对自己的种种苛求，对名利、环境形成正确认识，不过分注重他人的评价。

（3）增强心理调适能力。

人生不会一帆风顺，也正是经历人生的坎坷之后，才能使才智得到培养，意志得到锻炼，经验逐步积累。大学生要认真学习，注意修养，增强心理适应能力，使智商和情商同步发展，为独立生活进行知识、能力、心理素质等方面的准备，逐步使自己成为一个健康、成熟的人。

（4）养成良好生活习惯。

大学生应该要养成良好的生活习惯，包括日常作息、学习及社会生活等方面。研究表明，科学、规律的生活对于预防抑郁是十分重要的。

（5）合理引导。

大学生之所以会患上抑郁症，与目前面临的就业压力、大学环境等息息相关。教师、家长有义务引导大学生心智健康发展，并帮助他们解决所面临的大学生活中的问题。心健康教育课程的设置，心理干预机制的建立，等等，都是预防与扭转大学生抑郁症重要的措施。

心理测试

抑郁自评量表（SDS）

指导语：

本量表共有20道题目，用这20道题目可以比较科学地评定自己的感受。请认真读题，并结合自己近一星期的状态做出选择。注意答题时不要受别人的影响。

1．我感到情绪沮丧，郁闷。

A．有或偶尔有　B．有时有　C．经常有　D．几乎天天有

2．我感到早晨心情最好。

A．有或偶尔有　B．有时有　C．经常有　D．几乎天天有

3．我要哭或想哭。

A．有或偶尔有　B．有时有　C．经常有　D．几乎天天有

4．我夜间睡眠不好。

A．有或偶尔有　B．有时有　C．经常有　D．几乎天天有

5．我的饭量正常。

A．有或偶尔有　B．有时有　C．经常有　D．几乎天天有

6．我的性功能正常。

A．有或偶尔有　B．有时有　C．经常有　D．几乎天天有

7．我感到体重减轻了。

A．有或偶尔有　B．有时有　C．经常有　D．几乎天天有

8．我为便秘而烦恼。

A．有或偶尔有　B．有时有　C．经常有　D．几乎天天有

9．我的心跳比平时快。

A．有或偶尔有　B．有时有　C．经常有　D．几乎天天有

10．我无故感到疲劳。

A．有或偶尔有　B．有时有　C．经常有　D．几乎天天有

11．我的头脑像往常一样清楚。

A．有或偶尔有　B．有时有　C．经常有　D．几乎天天有

12. 我做事情像平时一样不感到困难。

A. 有或偶尔有　　B. 有时有　　C. 经常有　　D. 几乎天天有

13. 我坐卧不安，难以保持平静。

A. 有或偶尔有　　B. 有时有　　C. 经常有　　D. 几乎天天有

14. 我对未来感到充满希望。

A. 有或偶尔有　　B. 有时有　　C. 经常有　　D. 几乎天天有

15. 我比平时更容易被激怒。

A. 有或偶尔有　　B. 有时有　　C. 经常有　　D. 几乎天天有

16. 我觉得做决定很容易。

A. 有或偶尔有　　B. 有时有　　C. 经常有　　D. 几乎天天有

17. 我感到自己是有用的、不可缺少的人。

A. 有或偶尔有　　B. 有时有　　C. 经常有　　D. 几乎天天有

18. 我认为生活很有意义。

A. 有或偶尔有　　B. 有时有　　C. 经常有　　D. 几乎天天有

19. 我认为假若我死了别人会过得更好。

A. 有或偶尔有　　B. 有时有　　C. 经常有　　D. 几乎天天有

20. 我仍旧喜爱自己平时喜爱的东西。

A. 有或偶尔有　　B. 有时有　　C. 经常有　　D. 几乎天天有

评分规则：

1. 选A记1分，选B记2分；选C记3分；选D记4分。

2. 第2、5、6、11、12、14、16、17、18、20这10道题的记分方式与其他题相反，即选A、B、C、D依次计4、3、2、1分。

3. 把20道题的分数相加，即得总得分（用x表示），然后根据公式“抑郁严重度指数=总得分（x）÷80（最高总分）”求得标准分。

结果分析：

指数范围为0.25~1，指数越高，抑郁程度越重。指数为0.5以下者为无抑郁；指数为0.5~0.59者为轻微至轻度抑郁；指数为0.6~0.69者为中至重度抑郁；指数为0.7以上者为重度抑郁。

第三节　心理防御机制与治疗理论

成长案例

小张是一名大四男生，学习成绩较好，进入大四后开始准备考研，因为课程不多，就每天在寝室学习，经常会错过吃饭，有时饿了就让室友带一些回来。忽然有一天晚上，小张失眠了，到了半夜，开始胸闷心悸。他吓坏了，室友赶紧把他送去了医院，检查后，医生认为小张身体并没有问题。然而一周后，症状又一次复发，并伴有头晕、眼花、憋气、耳鸣等症状。小张再次去医院进行了检查，结果仍旧显示一切正常。

后来，小张逐渐冷静下来。通过查询发现，自己的症状主要是运动少、熬夜、久坐导致的。他还主动找心理医生进行诊断，在心理医生的帮助下制定了作息时间表，又制定了运动方案，同时，注意保持乐观、积极的心态。一段时间后，小张身心逐渐恢复了正常状态。

一、心理防御机制定义及作用

心理防御机制是弗洛依德提出的心理学概念，其意义在于能够使个体在遭受困难与挫折后减轻或免除精神压力，恢复心理平衡，甚至能够激发个体的主观能动性，激励个体以顽强的毅力克服困难，战胜挫折。

心理防御机制可以理解为当人遇到挫折和冲突时，心理活动中产生的一种自动减轻烦恼和不安并使情绪保持相对的稳定的能力。

一般认为，心理防御机制既有积极作用，也有消极作用。一方面，它可以暂时减轻痛苦和不安，起到缓冲的作用；但另一方面，这种作用实际上是一种“自我欺骗”，现实的问题并没有真正得以解决，有时甚至反而会使问题变得更为复杂，并使人陷入严重的挫折和冲突之中。

二、几种常见的心理防御机制

不论是正常人还是心理疾病患者，都有一定的心理防御机制。例如有人受到他人的欺负又感到无可奈何时，就会很自然地用“虎落平阳被犬欺”的想法来安慰自己；

鲁迅笔下的阿Q那种“儿子打老子”的精神胜利法也是一个很典型的例子。心理疾病患者在应用心理防御机制时与正常人的区别在于他们往往采用不成熟的心理防御机制类型，而且往往运用得不得当。

1．合理化的防御机制

有的人对自己不能实现的事，习惯于找出使自己感到比较舒服的借口。在《伊索寓言》中有个很有名的故事：一只饥饿而又爱吃葡萄的狐狸发现葡萄架上有很多熟了的葡萄，它很想吃到葡萄，但想尽办法还是摘不到，因而十分沮丧，这时它忽然想到说不定这些葡萄都是很酸的葡萄，而酸葡萄它是根本不想吃的，因此便不再沮丧了。这只狐狸就是应用了合理化的防御机制。

2．压抑防御机制

压抑防御机制表现为有选择地把引起个人冲突和紧张体验的记忆排斥于意识之外。弗洛依德认为，被压抑的记忆并未真正消失，而是转入了潜意识，并经常设法以伪装的方式出来“活动”。

3．否认防御机制

所谓“否认”，是一种否定存在或已发生的事实的潜意识心理防卫术，它是最原始、最简单的心理防卫机制。否认防御机制将已发生且令人不快或痛苦的事情完全否定，以减轻心理上的痛苦。这种防御机制能使个体逃避忍受的思想，也同样可借此逃避个体难以忍受的行为、事故，以及由此引发的内心焦虑。

众所周知，否认防御机制并不能使我们完全否定问题存在的事实，只是使我们否定对这些问题存在的注意力而已。不过，否认防御机制有时可以保护自己不受心理伤害和冲击，或给人多一点的考虑时间。然而，不可忽略的是，否认防御机制会妨碍人们对问题的适应，因为其实质是躲避问题以代替面对问题。

4．歪曲防御机制

所谓歪曲防御机制，是把外界事实加以曲解、变化以使其符合内心的需要。歪曲防御机制无视外界事实，与否定防御机制有相同的性质，属于精神病性的心理防御机制。因歪曲防御机制而表现的精神病现象，以妄想或幻觉最为常见。妄想是将事实曲解，并且坚信不疑，如相信有人危害自己，配偶对自己不忠贞，夸大性地相信自己是神或皇帝等。幻觉是在外界并无刺激的情况下，凭空感觉到的声音、影像或触觉等反应，它与现实脱节，严重歪曲了现实，但却符合人的心理防御机制。

5．外射防御机制

外射防御机制又称投射作用，是凭主观想法去推导外界事实，或把自己的主因归咎于他人的一种心理防御机制。日常生活中经常出现这种外射现象，即以自己的想法去推测别人的想法。正如中国古代“临渊羡鱼”的故事所说的，其实鱼乐与不乐，只有鱼自己知道，而庄子不过是把自己的态度和感觉投射到鱼身上罢了。这种把自己的动机、想法、态度或欲望投射到客观现实中的做法，称为外射。但这些并不是作为心理防御机制的外射。

作为心理防御机制的外射作用，是把自己不能接受的欲望、感觉或想法外射到别人身上，以避免意识到那些自己不能接受的欲望、感觉或想法。例如一个打人的儿童反称是被打者先动的手，这便体现了他的外射防御机制。

6．内射防御机制

内射防御机制是一种与外射防御机制相反的心理防卫术。它是将外界的因素吸收到自己的内心中，使其成为自己人格的一部分的一种心理防御机制。事实上，人们的思维、情感及行为，往往是受到外界环境的影响而表现出的活动，特别是在早期人格发展过程中，婴幼儿最易吸收、模仿别人（特别是自己父母的言行与思维），从而形成自己的人格。

7．退行防御机制

退行防御机制是指个体在遇到困难和挫折的时候放弃自身比较成熟的应对技巧和方式，而使用比较幼稚的方式去应付困难和满足自己的欲望的一种心理防御机制。我们知道，随着年龄的增长，一个人的人格是逐步走向成熟的，因此，人在长大以后，处理事务的方式会有很大改变，变得比较成熟。比如，小孩一旦有了排泄的欲望就会随地大小便，而成人则会考虑选择适当的地点和方式；小孩一遇到不如意的事，就会痛哭流涕，而成人则懂得忍耐，甚至强颜欢笑。由此可见，较成熟的处事方式既要考虑到什么是社会可以接受的行为方式，也要考虑怎样的反应更有效且合适。不过，有时人们在遇到挫折后，会放弃已经掌握的比较成熟的处事技巧或方式，恢复使用原先较幼稚的方式去应付困难，或满足自己的欲望，这就是退行作用。

退行防御机制，是在人们遭受外部压力和内心冲突时，退回到幼稚行为以使自己感到舒服、安慰，从而避免承受痛苦和焦虑的一种心理防御机制，该现象在各年龄阶段均可看到。事实上，人一生中难免会有想重回到未成熟的年龄阶段以重新获取满足的时候，只要不影响自身正常的社会功能，通过退行作用来进行心理调节是合理的。

三、常见心理疾病治疗理论与方法

1．为所当为、顺其自然的森田疗法

日本的森田正马教授在20世纪20年代创立了一种具有东方文化特色的心理治疗方法，被人们称为“森田疗法”。森田疗法主要适用于强迫症、社交恐惧、广场恐惧、惊恐发作的治疗，另外对广泛性焦虑、癔症等神经症，以及抑制症等也有显著疗效。如今，森田疗法已广泛应用于治疗精神病、人格障碍、酒精药物依赖症等的治疗中，还扩大到正常人的生活适应和生活质量提升中。由于疗效显著，至今在日本仍有广泛的应用，并得到了学术界的高度重视。目前，森田疗法已在世界范围内引起了广泛的兴趣。森田疗法所依据的理论基础，就是森田正马对心理病因的认识。他的学生高良武久后来发展了他的思想。

1）顺应自然

神经质症形成的原因是精神交互作用，要想摆脱神经质症，顺应自然是打破精神交互作用的有效策略。森田正马曾指出：“应该放弃徒劳的人为拙策，服从自然。想依靠人为的办法，任意支配自己的情感，就如同要使鸡毛上天，河水倒流一样，不仅不能如愿，反而会徒增烦恼。按照自然规律，服从之，忍受之，就是顺其自然。”例如恐惧与不安是常见的心理现象，非要把它当成异物而与之艰苦抗争，坚持认为自己就不应有不安感等，就是违反了事物的客观规律。

森田正马所说的顺应自然就是让神经质症患者认识并体验到自己在自然界的位置，不要对超越自己控制能力的自然存在做无用的抵抗，从而具备一种与自然保持和谐的生活态度。对神经质症患者来说，应该坦然地接受症状，不去抵制、排斥、反抗、回避或压制症状，不要把症状当作异物来看待，应该带着症状去生活。

由于带有疑病素质，神经质症患者经常把正常的感觉当成是异常的，并企图排斥和控制这种感觉，使注意力在此固着，结果注意和感觉反而被相互加强，形成精神交互作用。这种恶性循环是症状发生和发展的主要原因，因此，接受症状一方面不会强化对症状的主观感觉；另一方面，由于不再排斥这种感觉，会逐渐使自己的注意力不再固着在症状上。这样，精神交互作用就会被打破，症状就会减轻甚至消除。例如，有一种因害怕脸红而不敢见人的社交恐怖惧症患者，他们越怕脸红就越注意自己脸红的问题，越注意就必然会越紧张，反而使自己脸红的问题持续下去。相反，如果他们能接受脸红症状，带着“脸红就脸红吧”的生活态度去与人打交道，反而会使自己越来越少地注意这个问题，结果会使因脸红而引起的恐惧感觉渐渐消退。当然，由于症状的形成已经经过了相当长的一段时间，即使对症状采取接受的态度，症状也不可能马上消除，而是需要一个过程。

顺应自然的含义还包括按照客观规律行事，不要人为地抗拒客观规律，这主要

指情感活动和思维活动的规律。森田正马通过研究、总结，认为情感活动有5条基本规律：

（1）要顺应情感的自然发生，听任感情的自然发展。情感过程一般呈现山形曲线特征，经历上升、下降后，最终会消失；

（2）如果情感冲动得到满足，挫折感可迅速平静、消失。

（3）情感对同一感觉会逐渐变得迟钝，直到没有感受。

（4）在某种刺激继续存在且对它集中注意力时，相应的情感会逐渐强化。

（5）情感是通过新的经验，经过多次反复，在逐步加深对它的体验中渐渐培养的。

从这五条规律中我们不难看出，要想消除不安等令人不愉快的情感，就应顺应其规律，先接受这些令人不愉快的情感。

神经质症患者极端的完美欲常导致强烈的劣等感。他们往往认为自己对某件事物只能有某种想法而不能有另一种想法，有了就是不正常或是不道德的。这是一种主观的想法。我们每个人都应该坦然接受自己可能出现的某些不太好的想法，认识到不太好的想法在头脑中闪现，是精神活动中必然会出现的，是个人无法单靠理智和意志改变的，但是个人却完全可以决定是否去做这些不太好的事情。因此，只需注意自己的行为，而不必付出过多的努力去对抗自己的想法。

2）正视现实

神经质症患者在现实生活中会经常以患病为借口来为自己寻找逃避现实的合理性，例如“休养一段时间”就是这种逃避的一种方式。逃避的结果经常会与自己的意愿相反，不仅难以使症状得到改善，反而会逐渐感到病情在加重，更加难以适应现实生活。之所以会导致这一现象，是因为这种逃避容易使患者把更多的注意力集中在症状上，导致症状变得更为严重。

神经质症患者若想摆脱症状所带来的痛苦，就应该正视现实，敢于接受现实的挑战，能够忍受痛苦，积极投身到属于自己的生活之中。只有这样才能体验到自信，从而走出症状的阴影。

可将与人相关的事物分为可控制的和不可控制的两类。森田疗法既要求人们不去控制不可控制的事（顺应自然），如人的情感；又要去控制那些可以控制的事（为所当为），如人的行动。高良武久说：“顺应自然的态度并不是对自己的一切活动都放任自流，无所作为，而是要患者一方面对自己的症状和不良情绪听之任之；另一方要靠自己固有的上进心，努力去做应该做的事情。”也就是正视当下的存在。

3）为所当为

为所当为就是在症状存在的情况下，不关注症状的变化，接受症状带来的痛苦，把注意力集中在生活中有确定意义、能够见成效的事情上。例如害怕见人的人，不理会恐惧情绪，该见的人还是要见，只注意自己要做什么，而不注意自己是否害怕，坚持下去，恐惧感就会逐渐减轻。为所当为要求关注的不是症状本身，而是必须完成的工作，只有坚持当下的努力，才能取得成功。

2．弗洛伊德的贡献

弗洛伊德是奥地利的精神病医生，他在19世纪末创立了心理分析理论（也称为精神分析理论或心理动力学）。心理分析学说不仅有比较完整的理论体系，而且有一整套心理疾病的治疗方法。虽然心理分析理论尚存在一些不足和缺陷，但它在探索人类内心世界的道路上依然建立了不可磨灭的功勋。西方心理学家认为："很难找到一个未曾受到弗洛伊德思想影响的心理学和精神病学领域。他的学说曾经激起大量成果丰富的假说和鼓舞人心的实验，他的影响在社会学和人类学方面也同样是不可估量的。"

1）无意识

弗洛伊德认为，无意识的心理活动是一切意识行为的基础。人的心理活动主要由意识和无意识两部分组成，在他们之间还有很少一部分，称为前意识。

（1）意识是人可以直接感知到的心理活动。在心理分析理论中它的作用是次要的。

（2）无意识也称作潜意识。弗洛伊德认为，在人清醒的意识下面还隐藏着很多的心理活动，它们是人的很多行为和动机产生的根本原因，但人自己却无法意识到，因此，他把这类心理活动称为无意识。无意识中包含了各种为人类社会道德、宗教法律所不能容许的、原始的、动物性的本能冲动及相关欲望，由于这些是无法直接得到满足的，人们便通常采用压抑的办法使它们变成无意识。这样的结果虽然使人意识不到它们的存在，但它们并没有消失，不仅没有消失，而且从未安分过，总是千方百计地寻找出路以求被认可、被证明。

（3）前意识介于意识和无意识之间。它的内容可以通过回忆变成意识的内容。弗洛伊德曾做过一个比喻：心理活动就像是漂浮在海洋上的一座冰山，意识就是露在水面上的小山尖，而无意识则是水面下看不见的巨大部分。

意识、无意识和前意识三者在人的心理活动中一般都保持着动态平衡。意识和前意识的内容可以很容易地互相转换，但无意识的内容要想进入意识领域却非常困难。尽管如此，无意识中的各种本能的冲动、欲望和动机始终不会放弃积极的努力，总想挤进意识的领域并在意识的行为中得到满足，有时甚至会表现得很急迫。但由于部分无意识的事物与道德、法律和宗教会发生冲突，所以一旦出现就会在意识中唤起焦虑、羞耻感和罪恶感，这就必然引起意识的抵抗。弗洛伊德认为，无意识的作用力方向是向上的、向外的；而意识的作用力方向刚好相反，是向下的、向内的。意识这种作用力就是所谓的压抑。压抑不能使被压抑的事物消失，只是把它们隐藏起来让人意识不到而已，但它们仍在活动着，而且会以别的方式表现出来，病态的压抑就会以心理疾病（如神经症）的形式表现出来。

2）弗洛伊德对神经症的解释

弗洛伊德认为，神经症的症状与梦、口误、笔误等都是有意义的，都与病人的内心活动有相当的关系。症状是被压抑的无意识中的欲望寻求满足的曲折表现，是压抑与被压抑两种力量较量之后所达成妥协的结果。由于被压抑的本能欲望不能得到真正的满足，所以就以症状来获得替代性的满足。因为神经症状不是本能欲望的直接满足，所以可以逃避超我的干涉。

理解焦虑是理解神经症的关键。焦虑是一种弥漫性的恐惧体验，然而焦虑者本人却并不知道所恐惧的对象是什么，因此焦虑也可以理解为是无原因的恐惧。起初，弗洛伊德认为，焦虑来自对性冲动的压抑，也就是说，受到压抑得不到正常宣泄就会转化为焦虑，或以焦虑的形式求得宣泄。

后来，弗洛伊德经过继续深入的研究，改变了自己原先的观点，发现不是自我先对力比多进行压抑，再使被压抑的性驱力转化为焦虑，而是自我先预感到某种危险的存在，产生了焦虑，为防止焦虑的发展而对力比多的要求实行压抑。换句话说，是焦虑造成了压抑，而不是压抑引起焦虑。

前面已经说过，自我需要同时考虑本我、超我和自我多方面的要求，因此必然对寻求满足的本能冲动感到焦虑。为防止焦虑的发展，就要设法干预、抑制或消除本能的冲动。在自我足够强大时，采用心理防御机制中的压抑就能获得成功。但当自我力量减弱时，压抑便无法成功，于是就产生了神经症性的心理冲突。由于自我所恐惧的那些寻求表现的性本能冲动处于无意识领域，自我很难意识到恐惧的真实对象，因此所体验到的是无名的恐惧，也就是焦虑。这种焦虑又被神经症的症状所取代，以致病人无法意识到症状产生的真实原因。只有通过心理分析才能发现原因在哪里。

3）来访者中心疗法

美国心理学家罗杰斯于1940年在明尼苏达州立大学的演讲中首次使用“来访者中心”这一名词，并在1942年他所完成的论文《心理咨询与心理治疗》中，正式提出了“来访者中心”。

罗杰斯认为，来访者中心的理论主要指的是“对于人格的变化与成长，持续给予发展性的援助。其心理学的理论假说就是援助者在真诚、关怀及感受丰富，没有批评的相互理解的关系中，将个人具有的自我发展潜在能力释放出来”。其核心理论包括三个方面的内容：

（1）心理咨询不是针对个人具体问题，也不是解决某种特殊症状的，而是针对个人的成长、发展进行援助，或对个人将来可能产生的问题用一种较好的方法进行处理。

（2）罗杰斯的咨询方法是：不给来访者任何忠告、指示以及心理辅导，也没有分析、解释等，只是认真地倾听来谈者所表述的语言，了解其背后的感情，然后进行非指导性的心理咨询。

（3）来访者中心疗法具有下述特点：

①心理咨询给来访者的印象是友好的、支持的，咨询者和来访者之间有一种温暖的环境气氛。

②来访者的个体内部具有自我生长的潜力以及自我实现的倾向，心理咨询者要引导当事人的内在潜力朝着创造、实现的方向前进，而不是向破坏、消极的方向发展。

③心理咨询师要尊重来访者，关心其内心世界，在咨询过程中与之建立一种真诚的、相互依赖的关系。

④在心理咨询过程中，要让来访者有新的体验和感受，以促使其认知、行为发生变化。

⑤在心理咨询过程中，对来访者的倾诉要逐字记录，以便进行细致的分析，做出正确的评价，这也有利于心理咨询技术向实证的、科学的方向发展。

4）行为疗法

“行为疗法”一词最早是由斯金纳等心理学家于1954年提出的，是指利用学习心理学和行为科学的理论使人的行为发生变化，解决人不适应的问题。由于在心理治疗中，“行为疗法”能使人的行为、认知发生变化，具有一定的客观效果，所以受到较高的评价，这也使得一些行为疗法技术不断地被开发出来。

（1）行为疗法的特征：

①行为疗法并不注重使人格发生变化，而是使人的行为产生变化。

②注意人与环境的关系，在治疗时注重行为和环境的调和。

③重视人的生活经验，认为有经验的人，其行为质量较高。要求患者不耿耿于过去，而是更注重今后的发展。

（2）行为疗法主要技术：

①系统脱敏法。

系统脱敏法是最早应用、也是最为常见的行为疗法之一，它利用交互抑制原理来达到治疗的目的，主要应用于人际关系紧张、恐怖症、强迫症、厌学症和考试焦虑等。但系统脱敏法不适用于人格问题的矫治。

②自律训练法。

自律训练法是德国心理学家休尔斯于1936年发明并首先使用的一门技术，其原理是当人处在心理放松的自律性状态时，交感神经系统中的一些过度活动就会被抑制，从而可以促进血液循环。在心理治疗和心理咨询中采用自律训练法可以达到促进身心康复的效果。

③暗示疗法。

暗示疗法是指在心理咨询场合，通过语言和非语言的交流手段，使来访者的认知、感情和行为受到潜移默化的影响。这种方法适用于消除心理不安和不良习惯，使心理症状得到缓解，也可以使心理健康的人身体机能得到提高。

5）存在治疗

存在主义心理治疗学家弗兰科认为，人类存在的本性由三个因素构成：精神、自由、责任。我们对有变化的环境做出怎样的反应，选定怎样行动，这是我们的精神自由，健康的人应该运用这种自由。假如我们相信某种事情是正确的，就会按照这个信念行动、感受和思考，它就成了自我实现的前提。只有选择自由是不够的，还必须承担责任，人们对自己的每个选择都应该负有责任，健康的人也愿意承担这种责任。

罗洛·梅的存在疗法将人理解为一种存在，这种存在将一个人身上无限复杂的诸种决定性因素组合起来，并使这个人具有某种自由，能认识到作用于自己的各种力量。在这个基础上，他们三思而后行，做出负责任的行为。人不仅是个“自在的存在”，而且是个“自由的存在”。一个人首先应当知道他是此时此地的一个特定的人，能够意识到自己的存在，才能对自己的存在负责。

心理学的治疗理论和技术给了人们很多的启示，并且使人们认识到正视现实、珍惜人生、认识自我是身心健康的前提条件。卡耐基曾说过：“如果想要快乐，就为自己定个目标，使它支配自己的思想，放出自己的活力，鼓舞自己的希望。快乐就在你心里。它来源于去做确切的事，把自己全部身心都放在其中，通向人生的幸福之路就是：确立一个合适的良好愿望，并为之积极行动，直到好梦成真。”

心理阅读

心理咨询常见误区

心理咨询是缓解心理压力与提高心理承受能力的有效办法，几乎每个人都曾在某些阶段需要心理咨询，但现实中还有不少人对心理咨询存有一些认识误区。

误区一：认为心理咨询就是聊天。

实际上，心理咨询不同于一般意义上的聊天，尽管心理咨询的方式主要是谈话，但心理咨询是利用心理学的专业理论知识，以及社会学、医学等方面的知识，在严格的科学理论体系和操作规程下，通过谈话达到解决心理问题的目的，帮助他人解除心理危机，促进人格的发展。这完全不同于朋友聊天，亲友的劝解安慰，老师的教育或领导的思想工作。

误区二：认为谁都能成为心理咨询师，就如同谁都能随便开汽车一样。

心理咨询师是经过严格的训练与考核，并取得管理部门的许可证才能上岗的。按照许多西方国家的要求，一名合格的心理咨询师应具备心理学或医学博士学位，经过严格的实习训练，具有一定的实践经验，通过认证资格考试，在上级督导老师的指导下才能独自开展具体业务。目前，我国在心理咨询领域与发达国家相比还有很大的差距，只能降低标准启用一些热爱心理咨询并基本具备心理咨询素质的人才，并逐步培养心理咨询高级专业人才，争取早日与国际标准接轨。

误区三：认为自己的心理素质好，不需心理咨询。

心理咨询不仅仅是解决自己的心理危机和心理问题。无论一个人多么的坚强、聪明、正直、热情和博学多识，都不可能完全的了解自己，不可能每时每刻地反省自己，也不可能始终站在局外人的立场审视自己。心理咨询是一面比较标准的镜子，可以从各个角度帮助咨询者正确了解自己。而正确地了解自己可以使自己扬长避短，促进人生的发展与成功。

误区四：心理咨询师能看透人的想法，知道人的过去和未来。

个别人把心理学等同于神秘学说，如同占卜、特异功能等；也有的人故意让心理医生猜测自己的心理活动，并以此来衡量心理医生的水平高低。其实，心理医生只是掌握了心理学方面的专业知识，并经过训练而具备了良好的观察力，知道心理活动的科学规律并有非常客观的逻辑分析能力，从而可以判断某些潜意识的心理活动，但这一切都必须来自真实、客观、全面的资料。心理医生自己不能、也不能借助仪器去了解咨询者尚未表达的具体的想法。心理世界的复杂程度远超当代人的想象，因此对待心理咨询必须有科学的认识。

误区五：接受心理咨询是非常丢人的行为。

目前，大部分人对于心理世界还不太了解，许多人分不清“神经”与“精神”、“精神”与“心理”以及“思想”这些概念之间的区别。对心理咨询的恐惧与怀疑可能源于对“精神病”的无知，担心去进行心理咨询会被他人视为“精神不正常”的人，并把心理问题视为“心理病态”“思想问题”。这便导致部分轻微的心理问题得不到科学的解决，最终发展成为重型精神病。心理咨询是促进人成长与发展的重要途径，是预防心理障碍的有效方法。心理咨询的基本原则里面包括“保密原则”，因此，人们完全可以毫无顾虑地走进心理咨询室，向心理咨询师寻求帮助。

误区六：心理咨询应该一次性解决问题。

很多人都幻想心理医生能够一次把自己长期的压抑与痛苦一扫而光，使自己拔开心灵迷雾，远离烦恼与困惑。然而“冰冻三尺，非一日之寒”，大部分心理问题涉及因素众多，是不可能仅通过一次心理咨询便可以顺利解决的，需要求助者与咨询师多次沟通，反复实践，最终促进问题的解决。

心理测试

测测你的情绪化指数

指导语：

对感情敏感的人往往比较情绪化，通过这个测试，可以测验一下你情绪化指数到底有多高。

当你早上起床后看见自己的脸油油亮亮又脏脏的，你会有什么样的表情

A．没表情的呆脸　　　　B．生气的臭脸　　　　C．皱眉的苦瓜脸

结果分析：

A：情绪化指数50%。在工作中很理性，会克制自己，不会太过情绪化，因为认为这样是不够专业的表现，不过在私生活中就没有那么理性了，很容易因为感情而情绪波动。

B：情绪化指数20%。内敛的你，喜怒哀乐全藏在心里，不想让别人担心。同时，你认为自己是让别人依靠的，所以不管内心有多苦，都会压在心底。但是有一点要注意，即要避免暴力倾向。

C：情绪化指数99%。情感脆弱又敏感的你，极易被外界影响，然后把情绪写在脸上。你的感情有时会非常脆弱、敏感，经常担心别人是不是讨厌自己，怀疑自己是不是做得不够好。

心理拓展

一句感谢的话

【游戏目的】让学生懂得对他人的关心与帮助表示感恩。

【游戏场地】宽敞的室内或室外。

【游戏时间】20分钟。

【游戏道具】节奏欢快的音乐，小球。

【游戏步骤】

1．主持人让组内所有人围坐成一圈，每组10~15人。

2．请所有人都想一想在自己以往的生活中，哪些人值得感谢，并想一句感谢的话，这句话可以是严肃的，也可以是幽默的。

3．给大家两分钟的思考时间，然后开始循环播放节奏欢快的音乐，并由所有参与者依次传递小球，音乐停止后，小球在谁手里，便由谁先分享自己所想到的值得感恩的人，以及想表达的感谢的话。活动依次进行直到时间耗尽。

参考文献

[1] 夏翠翠. 大学生心理健康教育 [M]. 北京：人民邮电出版社，2016.
[2] 杨丽，姚丹. 健康伴你行：大学生心理健康教育读本 [M]. 西安：西安交通大学出版社，2016.
[3] 罗晓路，夏翠翠. 大学生心理健康教育 [M]. 上海：上海交通大学出版社，2016.
[4] 郭常亮. 心理健康教育 [M]. 北京：北京邮电大学出版社，2016.
[5] 高觉敷. 西方心理学的新发展 [M]. 北京：人民教育出版社，1987.
[6] 佐斌. 大学生心理发展 [M]. 北京：高等教育出版社，2004.
[7] 张厚粲. 大学心理学 [M]. 北京：北京师范大学出版社，2002.
[8] 郑全全，俞国良. 人际关系心理学 [M]. 北京：教育科学出版社，1999.
[9] 方平. 自助与成长 [M]. 北京：教育科学出版社，2017.
[10] 樊富珉. 大学生心理素质教程 [M]. 北京：北京出版社，2002.
[11] 赵欣坤，车文博. 心理咨询大百科全书 [M]. 浙江：浙江科学技术出版社，2001.
[12] 王登峰. 变态心理学 [M]. 北京：时代文化出版公司，1993.
[13] 张春兴著. 现代心理学 [M]. 上海：上海人民出版社，1994.
[14] 牧之，张震. 心理学经典名言的智慧 [M]. 北京：新世界出版社，2008.
[15] 文成蹊. 听心理学家讲故事 [M]. 北京：中国纺织出版社，2008.
[16] 吴沛. 心灵鸡汤全集 [M]. 北京：中国长安出版社，2006.
[17] 张卉妍，白虹. 500个心理测试和心理游戏 [M]. 北京：中国华侨出版社，2015.
[18] 张春兴著. 现代心理学 [M]. 上海：上海人民出版社，1994
[19] 王登峰，张伯源. 大学生心理卫生与咨询 [M]. 北京：北京大学出版社，1992.
[20] 冉超凤，黄天贵. 高职大学生心理健康与成长 [M]. 北京：科学出版社，2005.
[21] P L赖斯. 健康心理学 [M]. 胡佩诚，译. 北京：中国轻工业出版社，2000.
[22] P L赖斯. 压力与健康 [M]. 石林，译. 北京：中国轻工业出版社，2000.
[23] E R希而加德. 心理学导论 [M]. 陈先庚，译. 北京：北京大学出版社，1987.
[24] 林崇德. 发展心理学 [M]. 北京：人民教育出版社，1995.
[25] 彭聃龄. 普通心理学 [M]. 北京：北京师范大学出版社，2001.
[26] 钱禧. 现代大学生综合素质教育与心理健康教育及心理测试指导全书 [M]. 北京：人民教育出版社，2005.

[27] 王祖莉．大学生心理健康教育［M］．北京：科学出版社，2004.
[28] M V Fennel．战胜自卑［M］．周晓林，译．北京：中国轻工业出版社，2001.
[29] 沈德立，梁宝勇．走进阳光地带：高校大学生心理健康教育论文集［M］．北京：高等教育出版社，2002.
[30] J M Burger．人格心理学［M］．陈会昌，译．北京：中国轻工业出版社，2000
[31] R S Sharf．心理治疗与咨询的理论及案例［M］．胡佩诚，译．北京：中国轻工业出版社，2000.
[32] 韦彦凌，贾晓明．大学生心理健康与咨询［M］．北京：中国经济出版社，1995.
[33] B E Gilliland，R K James．危机干预策略［M］．肖水源，译．北京：中国轻工业出版社，2000.
[34] 沈德立．基础心理学［M］．上海：华东师范大学出版社，2003.
[35] 郑日昌．大学生心理卫生［M］．济南：山东教育出版社，2002.
[36] 郑雪．人格心理学［M］．广州：暨南大学出版社，2002.
[37] 汪海燕．高职高专学生心理健康指导［M］．北京：高等教育出版社，2005.
[38] 贾晓明．大学生心理健康：走向和谐与适应［M］．北京：北京理工大学出版社，2005.
[39] 欧晓霞，曲振国．大学生心理健康［M］．北京：清华大学出版社，2006.
[40] 马存根，张运生．大学生心理健康［M］．北京：人民卫生出版社，2005.
[41] 刘金同，李莉．大学生心理发展及素质培养［M］．北京：北京大学出版社，2006.
[42] 张玲．心理健康研究与指导［M］．北京：科学出版社，2001.
[43] 徐光兴．心理健康与援助的学问［M］．上海：上海教育出版社，2001.
[44] 于泱，李权超．实用团体心理游戏与心理辅导［M］．军事医学出版社，2013.
[45] 王耀廷，王月瑞．改变生活的68个心理学经典故事［M］．长沙：湖南人民出版社，2010.
[46] 陶国富，王祥兴．大学生学习心理［M］．上海：华东理工大学出版社，2003.
[47] 胡晓梅．人生必做的N个测试［M］．北京：中国物资出版社，2008.
[48] 田国秀．团体心理游戏实用解析［M］．北京：学苑出版社，2015.
[49] 罗家永．心理拓展游戏270例［M］．福州：福建教育出版社，2019.